历史天使的脸望向过去，身体则前进到未来。

——班雅明

近代中国的史家与史学

JINDAI ZHONGGUO DE SHIJIA YU SHIXUE

（增订本）

王汎森 著

陕西新华出版传媒集团
陕西人民出版社

王汎森，美国普林斯顿大学博士。2004年当选台湾“中研院”院士，现任台湾“中研院”历史语言研究所特聘研究员。著有《章太炎的思想》《古史辨运动的兴起》《中国近代思想与学术的系谱》《晚明清初思想十论》《权力的毛细管作用：清代的思想、学术与心态》《执拗的低音：一些历史思考方式的反思》等书，均享有盛名。

增订本序

十年以前，我收到陈平原兄的邀请，希望我的作品收入他所编的香港三联书店的“三联人文书系”。在平原兄的激励之下，我编成《近代中国的史家与史学》这本小书，收入他主编的书系中，后来这套丛书又在复旦大学出版社出过一次。最近陕西人民出版社再度提议要我整理一个增编本，加收几篇相关的文字，并添一篇新序。由于最近正忙着别的研究，所以此处只能匆匆写下一点感想。

趁着写这篇序，我想讨论一个问题：学术史/史学史的研究有什么意义？我个人认为研究的意义非常多，其中之一便是我在这篇序中所要谈的，一方面是能帮助我们了解“历史书写的运作机制”，另一方面是由此“运作机制”进而帮助我们了解历史上某一个时期的人们为什么决定开启或关闭、看重或看轻某一种知识/历史，为什么以这样的方式开启或关闭，而开启或关闭又有什么意义。

历史书写是不是自然而然的(given)，史家是不是全知全能的？历史是否可能书写全部的东西？是不是所有正确的、美好的历史都自然而然地会有人去书写？我将从肯尼斯·伯克(Kenneth Burke)及瓦尔特·本雅明(Walter Benjamin)的两个观点开始。[①]

历史书写虽会想尽可能状写一切，但是所写出的永远只是“部分”。历史学者总是希望网罗一切，但实际上任何历史书写都只可能是“部分”。正如伯克(并非针对历史工作者)所说的，每一次表述的同时也遮蔽了一些其他的东西，那么人们为何选取了这个部分，而忽略或遮蔽了其他的部分？[②] 书写历史像切起司，可以用无限种方式下刀，但是人们为什么选择这个方式而不是别的方式呢？因此如何选择，如何书写，都是学术史/史学史所需要处理的重要问题。

本雅明在《历史哲学论纲》一文中，借用了画家克利的“新天使”来阐述他对历史的看法：“历史天使的脸望向过去，身体则前进到未来。”他以此作为历史写作与历史诠释

① 不过，在进入以下讨论时，我必须强调，我的史学理念是尊重证据，史家的工作是尽可能趋近历史客观性。

② 譬如某种现实的或学术的“关联性”会使人们将注意力放在一些原先不会被如此重视的细枝末节中，以《邓之诚日记》为例，他有很长一段时间注意力集中在明末清初这个阶段，因为当时学术圈形成了若干特定的问题，与之相应的史事便每每为人们所关心，譬如流戍宁古塔的吴兆骞(字汉槎)，他戍所篱笆下的野菇是否味道特别鲜美，即曾为邓之诚关心之点。

的一项特质。也就是说，史家一方面是随时代的前进而有新的关注(他的身体前进到未来)；另一方面是他的脸望向过去，所以随着身体不断前进，选择书写的历史也有所不同。① 身体前进到未来而脸望向过去的例子非常多，譬如近代史家朱希祖于1933年至1934年研究主题之转变，由明末清初到伪齐，即因为见到当时的华北伪政府，与北宋首都开封沦陷后伪齐的历史非常相近。

在简单引介了这两种观点后，我要强调的是，我个人认为历史当然有相对稳定的主题与内容，而且绝不认为一切历史书写都是主观的，一切史实都是相对的。但是，我们也不能不承认史家关注、烛照的范围都随着时代而有所变化。历史书写中稳定的部分与变化的部分，始终存在着重大的辩证与张力。

如果历史写作不是自然而然的，史家也不是全知全能的，任何表述都只可能是部分的。历史书写是纷纭万状的问题，或是借用一种现代的说法，是有一种“历史书写的运作机制”存在。法国史家弗朗苏瓦斯·阿尔托格于1983年提出“历史性的运作机制”这个概念，接着以这个概念为主轴写成 *Regimes of Historicity*：*Presentism and Experiences of Time*。从这本书看来，他所关心的主要不是历史家的书写机制，而是“历史性”的问题。他精密地区分“过去”“现在”

① 但这并不必然表示“新天使”为了呼应新的关注而刻意扭曲他所处理的史实。

“未来”三种时间观念，并探讨在特定人群中这三者之间的比重、关系等的纷纭万状。譬如讲到大力士阿喀琉斯时，阿尔托格说他每天醒来都是同一天（没有“过去”与“未来”）。又譬如库克船长与夏威夷土人相遇时，他发现两者的时间观几乎完全不同。书中提到，尽管有些仇恨发生在好几代以前，但毛利人仍可能对敌人说，我刚吃了你父亲的肉，甚至宣称“未来”存在于“过去”之中。阿尔托格在书中也讨论了当代的各种记忆、纪念活动，如何独占鳌头，几乎取代了“历史”的地位。

为了使得以下的讨论更为生动，我想借用阿尔托格的概念并略加修改，即“历史书写的运作机制”，并说明史学史在某种程度上即是在研究“历史书写的运作机制”。这类机制包含范围甚广，既有前面提到的阿尔托格所特别注意的“过去”“现在”“未来”的部分，也有历史书写实作的部分。譬如如何形成各式各样的历史写作？为何要书写、如何书写等涵盖非常广泛的问题。这里面当然也包括历史的“无知学”——为什么人们不敢或不愿多谈历史，或不愿不敢多谈某一方面的历史。

在每一个时代，人们获得历史知识的来源参差不齐，其中至少有两条线索：一条是有心人自己选择深入某些原始材料所认识的历史；另外一条是每一个时代史家的历史书写，尤其是各种教科书所传授的历史知识。后者的影响力更大、更广泛。所以如果某一代的历史书写（尤其是教科书)中不写某些东西，或加大、加深某些东西，那么不同时代的人所认知的历史便有巨大的差异。而写什么不写什么、为什么写什么、为什么不写什么，正是学术史/史学史研究的问题的一部分，就像不转开这个门把而转开另一个门把，看到的世界便有巨大的不同。所以我在前面提道：学术史/史学史研究的众多任务之一即是研究、了解各个时代为什么转开或关闭某些门把，为什么转开这个门把而不是那个门把，以及它们所涵带的一个个或大或小的知识世界。

以人们对古代历史的认识为例。晚清今古文的争论是一个重要的学术问题，但其重要性不止于此，它们涵带着不同的知识世界或生活世界，服膺今文家或服膺古文家的人，对许许多多的问题便持不同的看法。以对上古史的视野为例，当时崇奉今文经的夏曾佑，认为古代史学中多神话，其《中国古代史》中的太古到三代为传疑时代。而崇奉古文经的刘师培，便认为这些是史实，故在他的《中国历史教科书》中做了详尽的叙述。[①] 此外，相信古文经者，每每会将周公、孔子等古代人物视为平凡人物，而相信今文经者，则持不同的看法。故学术史/史学史，其实是关系到人们究竟要以什么样的方式看世界。

这里我要顺着今古文之争的问题，进一步举近代中国的疑古思潮为例来说明。关于近代中国的疑古运动有许多

---

① 王树民:《中国史学史纲要》，北京：中华书局，1997年，第193—194页。

的研究，我个人在《古史辨运动的兴起》中对此也有所讨论。疑古运动是近代中国极为重要的一个史学史问题，但是它还涵带了一个知识世界甚至生活世界的问题，即它事实上决定了人们怎样认识古代历史。

在疑古思想大盛时，学界流行着一种意见，认为商朝可能还是石器时代。胡适在《古史辨》第一册所写的《论帝天及九鼎书》中，便曾引瑞典学者安特生（John Gunnar Andersson）的话说："（安特生）近疑商代犹是石器时代的晚期（新石器时代），我想他的假定颇近是。"顾颉刚也说："我觉得周代始进入铜器时代的假设颇可成立。"不但《史记》中商朝以前的部分不敢视为信史，当时写教科书的人也不太敢将商朝之前写成信史，甚至连日本宫崎市定的《中国史》也是如此。

可是，疑古思想被殷墟发掘等学术活动所挑战，许多人转而认为《史记·殷本纪》中的记载是可信的。朱剑心在《金石学》中这样记录着风气的转变："而近时若干研究中国古代社会史之学者，言殷为石器时代之末期，证以最近河南安阳殷墟发掘所得之遗物，其说亦谬。"我们重读徐旭生的《中国古史的传说时代》，尤其是《叙言》及第一章《论信古》亦可看出这一点。他说："我们看殷墟所出的文字与器物，就可以知道当日的文化已经相当地高，离文化的黎明时期已经相当地远。如果前面全是漆黑一团，何以到此时文化有忽然的突飞？"他又说："我们看见商朝后期冶炼极精，花纹丰富的铜器，就感觉到在当时铜器的使用已经相当地长久。然则数百年以前的尧舜时代，以至于千余年前的黄帝蚩尤时代，全已使用铜器，非不可能。”(《叙言》)所以他进而主张“疑古的路既然走不通，我们就应该改走信古的路”，这也促使徐旭生认真地进行古代传说的分析。胡适在看到殷墟出土的精美铜器之后，他的古史观点也有过剧烈的改变。人们相信古代历史很长、程度很高，对过激的西来之说也产生了有力的质疑。苏秉琦在一篇文章中提到，殷墟发掘之后，有人才敢将商朝放在上古史的开头，他指的或许便是张荫麟的《中国上古史纲》。胡适即曾特别提醒人们，张荫麟的书从商朝写起，是因为当时殷墟已出土大量文物。

所以关于这个由信而疑、由疑转信的学术史探讨，事实上是决定关闭或开启一大片古代历史世界的问题，是决定整个时代人们历史意识的问题。正如清代考证学中以惠栋等人为代表的反宋学风气，冲击太大，方东树便说影响所及，几乎使人们觉得宋代似乎不应该存在——“有宋不得为代”(方东树《汉学商兑》)。换句话说，宋代一切政治、文化、思想成就不被当一回事，或甚至是当成负面、有害，这断绝了当时许多人对这个朝代及它庞大的相关领域的兴趣或了解，甚至使宋代变得好像不应该存在一般。

所以学术史/史学史，不只是研究哪一位儒者、哪一本书，或哪一个学术流派，同时可以了解各个时代因何、为何开启关闭了某些大门。研究它们，事实上也是在研究它们所涵带的一个个庞大的知识世界，以及其间的切换、差异对每一个时代中的人的知识世界及现实生活所产生的重大影响。这是我在增编本书时，萦绕在脑中的一些问题，故不揣浅陋将它们写下作为此书的序。

在这个增订版中，我收入了4篇新文章，分别是《重访钱穆的〈中国近三百年学术史〉》《从哲学史到思想史——胡适的英文〈中国思想史大纲〉草稿》《历史研究的新视野——重读〈历史语言研究所工作之旨趣〉》《近代史家的研究风格与内在紧张》，虽然新增的篇幅不算少，但为怕误导读者，所以我仍然沿用原来的书名。

王汎森

二〇二〇年四月

原　序

我一向关心近代史学史方面的问题，但是从未有写成专著的计划，而是以有什么就写什么的方式，希望最后能累积成一本集子，题为《近代中国的史家与史学》。在我原先的构想中，除了以前发表而未收入本书的几篇之外，至少还有一些正在构思的文章(譬如刘咸炘的史学)。但是因为平原兄最近积极催促我整理一本十万字左右的小书加入“三联人文书系”，所以进一步的增添必须俟诸他日了。

本书文章所涵盖的范围大概是晚清最后十年到一九三〇年代左右，前后将近三十年的时间，偏重的是“变”的部分，而尚未来得及仔细分析在新史学甚嚣尘上之时，旧史本身的风貌。

在将近三十年中，史学的意义、题目、史料、方法、概念、词汇、评价、叙事架构等都起了重大的变化，以至于要想回过头去用传统方式写史，几乎不可能。譬如在近代以前，人们多用“史”而罕用“历史”，近代则用“历史”而少用“史”。由“史”到“历史”，在隐微之间有某种深刻的改变，这一类改变在近代的史学实践中可谓不胜枚举。收在本书中的五篇文章，对前述变化有若干讨论，此处不一一介绍。

在这篇短序中，我倒是想记录我在思考近代史家与史学时的一些想法。

第一，史学活动是整个社会活动中的一环，所以史学必定与整个社会密切互动，尤其是在剧烈变动的时代。因此史学变化的道路，许多应当从史学内部的发展去了解，但也有很多时候变化的关键因素是在史学之外，譬如思潮、政治、社会、认同等，不能忽略。

第二，史学知识或历史记忆是整个社会活动的一部分，对整个社会都有意义，对所有的行为也都可能产生微妙的作用。所以我们应该问：在每一个时代，史学知识或历史记忆扮演何种社会角色？产生何种社会功能？

第三，在思考史学知识或历史记忆的社会性时，我们会发现一个社会中存在各种不同层次的历史知识或历史记忆，不同层次的历史知识或历史记忆，与不同的社会群体或阶层之间有着微妙的关系。各种历史知识或历史记忆系统之间未必截然不同，但是它们之间往往有出入，因此，我们应该注意一个社会中多元历史知识的轮廓，并且留心各种历史知识或历史记忆之间，自觉或不自觉的竞合关系。

在一个社会中，因为存在着互有出入的历史版本，或是对某段历史选择性的关心或忽略，对人们日常生活的行为取向、政治抉择、政治认同等，产生了不容忽视的影响。

第四，各种历史知识的生产、流通管道，人们获得这些知识的方式，通俗的历史知识与学院研究之间的关系等问题，也都是很有意味的问题。

近来我注意到，近代中国重要的史家、历史著作、史学流派，或历史机构，几乎都有人研究了，以至于许多人感到好像在这个领域已经没有什么可以着手之处。可是，如果我们把视界放宽到整个时代的历史意识，及它们与政治、社会的复杂互动，则有一个相当广阔的园地摆在眼前。[①]

二〇〇八年六月

① 我最近在一篇题为《历史教科书与历史记忆》的文字中，曾对以上若干论点有粗浅的铺陈，有兴趣的朋友请参阅。该文刊于《思想》季刊，第九辑（2008 年 5 月），第 123—139 页。

目录

晚清的政治概念与“新史学”

近代中国史学经历过三次革命，三次的内容都非常繁复，不过也可以找出几个重心。第一次史学革命是以梁启超（一八七三至一九二九）的《新史学》为主，它的重心是重新厘定“什么是历史”；第二次革命是以胡适（一八九一至一九六二）提倡的整理国故运动及傅斯年（一八九六至一九五〇）在“中研院”历史语言研究所开展的事业为主，重心是“如何研究历史”；第三次革命是马克思主义史学的勃兴，重心是“怎样解释历史”。本文所要讨论的是第一次史学革命。在这次革命中，人们反复争论中国究竟是“有史”还是“无史”。

读者们一定感到讶异：在中国这样一个历史文献发达，而历史编纂传统又如此丰富的国家，何以在世纪之交突然出现措辞这么激烈的争论？在“有史”和“无史”的争论中，梁启超等人宣称中国“无史”，但是也有人出面坚持中国“有史”，最有名的一篇文字是马叙伦（一八八四至一九七〇）的《中国无史辨》。[①] 坚持中国"有史"的一派强调中国史学编纂传统源远流长，宣称中国没有历史的这一边则认为传统史学大多未将国民的整体活动写进历史。这一波论争促使人们反省"什么是历史"，发动这一场论争的梁启超在一九〇二年写了几篇文章，并在其中提出了四个概念，追随的人们便以旧史中是否含有这四种概念所指涉的历史来决定"有史"或"无史"。

梁启超在一九〇二年所写的《中国史叙论》与《新史学》两篇文章，可以说是近代新史学的里程碑，几乎出现在所有近代中国史学史的著作中；而这两篇文章中的一些片段，历史学者通常也熟读成诵，尤其是《新史学》，受到当时日本非常流行的"文明史"影响，责备旧史家只写帝王将相而不写国人的历史，大家已经非常熟悉，照理已经没有太多的剩义可供探讨了。不过，一般多专就史学内部的观点来谈这两篇文字，不曾从晚清以来政治概念与政治词汇的角度来谈它们。所以我想强调的是晚清的政治思想如何促动这场史学革命。如果我们打开《新史学》，会发现梁氏所重视的是"国家""国民""群""社会"的历史，这四个词语在传统中国极少出现，即使出现，也不是近代人所了解的意思。就以"国民"一词来说，一八九九年，梁启超在《清议报》第三十册"本馆论说"中的《论近世国民竞争之大势及中国前途》一文中便表示："中国人

① 刊载在《新世界学报》第五、第九两期(1902年10月31日及12月30日)。此外，在《国粹学报》中也零星出现过一些虽然不如马氏口气那样尖锐，但明显的是要证明传统中国不是"无史"，而清朝统治下确为"无史"的论述。

不知有国民也，数千年来通行之语……未闻有以国民二字并称者。”[①]至于其他词语，像“社会”“群”等，也无不如此。换句话说，《新史学》中有几个最关键的“概念工具”(conceptual apparatus)是过去所不曾出现的。如果晚清思想界没有这些“概念工具”，则一篇近代新史学的开山之作，势必不会以这样的面目出现。本文便是想讨论上面三个在晚清政治思想界甚嚣尘上的“概念工具”如何塑造史学革命。

由于“国家”“国民”“群”是晚清时期三个新概念，所以以下我要花费比较长的篇幅，讨论这三个概念在晚清思想世界中的形成与衍化过程。晚清政治思想中对政治、国家、国民、社会等问题逐渐形成新的思维，它们与现代的“国家建构”(state-building)有关。在当时内外环境压迫之下，人们开始觉悟到要有新的政治思维才能保国救国。人们同时认为史学与这一个神圣的任务有着密切的关系，而且应该扮演着积极的角色。但是因为传统的历史思维与历史写作太过狭窄、太过陈旧了，不可能对新的时代有所启导，所以史学本身应该有一场革命，以适应新的任务。新的史学应该写“国家”“国民”，写“群”“社会”。

① 梁启超：《论近世国民竞争之大势及中国前途》，《饮冰室文集》，第二册，台北：中华书局，1960 年，第 56 页。梁启超并未留意到古代已有“国民”一词，台湾“中研院”历史语言研究所的“汉籍文献资料库”可以从二十五史中查到四十三条“国民”，不过它们不是现代意义的“国民”。

一

诚如梁漱溟(一八九三至一九八八)在《中国文化要义》中所说的:

> 像今天我们常说的“国家”“社会”等等,原非传统观念中所有,而是海通以后新输入底观念。旧用“国家”两字,并不代表今天这涵义,大致是指朝廷或皇室而说。自从感受国际侵略,又得新观念之输入,中国人颇觉悟国民与国家之关系及其责任……①

在这里,梁漱溟提到“国家”“社会”是中国原来没有的观念。这一段回忆颇能说明清季的实况。就以“国家”的观念来说,近代学者曾经引述了一个故事,说一八三九年鸦片战争爆发之前,一位清朝官僚和一位英国贸易代表在广东对话,当英国贸易代表提到中国是一个“国家”时,清朝的官员显然是不知其所云。② 即使在一八四二年《南京条约》签订以后,清廷的一些大僚仍然不相信西方国家的数目可能超过两三个。到一八七二年,里雅各(James Legge, 1815—1897)在《左传》英译本的前言中仍然提到,中国人不能明白他们只是世界上许

---

① 梁漱溟:《中国文化要义》,台北:正中书局,1975年,第167页。

② Yü Ying-shih, "*Changing Conceptions of National History in Twentieth-Century China*," in Erik Lönnroth, Karl Molin, Ragnar Björk eds., Conceptions of National History (N. Y.: Walter de Gruyter, 1994), p. 155.

许多多国家中的一个。[①] 陈独秀(一八七九至一九四二)便回忆说，一直要到一九〇一年八国联军侵华战争之后他才了解到，原来世界上的人是以一国一国的方式存在：

> 此时我才晓得，世界上的人，原来是分作一国一国的，此疆彼界，各不相下。我们中国，也是世界万国中之一国，我也是中国之一人。一国的盛衰荣辱，全国的人都是一样消受，我一个人如何能逃脱得出呢？我想到这里，不觉一身冷汗，十分惭愧。我生长二十多岁，才知道有个国家，才知道国家乃是全国人的大家，才知道人人有应当尽力于这大家的大义。[②]

史家吕思勉(一八八四至一九五七)曾经回忆说，在一八九五年左右，人们并不知道"国土"二字怎么写。[③] 这许许多多的例子都告诉我们，晚清人士常常挂在嘴边的"无国"之感，究竟是针对什么而说的。

晚清思想界中"无国"的感愤大抵可以分成两种：在革命派方面，主要是从种族主义的观点出发而得到无国的结论，他们

---

① Yü Ying-shih, "*Changing Conceptions of National History in Twentieth-Century China*," in Erik Lönnroth, Karl Molin, Ragnar Björk eds., Conceptions of National History (N.Y.: Walter de Gruyter, 1994), p. 155.

② 唐宝林、林茂生：《陈独秀年谱》，上海：上海人民出版社，1988年，第17页。

③ 李永圻：《吕思勉先生编年事辑》，收入俞振基编：《蒿庐问学记》，北京：生活·读书·新知三联书店，1996年，第350页。

抱怨过去两百多年间中国被异族所窃据，看来有国，其实是“无国”。南社健将像柳亚子(一八八七至一九五八)等人便不断发出这类浩叹。① 国粹学派健将黄节(一八七三至一九三五)的史学名著《黄史》中，反复地开导他的读者，中国看似有国，但过去二百余年其实是“无国”，因为“无国”，所以也“无史”。他说：

> 黄史氏受四千年中国史而读之，则喟然叹曰：“久矣乎，中国之不国也，而何史之足云!”②

另外一种“无国”的感叹，则是从现代国家(nation-state)的角度发出的，认为中国历史上只有“朝廷”，没有“国家”，而对于这个现象批评得最为严厉，在建构现代意义的“国家”方面讨论得最多，对当时思想界影响最大的，应推梁启超。③

梁启超的“国家思想”可以分成两个阶段：在戊戌前后他已不断提出这方面的论点；在政变失败流亡日本之后，受到日本政治思潮的影响，而另有发展。

梁启超是康有为(一八五八至一九二七)的学生，而康有为、谭嗣同(一八六五至一八九八)等人是反对“国”的。康氏《大同书》虽然完成于后来，不过梁启超等人早就读过它的草稿了。在

---

① 王汎森：《清末的历史记忆与国家建构：以章太炎为例》，《思与言》，第三十四卷三期1996年，第1—18页。

② 黄节：《黄史》，《国粹学报》，1905年第一期，第1页。

③ 胡适：《四十自述》，台北：世界文摘出版社，1974年，第59页。

破除“国界”方面，康有为的思想则前后一贯。他说“人患无国，而有国之害如此”[1]，主张“去国而世界合一之体”[2]。他又说：

> 虽有仁人义士，不得不各私其国，故其心志所注，识见议论，皆为国所限，以争地杀人为合大义，以灭国屠人为有大功……世界人类终不能远猛兽强盗之心，是则有国乎，而欲人性止于至善，人道至于太平，其道相反，犹欲南辕而北其辙也。[3]

在这方面，梁启超很快便脱出其师之樊篱。他在一八九七年写的《说群自序》中已经有“无国”之叹。戊戌政变之后，梁氏流亡日本期间，开始撰写一系列鼓吹国家思想的文字，反映了梁氏受到当时在日本非常流行的伯伦知理（J. C. Bluntschli，1808—1881）的国家学说影响。

日本在一八九〇年代，思想上有一个明显的转向，即由以法国、英国为理想转向以德国为理想，这一个转向表现在思想、文化、政治等许多层面，而伯伦知理的国家学说是其中一例。[4] 梁氏一生写过许多文章介绍西方思想家，但是在数量上从未像介绍伯伦知理那么多，足见伯氏的国家思想在他心中的分量；同时也标志着梁氏由崇拜卢梭（Jean - Jacqnes Rousseau，1712—1778）到宣扬伯伦知理，由重人民到更重国家

---

①②③ 康有为：《大同书》，台北：龙田出版社，1979 年，第 2、107、102—103 页。

④ Kenneth Pyle, *The Making of Modern Japan* (Massachusetts: D. C. Heath and Company, 1978), pp. 97 - 101.

的一个微妙转变。①

这些鼓吹国家思想的文章中较为人知的有一九〇〇年的《少年中国说》，此外还有一九〇二年的几篇文章。一九〇二年是梁启超的一个重要年份。这一年他创办《新民丛报》，而且写下了几篇影响极为深远的文字，像《论国家思想》《新民说》的一部分，《新史学》等。这些文章应该被看成一个有机的整体，它们大多关心两个问题："国家"及"国民"。梁氏在一九〇〇年的《少年中国说》中提到"国"字的定义是有土地、有人民，由居于其土地上的人民自治其所居的土地之事，自制其法律；尤其重要的是"国也者，人民之公产也"，"人人皆主权者，人人皆服从者"。用这个标准来看，古代的中国虽有国之名，其实是"未成国之形"。②《论国家思想》是比较有系统

① 因为其中一些文字并未收入《饮冰室合集》，所以它的价值比较未被正确估计。参见张佛泉：《梁启超国家观念之形成》，《政治学报》，1971 年第一卷一期，第 11—28 页。另外，法国巴斯蒂在《中国近代国家观念溯源——关于伯伦知理〈国家论〉的翻译》一文中也讨论到梁氏与伯伦知理的关系。该文刊于《近代史研究》，1997 年第 100 期，第 221—232 页。

② 梁启超说："欲断今日之中国为老大耶，为少年耶，则不可不先明国字之意义。夫国也者何物也？有土地，有人民，以居于其土地之人民，而治其所居之土地之事，自制法律而自守之，有主权，有服从，人人皆主权者，人人皆服从者。夫如是斯谓之完全成立之国。"他又说："夫古昔之中国者，虽有国之名，而未成国之形也。或为家族之国，或为酋长之国，或为诸侯封建之国，或为一王专制之国。虽种类不一，要之其于国家之体质也，有其一部而缺其一部。"他接着又说古代的人不知道自己国家的名字："且我中国畴昔，岂尝有国家哉，不过有朝廷耳。我黄帝子孙，聚族而居，立于此地球之上者既数千年，而问其国之为何名，则无有也。夫所谓唐虞夏商周秦汉魏晋宋齐梁陈隋唐宋元明清者，则皆朝名耳。朝也者，一家之私产也。国也者，人民之公产也。"见梁启超：《少年中国说》，《饮冰室文集》，第二册，台北：中华书局，1960 年，第 9—10 页。

地讨论“国家”思想的一篇文章。他说：

> 人群之初级也，有部民而无国民，由部民而进为国民，此文野所由分也。部民与国民之异安在？曰：群族而居，自成风俗者，谓之部民。有国家思想，能自布政治者，谓之国民。天下未有无国民而可以成国者也。①

在这一篇文章中，梁氏还提出了国家的几个定义：首先是“对于一身而知有国家”；第二是“对于朝廷而知有国家”，朝廷只是公司之事务所，“夫事务所为公司而立乎？抑公司为事务所而立乎？”“故有国家思想者，亦常爱朝廷；而爱朝廷者，未必皆有国家思想。朝廷由正式而成立者，则朝廷为国家之代表，爱朝廷即所以爱国家也；朝廷不以正式而成立者，则朝廷为国家之蟊贼，正朝廷乃所以爱国家也。”此外是“对于世界而知有国家”，强调的是竞争之义，“由一人之竞争而为一家，由一家而为一乡族，由一乡族而为一国。一国者，团体之最大圈，而竞争之最高潮也”，“以国家为最上之团体，而不以世界为最上之团体”。② 把“朝廷”与“国家”分开的观念，

---

① 梁启超：《论国家思想》，《饮冰室专集》，第三册，台北：中华书局，1972 年，《新民说》，第 16 页。

② 梁启超：《中国前途之希望与国民责任》第 20 页：“非有国而不爱，不名为国，故无所用其爱也。”（《饮冰室文集》，第十册，台北：中华书局，1960 年）。《先秦政治思想史》首章，第 2 页：“谓中国人不好组织国家也可，谓其不能组织国家也亦可，无论为不好或不能，要之国家主义与吾人夙不相习，则甚章章也。”（《饮冰室专集》，第二册，台北：中华书局，1972 年）。

是他在《新史学》中反省旧史、开辟新史的一个重要凭借。梁氏一再强调，中国只有“朝廷”而没有“国家”的观念，而且因为没有“国家”观念，而常为外国人所嘲笑。他在一八九九年《清议报》第二十四册特地释译了日本人尾崎行雄(一八五八至一九五四)的《论支那之命运》。文章的开头就一再批评中国没有“国家”：

支那人未知有国家，安得有国家思想?①

他认为这是一个至可羞耻的事，正因为没有国家思想，不知“人人皆主权者，人人皆服从者”，故人民一方面不知道自己是国家的拥有者，也不知道自己需要为这个整体尽自己一份的力量，从而也就没有“爱国心”，当国家遇到外敌侵袭时，也就没有因为同属一个整体而兴起的同仇敌忾精神。这也是前面提到过的陈独秀所自惭的“我生长二十多岁，才知道有个国家，才知道国家乃是全国人的大家，才知道人人有应当尽力于这大家的大义”。

梁氏再三强调，有几种因素妨碍了“国家”思想之形成。首先是朝廷。中国几千年来因为“朝廷”观念的支配，人们只关心一家一姓之事，而没有全“国”的想法，所以也只注意这一家一姓的兴亡，而不注意国家是一个整体，包括它所有的人民、物产、财力等等。贵族的力量当然也是阻碍国家思想形成之因素。

---

① 张佛泉：《梁启超国家观念之形成》，《政治学报》，1971 年第一卷第一期，第 8 页。

此外，家族思想、地方主义等，凡是使人们囿于一地或一群人之见的，都是创造现代国家之时所要破除的。

梁启超有一种“自然”相对于“有意识”的思维：以朝廷、贵族、家族、乡土为主体的传统社会是“自然”的状态，而组成一个现代国家必须是“有意识”建构的工作。这种建构工作包括两方面，一方面要破除旧势力的作祟，另一方面要有意识地以各种方法凝聚人民，成为种种现代社群，最后形成一个现代国家。

在这一方面，梁氏与严复（一八五四至一九二一），还有其他同时代的人，都多少受到当时在西方思想界地位极高，而在中国又广被称颂的斯宾塞尔（Herbert Spencer，1820—1903）的“社会有机体论”的影响。他们的思维大致是这样的：国家或社会是一个有机体，社会或国家的每个部分都像是有机体的一部分，司一定职责，而整个有机体的健全，则有赖于每一个部分的健全，说到最后，即是有赖于每一个细胞的健全。每一个细胞充分发挥它的活力时，也就是整个有机体最有力量的时候，整体与分子必须形成一个环环相扣的全体。所以，国家的力量不应以统制甚至压制各个分子为主，而应该是让他们充分发挥其能力。

在“国家”意识出现之后，一些今天习以为常的词语，像“国民”“国力”“爱国心”才开始流行并取得了它的现代意义。“国力”是全国各个分子力量的总和，而不是朝廷力量之大小。“爱国心”是所有分子对于国家这个最高主体的爱心，而不是对于皇帝一姓一家之爱敬。“国民”则是以国为全体人民之公产，一国之法、一国之事都由国民来负责。

在这里也就引出了下一个问题，即近代中国“国民”思想的出现。[①]

二

有关“国民”意识的形成，必须分成两方面说，先是近代，尤其是戊戌前后，民权思想大兴，形成一个沛然莫之能御的思潮。如果我们回顾戊戌前后的社团及刊物，可以发现以“民”为开头的词语大增，“民权”是人们争论得很厉害的一个概念，通常也是维新官僚与当时相对而言比较激进的思想家之间主要分野之所在。[②] 有关《时务报》的一则故事多少说明了它是当时思想战场的主轴。张之洞(一八三七至一九〇九)是支持多种维新事业的，其中包括《时务报》，该报的主持人汪康年(一八六〇至一九一一)便可以视为张氏的一个幕僚。但是当《时务报》第九册中刊出汪康年《论中国参用民权之利益》，说“居今日而参用民权，有三大善焉”，并提倡西方国家君民

① 我相当了解近代政治思想中对“国民”有异常繁复的论辩，但这不是本文的重点，而且我所讨论的这几位思想家对“国民”还没有非常精细的思考。

② 原先一起提倡维新事业的人，后来往往因为是否宣扬民权而逐渐分道扬镳。参见汤志钧：《戊戌时期的学会和报刊》，第四章，台北：台湾商务印书馆，1993 年，第 143—219 页。关于梁启超的民权思想，请参考张朋园：《梁启超与清季革命》，台北：台湾“中研院”近代史研究所，1969 年，第 47—65 页。

共主之制时，张之洞的幕客梁鼎芬（一八五九至一九一九）、叶瀚（一八六一至一九三六）、缪荃孙（一八四四至一九一九）纷纷来信批评，其中便有人说："周少璞御史要打民权一万板，民权屁股危矣哉！"[①]这一则故事未必是真，但是它反映了"民权"在当时的刺激力量之大。当时撰文鼓吹民权的文章非常之多，卢梭民约思想的影响也很大，有人甚至希望在中国做"亚卢"——"亚洲的卢梭"。[②]

晚清以来"民权"思想的升高是一个广泛事实，但是"国民"所指涉的内容要更特殊一点。关于这个问题，史料很多，此处只能引几条材料作例子。孙宝瑄（一八七四至一九二四）《忘山庐日记》一九〇七年条记：

> 前闻荫亭言：我国今日为治，当区民为三等：最下曰齐民，稍优曰国民，最上曰公民。一切纳赋税及享一切权利，皆截然不同。而国家亦须设三种法律以支配之，其有欲由齐民跻国民，由国民跻公民者，必其程度与夫资格日高，然后许之。如是则谋国者方有措手处。余以为然。[③]

---

① 汤志钧：《戊戌时期的学会和报刊》，台北：台湾商务印书馆，1993年，第172页。

② 譬如南社健将柳亚子的几首诗都写出了这一点——柳氏自号"亚卢"，即以"亚洲的卢梭"自居。参见杨天石、王学庄编：《南社史长编》，北京：中国人民大学出版社，1995年，第9页。

③ 孙宝瑄：《忘山庐日记》，上海：上海古籍出版社，1983年，第1106页。

从这一条材料可以看出，迟至一九〇七年士人们已提出要划分“齐民”“国民”“公民”三种观念。他认为“齐民”是自然状态下的人民；而“国民”显然是指自觉到自己是国家的一分子，而且有充分的国家思想，并为国家尽其一分子之力量的人；至于“公民”，孙宝瑄在这里没有说清楚，但我们可以猜想是具有纳税、选举等权利、义务的人。

这里必须附带提到的是“公民”的思想。它与“国民”一样，也是近代中国全新的观念，因为它是陌生的，所以康有为在一九〇二年以笔名“明夷”所写的《公民自治篇》中呼吁中国要“造公民”①。

使得“国民”思想深入大众脑海中的也是梁启超。梁氏的国民思想在问世之后，马上引起极大的影响。章士钊（一八八一至一九七三）在一九〇三年说：“近世有叫号于志士，旁魄于国中之一绝大名词，曰国民云云。”②从一八九九年以后，梁氏开始大量使用“国民”一词。梁氏的“国民”思想有两个源头。第一，在“国家”意识觉醒之后，跟随而来的是“国民”意识的觉醒。前面所引梁启超论国家思想的文章中常常也同时讨论“国民”，并再三强调“国民”与“部民”之不同即是一证。第二是受到当时日本思想界，尤其是德富苏峰（一八六三至一九五七）的影响。一般同意，一八八〇年代后期的日本是“国家”

---

① 收入张枬、王忍之编：《辛亥革命前十年间时论选集》，第一卷，北京：生活·读书·新知三联书店，1977年，上册，第180页。

② 转引自张佛泉：《梁启超国家观念之形成》，《政治学报》，1971年第一卷第一期，第24页。

“国民”思想大盛之时，当时日本知识分子认为如果没有“国家”，人民无所附着，仍是“非国民”，并且认为要将一个日本人变成“国民”是一个非常复杂的过程。[①] 而德富苏峰对日本“国民”思想的形成出过很大的力气。他于一八八七年创《国民之友》杂志，一八九〇年创提倡平民主义的《国民新闻》，他的主要著作则是《近世日本国民史》，从这些标题可以看出德富氏的国民思想之一斑了。而一般都认为梁启超受德富氏的影响最大，甚至说他抄袭德富苏峰的文章。[②] 总之，在梁启超流亡日本期间，日本思想界的“国民”思想早已风起云涌十余年了，他本人的“国民”思想应该是受到这一股思潮的启迪。

梁氏在一八九九年九月的《近世国民竞争之大势及中国前途》中说：

> 中国人不知有国民也……国民者，以国为人民公产之称也，国者积民而成，舍民之外，则无有国。以一国之民，治一国之事，定一国之法，谋一国之利，捍一国之患，其民不可得而侮，其国不可得而亡，是之谓国民。[③]

在同一年写的《爱国论》一文中，梁氏说：

---

① Carol Gluck, *Japan's Modern Myth*, Princeton: Princeton University Press, 1985, p. 23, 25, 39.

② 冯自由：《革命逸史》，台北：台湾商务印书馆，1978 年，第 269—271 页。

③ 梁启超：《论近世国民竞争之大势及中国前途》，《饮冰室文集》，第二册，台北：中华书局，1960 年，第 56 页。

彼其国民，以国为己之国，以国事为己事，以国权为己权，以国耻为己耻，以国荣为己荣。我之国民，以国为君相之国，其事、其权、其荣、其耻，皆视为度外之事。①

从上面可以看出“国民”与“国家”意识之密切关系。而从上述引文中也可以看出，梁氏谈“国民”时至少有如下几种意义：第一，帝室不是“国家”的拥有者，“国民”全体才是国家真正的拥有者。因为拥有所有权，所以对于国家有参与感与责任感，对国家的休戚荣辱产生像自己一家的休戚荣辱那样的连属感。同时因为自己是拥有者，所以有“爱国心”，一旦国家发生任何危机，能奋起为之牺牲。他们认为“爱国心”是过去那些不觉得拥有国家的人所不能想象的。第二，他们认为过去的老百姓因为还没有“国家”的观念，所以并不晓得在他们上面有一个更大的整体，做任何事情时，不会时时从整体的利益出发。梁启超的《论国家思想》这样说：

……则必人人焉知吾一身之上，更有大而要者存，每发一虑、出一言、治一事，必常注意于其所谓一身以上者。②

① 梁启超：《爱国论》，《饮冰室文集》，第二册，台北：中华书局，1960 年，第 69 页。

② 梁启超：《论国家思想》，《新民说》，《饮冰室专集》，第三册，台北：中华书局，1972 年，第 16 页。

"国民"因为自知自己属于更高的整体的一分子，所以做任何事情都把"自然"的只关心一己的想法提升到"有意识"地以国家之利益为利益。

第三，因为自己是国家的拥有人之一，所以要尽种种的责任和义务，要时刻关心这个全体，并尽自己的力量来维持它。所以过去那种完粮纳税便可以一切不管，或是"日出而作，日入而息，帝力于我何有哉"的观念不应该存在，"国民"应该永远参与、永远关心自己的国家，就像呵护自己的家业一般。

第四，"国民"是自由的、平等的，在"国民"之上，不应该有任何不平等的阶级或特权存在。当时梁启超等立宪派并不主张推翻君主，所以人们想象的是"一君万民"的格局，在这"一君"与"万民"之间没有任何垄断性的力量，而且"君"也只是受人民委托的总管性质的工作。①

除了"国家"与"国民"之外，还有"群"与"社会"的观念。晚清思想界谈"群"时是指一般人"有意识"地集合，"社会"则是指有组织的人群。当时人心中认为"社会"比"群"更进一步，

---

① 梁启超写于1897年的《论君政民政相嬗之理》说，中国远古有多君之害，因孔子提倡"大一统"，变多君为一君，又说"凡由多君政而入民政者，其间必经一君之政乃始克达"(《饮冰室文集》，第二册，台北：中华书局，1960年，第7—11页)。当时还出现另一种意见认为，传统中国的政治其实是"无治"，政府并没有真正的力量可以有所作为，所以像麦孟华便鼓吹要扩大君权使国家能办事，而人民有权而且平等(麦孟华：《论中国宜尊君权抑民权》，收入郑振铎编：《晚清文选》，上海：上海书店影印，1987年，第489—491页)。这些看似相抵触的思维，其实有一些共同的方向。

要群居之民有其同守之约束，也有其共蕲之境界，才称为“社会”。关于这个问题，我曾在另一篇文章中讨论过①，此处不赘。

“群”与“社会”二词在古书中都出现过，但与近代中国所认定的意义不同，所以应该被视为新的概念。②在当时一些里程碑式的史学文献中，“群”也是一个相当关键的概念。它大抵是指一个人群关系的庞大丛结，或者是指一个互动的体系。严复对“群”的概念有开辟之功③，梁启超则对“社会”一词的流传有过较大的影响。④不过“群”与“社会”二词出现有先后，“社会”流行较晚，它在梁氏撰写《新史学》时还未广用。“群”与“社会”意义也有所不同，从“群”到“社会”中间也有一个递变的痕迹。但无论如何，当时援借这两个概念的史学家都想指陈一种概念：历史不是以个人或个人意识为主体，少数人的主观能动力量并不能左右历史的发展，所以专写帝王将相的历史已经过时，应该代之以描述一群人整体发展的史学。历史描述的单位不应只是个人，而应该是一群一群的人。同时，人们也认为传统史学只记单人的事迹，不成一个系统。

---

①②④ 王汎森：《清末民初的社会观与傅斯年》，《清华学报》，第二十五卷四期（1995年12月），第325—343页。

③ 严复在《原强》中说，“其始也，种与种争，群与群争”，“惟群学为最难”，“一群之成，其体用功能无异生物之一体”，“化学原质，自然结晶，其形制之穷巧极工，殆难思议，其形虽大小不同，而其为一晶之所积而成形，虽折（析）之至微，至于莫破，其晶之积面隅幕，无不似也”，“惟群学明而后知治乱兴衰之故”。见严复：《严几道文钞》，台北：世界书局，1971年，第25—30页。

史学应记载复数的人及社会内部所存在的有机的、错综交互的关系，并且发现其中的因果规律。

三

以上三种概念中“国家”“国民”“群”对新学术影响最大，它们促使人们广泛地评估传统，甚至反省过去所从事的学问究竟是不是可以称得上是学问。当时广被争论的“君学”与“国学”之分便是一例。人们争论过去两千年的学问是属于君主的学问还是属于国家的学问。邓实(一八七七至一九五一)在《国学真论》中说：

> 痛夫悲哉，吾中国之无国学也。夫国学者，别乎君学而言之。吾神州之学术自秦汉以来一君学之天下而已，无所谓国学，无所谓一国之学。何也?知有君不知有国也。近人于政治之界说，既知国家与朝廷之分矣，而言学术则不知有国学君学之辨，以故混国学于君学之内，以事君即为爱国，以功令利禄之学即为国学，其乌知乎国学之自有其真哉?是故有真儒之学焉，有伪儒之学焉。真儒之学衹知有国，伪儒之学衹知有君。知有国，则其所学者上下千载，洞流索源，考郡国之利病，哀民生之憔悴。……若夫伪儒，所读不过功令之书，所业不过利禄

之术……[1]

照邓实说来，“国学”是有了“国家”观念以后才有的，“君学”则是秦以下两千年的学术；“国学”与“君学”是“真”学与“伪”学之分，是“真儒”与“伪儒”之判；“国学”所涵盖的是全体国民之学，故“考郡国之利病，哀民生之憔悴”，“君学”则只是服务帝王一家的一姓之学。邓实的文章显然是“国家”意识下的产物。

“国家”与“国民”思想深刻地影响着当时的历史研究。在进入这个主题之前，必须先强调，梁启超这一代新史家与傅斯年他们不同：傅斯年这一代的史学家希望历史不要成为道德教训的工具，不要让仁义道德干扰历史研究的客观性，同时也要把历史与现实政治的关系切断[2]；而梁启超、章太炎（一八六九至一九三六）这一辈的史家，其改造旧史的主要目的就是为了现实，就是为了鼓舞人民爱国、救国之心。梁启超认为今日的任务是要自结其国族以排其他国族，所以新史学的目标是要能使人们觉悟到要自结其国族，不把国家当作历史的主体则不足以激励爱国心，不把人民写进历史也不足以激励国民，所以史学之良窳与国势的强弱可以画上等号。梁启超在《新史学》中这样描述新的历史：

---

① 《国粹学报》，1907 年第二十七期，第 1 页。

② 傅斯年：《历史语言研究所工作之旨趣》，《傅斯年全集》，第四册，台北：联经出版事业公司，1980 年，第 1314 页。

国民之明镜也，爱国心之源泉也。今日欧洲民族主义所以发达，列国所以日进文明，史学之功居其半焉。然则但患其国之无兹学耳，苟其有之，则国民安有不团结，群治安有不进化者?①

他又说：

今日欲提倡民族主义，使我四万万同胞强立于此优胜劣败之世界乎？……史界革命不起，则吾国遂不可救。②

他在《三十自述》中又立志说：

欲草一中国通史，以助爱国思想之发达。③

梁氏自然不是孤立的例子。严复《群学肄言》的《砭愚》篇便批评前史体例，说它们“于帝王将相之举动，虽小而必书；于国民生计风俗之所关，虽大有不录”，而他这样批评的原因是阅读前史，“一群强弱盛衰之故，至为难知”，而历史唯有令读者知一“群”，而不是一家一姓的故事，才能让国人通晓盛衰强弱之故。④ 谁是历史的主人？谁是历史命运的承担者？

---

①② 梁启超：《新史学》，《饮冰室文集》，第四册，台北：中华书局，1960 年，第 1、7 页。

③ 梁启超：《三十自述》，《饮冰室文集》，第四册，台北：中华书局，1960 年，第 19 页。

④ 此文先于 1897 年至 1898 年间刊于《国闻汇编》。见严复译：《群学肄言》，北京：商务印书馆，1981 年，《砭愚》，第 8 页。

“新史学”是以“国家”“国民”为主体，要脱离旧史“万种腐败范围”，写出新的历史承担者“国民”在过去的历史。①

从上述可以知道为何梁氏在《新史学》中会痛批旧史为“君史”，而以新史学为“国家”及“国民”的史学。梁氏认为两千年来史学之病源有四端，其中第一、二点与本文有关：第一是“知有朝廷而不知有国家”，认为从来作史者，都是为朝廷君臣而作，没有一部为国家及国民而作的历史。那是因为不知“朝廷”与“国家”之分别，以为舍朝廷外无国家。第二是“知有个人而不知有群体”。他说历史贵在能叙“群”相交涉、相竞争、相团结之道，以及一群人所以休养生息同体进化之状，“使后之读者，爱其群、善其群之心油然生焉”。② 而当时西方的史学都是讲述整个国家全体国民的史学，都是讲整个“国民系统”之所由来，及其发达、进步、盛衰、兴亡之原因与结果，那是因为西洋“民有统而君无统”。中国则完全相反，“以国之统而属诸君，则固已举全国之人民视同无物，而国民之资格，所以永坠九渊而不克自拔，皆此一义之为误也”。③梁启超的《新史学》从“国家主义”出发，批评旧史书之斤斤置辩于“正统”。他说“统”应该在“国”不在“君”，在众人而非在一人：

---

① 此时也有人提倡文明史、探索人群进化现象以求得历史中的公理公例，这种写法偏重历史发展过程中一步一步向上进化的现象，使得读者得到一种印象，认为这即是人类的公理公例。譬如吕思勉说他读历史才知人类社会有进化的道理。

②③ 梁启超：《新史学》，《饮冰室文集》，第四册，台北：中华书局，1960 年，第 3、21 页。

然则正统当于何求之？曰：统也者，在国非在君也，在众人非在一人也。舍国而求诸君，舍众人而求诸一人，必无统之可言，更无正之可言。[①]

对于史书中的“褒贬”，梁启超在《新史学》中也有新的看法。他认为不能只褒贬一人，而应褒贬整个团体，否则“群治”不能进步：

而中国史家，只知有一私人之善焉、恶焉、功焉、罪焉，而不知有一团体之善焉、恶焉、功焉、罪焉。以此牖民，此群治所以终不进也。[②]

他又说旧史中所称道或讥贬的人物，所持的标准也是从这个人对君主一姓之效忠与否出发，不是立足于国民公义。《新史学》说：

然所谓敢谏者，亦大率为一姓私事十之九，而为国民公义者十之一，即有一二，而史家之表彰之者，亦必不能如是其力也。[③]

他认为应该“褒贬一民族全体之性质”[④]，而不是褒贬某人对一家一姓之忠诚与否。而他评断传统史家之优劣时，也是

---

①②③④　梁启超：《新史学》，《饮冰室文集》，第四册，台北：中华书局，1960年，第25、27、28、29页。

以他们的著作中是否有国家及国民思想为准评判。[1] 他所向往的新历史著作要能读后有感动，是以必“激励其爱国之心，团结其合群之力，以应今日之时势而立于万国者”。[2] 他甚至说如果“史界革命不起，则吾国遂不可救”：

> 今日欲提倡民族主义，使我四万万同胞强立于此优胜劣败之世界乎？则本国史学一科，实为无老、无幼、无男、无女、无知、无愚、无贤、无不肖皆所当从事，视之如渴饮饥食，一刻不容缓者也。然遍览乙库中数十万卷之著录，其资格可以养吾所欲、给吾所求者，殆无一焉。呜呼，史界革命不起，则吾国遂不可救。悠悠万事，惟此为大！[3]

《新史学》中的这些言论是大家耳熟能详的，而如果没有梁氏所一再提倡的“国家”“国民”思想，是不会有这种史学观念的。

至于“群”对新史学的影响，前面已提到过一些。“群”的观念在梁启超的《新史学》中有清楚的反映，他责备旧史“知有个人而不知有群体”的论点，对清末民初的一些历史著作也有

---

① “细数二千年来史家，其稍有创作之才者惟六人：一曰太史公，诚史界之造物主也，其书亦常有国民思想；……二曰杜君卿，《通典》之作，不纪事而纪制度。制度于国民全体之关系，有重于事焉者也。”梁启超：《新史学》，《饮冰室文集》，第四册，台北：中华书局，1960 年，第 5 页。

②③ 梁启超：《新史学》，《饮冰室文集》，第四册，台北：中华书局，1960 年，第 6—7 页。

很大的影响，下面在讨论“有史”“无史”的争论时所征引的材料中也会随时看到。“群”被有意识地用来思考史事的不少，譬如夏曾佑（一八六三至一九二四）在《中国古代史》中的《诸侯之大概》一节写道：大禹涂山之会时，执玉帛而会者有万国，到商汤时有三千，到周武王时还有一千八百，至入春秋时代，国之见于史书者，只有一百四十余，而且大半无事可记，其可记者十余国，“盖群之由分而合也，世运自然之理，物竞争存，自相残贼，历千余年，自不能不由万数减至十数”①。这是充分运用“群”与“物竞天择”的观念去推测古代历史的情状，也是以“群”的观念作为思考古史的一个重要范畴。“社会”在新史学中的分量比“群”要轻，它在提倡新史学的文章中出现的频率也不像“国家”“国民”“群”那样高，可能因为它是一个比较后起的观念。不过，像黄节就曾抱怨中国的旧史不能见“社会得失之故”，说“吾四千年史氏有一人之传记而无社会之历史”②，便是一个值得注意的例子。

四

梁氏的《新史学》从一九〇二年二月八日起便在《新民丛报》上断断续续地连载着③，一直到该年十一月十四日才刊完。

---

① 夏曾佑：《中国古代史》，台北：台湾商务印书馆，1968 年，第 35 页。

② 黄节：《黄史》，《国粹学报》，1905 年第一期，第 2—3 页。

③ 分别见于《新民丛报》，第 1、3、11、14、16、20 期。

他那些富含刺激性的话，很快地在知识界引起震荡，一九〇二年到一九〇三年间，便有不少文章回应他的论点。受他影响的人急着争论中国过去究竟是“有史”还是“无史”。梁启超的文章像是开动了一个机括，提醒人们思考“什么是历史”这一个根本问题，人们争论历史应该是什么，不应该是什么。在历史不应该是什么这一点上，大家的意见相当一致，但是在历史应该是什么这点上，看法便有一些分歧了。他们的文章大都充满着一些论证简单，但又对立鲜明的概念。邓实在一九〇二年八、九两个月所撰的《史学通论》就是一个很好的例子。邓氏在文章一开头便说他读三千年来的史书，“渊渊焉而思，睊睊然而忧，曰，史岂若是邪？中国果有史邪？”[①]。“史岂若是邪”——这是多么激烈的语气，邓氏不承认他所读到的史书是历史，他怀疑“中国果有史邪”，然后说他自己受到“新史氏”（梁启超）的影响，了然于“史者，叙述一群一族进化之现象者也”。他说：

> 盖史必有史之精神焉。异哉，中国三千年而无一精神史也！其所有则朝史耳，而非国史，君史耳，而非民史，贵族史耳，而非社会史，统而言之，则一历朝之专制政治史耳。

① 邓实：《史学通论》，《光绪壬寅政艺丛书》，台北：文海出版社，1976年，第714页。

若所谓学术史、种族史、教育史、风俗史、技艺史、财业史、外交史，则遍寻乙库数十万卷充栋之著作而无一焉也。[1]

从上面这一段引文看来，邓实认为“国史”是历史，“朝史”不是历史；“民史”是历史，“君史”不是历史；“社会史”是历史，“贵族史”不是历史。此外，学术史、种族史、教育史、风俗史、技艺史、财业史、外交史都是历史，但他说在数十万卷传记史书中找不到上面这些东西。

在“有史”与“无史”的争论中，最常被提到的是“君史”与“民史”的对立。一九〇二年十月，有署名“樵隐”的人写了《中国亟宜编新民史以开民智》一文，强调要有民史，才能启迪百姓的智慧，所以应该要编农史、工史、商史，才能开启农、工、商的智慧。[2] 邓实也说君史是“一代人之君即一代之史也”，而民史则是一群人的历史，“民史之为物，中国未尝有也”。他又说：

> 夫世界之日进文明也，非一、二人之进，而一群之进也，非一小群之进，而一大群之进也。[3]

历史的行动者是复数的，不是单数的，所以“历史者即

①③ 邓实：《史学通论》，《光绪壬寅政艺丛书》，台北：文海出版社，1976 年，第 714、717 页。

② 邓实：《史学通论》，《光绪壬寅政艺丛书》，台北：文海出版社，1976 年，第 724—725 页。他又说二十四史中，除了《史记》以外，“先后一揆”，“一号曰儒，不辨菽麦，不谙生计，不知农工商业为发达世界之极点”。作者认为当时的中国必须有新的历史，才能启迪农、工、商民，在新的世界经济竞争中站住脚步。

其一大群之现象影响也”“夫民者何？群物也，以群生，以群强，以群治，以群昌。群之中必有其内群之经营焉，其经营之成绩则历史之材料也；群之外必有其外群之竞争焉，其竞争之活剧则历史之舞台也。是故舍人群不能成历史”。[①] 从上面这些引文中，可以看到“群”的概念如何改变一代史学的方向。

陈黻宸（一八五九至一九一七）的《独史》于一九〇二年九月发表于《新世界学报》。他这一篇文章反复叹息中国“无史”，譬如说：“于乎，中国之无史。”又说：“吾观于南北朝之时，而益不能叹息痛恨于中国之无史也。”又说：“于乎，我中国之无史久矣。”[②]他主要针对“史权”这一个观念来谈。他说“史权”不是褒贬予夺，因为那是一人私断而不是“公言”：

> 然我谓予夺褒贬，非所以伸史家之独权也。史者，天下之公言；而予夺褒贬者，一人之私断。[③]

谈“史权”则理想上应该让史家掌管一个机构，收集中央政府的各种史料，而且要在各直省府州厅遍设史馆，收集各地人民之史料，且由史家发挥独立精神，撰写充分观照人民历史的史书。他说：

---

① 邓实：《史学通论》，《光绪壬寅政艺丛书》，台北：文海出版社，1976年，第717页。

②③ 陈黻宸：《独史》，《陈黻宸集》，北京：中华书局，1995年，第566—568、567页。

> 我观于东西邻之史，于民事独详。……夫欧美文化之进，以统计为大宗，平民之事，纤悉必闻于上。是故民之犯罪者、自杀者、废疾者、婚嫁者、生者、死者、病者、有业者、无业者，每年必为平均分数，而以其所调查者比而较之。比较既精，而于民人社会之进退、国家政治之良窳，析薪破理，划然遽解，斯所谓弥纶一代之巨作矣。①

陈氏似乎受到英国史家巴克尔（H. Buckle，1821—1861）《英国文明史》（*History of Civilization in England*）的影响，他心目中之历史必须充分解析“民人社会之进退，国家政治之良窳”。他说西洋人之所以能写出这类史书，是因为他们花费很大的力气在统计民事，那是因为“泰西民与君近，呼吸相闻”“故史得资以核其见闻”。中国自秦以后“民义”已衰，不看重老百姓，所以像欧美统计民事的工作也就不可能了。

在“有史”“无史”的争论中，也涉及“公史”“私史”之分。一九〇二年十月，在一篇没有作者、署名为“星架坡天南新报”所写的《私史》中，作者一开始便责备旧史只重朝代的兴亡、强弱、沿革，把历史与一人一家之谱系画上等号，他称之为“私史”，相对立的则是“公史”。“私史”不是历史，“公史”才是历史。“公史”的内容是：

---

① 陈黻宸：《独史》，《陈黻宸集》，北京：中华书局，1995 年，第 562—563 页。

一切英雄之运动，社会之经练(纬)，国民之组织，教派之源流……①

他认为这些皆不见于旧史，故浩叹说：“甚矣！中国之无公史也。”旧史“是一家之史，非全国之史也；一时之史，非万世之史也。……以是为史，谓之无史可也”。②

当然也有一些史家主张应该对传统史学具有同情的理解，他们开始反省如果中国真的“无史”，那么为什么会“无史”。他们倾向于划分古代为两个时期：神史—君史。神史时代，其史学好言天道、鬼神、灾异、卜筮之事，史官所学皆神事，其历史记载也泰半带神话性质。君史时代，一切随君主而转移，故历史也只记载君主一家一姓之事。他们隐隐然要说，如果对历史具有同情的理解，就不会去责备中国无“民史”，因为“民史”是人类发展到第三阶段的产物，而西方事实上也没有太久的“民史”。③

不过也有人不那么含蓄。一九〇二年十月及十二月，马叙伦在《新世界学报》连载《中国无史辩》，显欲对“无史”论者加以痛击。从目前看到的一些片段，可以看出马氏不满意国人过度崇拜西洋而轻忽“国粹”。他提出司马迁(约公元前一四五至公元前九〇)的《史记》与郑樵(一一〇四至一一六二)的

---

①② 《私史》，《新民丛报》，第十九号(1902 年)，第 99、100 页。

③ 邓实：《史学通论》，《光绪壬寅政艺丛书》，台北：文海出版社，1976 年，第 715 页。

《通志略》为例，来反击中国无史论者，表示“然则中国之学术何尝不及泰西，中国又何尝无史？呜呼，恫哉！恫哉！”①一九〇八年，《东方杂志》上有一篇署名“蛤笑”所撰的《史学刍论》，说“无史”论者认为二十四史“可以为二十四朝君主之谱牒，不可以为二千余年民族之记载。又其甚者，且谓吾国自古迄今，尚未有史学，呜呼，何其粤国之甚也耶！”。可是他的论证也相当有意思。他说：“若夫吾民族千百年来，所以屡受外界之侵凌，而究能获最终之战胜，与夫礼俗、学问、美术、技艺、文教、武功之称雄于东亚者，非官书曷由知之？”②他认为可以从旧史书来证明中国“有史”的“礼俗、学问、美术、技艺”，无一不是新史学的标准。他坚持中国“有史”的论点显然暗受反对派的影响，所以用来证明“有史”的标准竟与主张“无史”的人差不多。又如黄节是反对中国“无史”的，但是他所提出的证据也很有意思：

吾观夫六经诸子，则吾群治之进退有可以称述者矣。不宁惟是，史迁所创，若河渠、平准与夫刺客、游侠、货殖诸篇，其于民物之盛衰、风俗道艺之升降，靡不悉书。至如范晔之传党锢，谢承之传风教，王隐之传寒俊，欧阳修之传义儿，是皆有见

① 《新世界学报》，1902 年第 9 期，第 14 页。按：此文系刘龙心小姐见赠。文缺前半，即刊于第五期。

② 此文见《东方杂志》，第五卷六期（1908 年 6 月），第 90、91 页。

夫社会得失之故，言之成理，为群史独例。概以谓吾国四千年旧史皆一家一姓之谱牒，斯言也，毋亦过当与！①

文中所提到"群治之进退"等，都是"新史氏"认为旧史欠缺的东西，而黄节却用它们来证明中国无史论者主张之不适当，不免让人觉得他对"什么是历史"这个问题所持的立场已经非常不传统了。到了这个时候，"有史"论者和"无史"论者其实都同意"历史"应该是国史，是民史，是一大群人之历史，是社会的历史，同时历史叙述应该从宫廷政治史解放出来，而以宗教史、艺术史、民俗史、学术史作为它的主体。

值得注意的是，尽管有人出面坚持中国"有史"，但就整体而言，"无史"论的一派仍然占上风。最有代表性的一篇文章是《中国史的出世辞》，主张中国过去"无史"，一直到国民史学出现，才是中国史的"出世"。作者"横阳翼天氏"（曾鲲化）在这篇文章中说：

不佞为四万万同胞之国民一分子，愿尽四万万之一之义务，为我国民打破数千年腐败混杂之历史范围，掀拔数千年根深蒂固之奴隶劣性。特译述中国历代同体休养生息活动进化之历史，以国民精神

---

① 黄节：《黄史》，《国粹学报》，1905 年第一期，第 2 页。

为经，以社会状态为纬，以关系最紧切之事实为系统……寻生存竞争优胜劣败之妙理，究枉尺直寻小退大进之真相……以为我国自古以来血脉一统之庞壮国民，显独立不羁活泼自由之真面目。①

他又说：

浸假而地球独立自营大国民之鼻祖，其单刀直入，开辟中华之手段，史笔削之矣；浸假而挥斥八极，亭毒全球气魄，史笔削之矣；浸假而雷霆万钧，震惊大空之势力，史笔削之矣。吁嗟！吁嗟！其尚得曰：中国有历史乎？何配谈有中国历史乎？余一人朕天子之世系谱，车载斗量；而中国历代社会文明史，归无何有之乡。飞将军、大元帅之相斫书，汗牛充栋；而中国历代国民进步史，在乌有子之数。②

他还写下这样一段祝词：

中国历史出世，谨祝我伟大中国灿烂庄严之文明国旗出世于今日，谨祝我中国四万万爱国国民出世于今日，谨祝我四万万爱国国民所希望理想之自

①② 曾鲲化：《中国史的出世辞》，蒋大椿编：《史学探渊：中国近代史学理论文编》，长春：吉林教育出版社，1991 年，第 596—597、596 页。

由、所馨香祷祝之独立出世于今日。[①]

由新的历史出世，可以联系到四万万爱国国民之“出世”，乃至于四万万爱国国民所希望之理想自由出世，足见他赋予新史学的现实任务之巨大，同时也可以看出晚清新史学与政治之间的密切关系。

结论

以上是我对晚清政治概念与新史学的一个反思。过去探讨这个问题时，大多就史学论史学，而事实上，史学以外的政治、社会思潮对史学的变化产生了莫大的作用。在这篇文章中，我主要是以“国家”“国民”“群”与晚清新史学的关系为主进行讨论，它们开启了一个以国民的活动为主体的历史探讨空间，以及一种对复数的而非一元的历史行动者的关怀。同时，在它的影响之下，也形成了中国“有史”“无史”的争论。在中国这样的一个史学传统深厚的国家争论“有史”“无史”，意味着人们意识到历史似乎不应该是传统定义下的历史，人们开始关心“历史是什么”。从本文所征引的材料也可以看出，不管国粹派或立宪派，不分“无史”论者或“有史”论者，他们到了最后都隐然认定历史应该是“民史”，是“公史”，是“社会

① 曾鲲化：《中国史的出世辞》，蒋大椿编：《史学探渊：中国近代史学理论文编》，长春：吉林教育出版社，1991 年，第 597 页。

史”，是群体的历史，这对后来的史学发展产生了相当关键的影响。不过，二十世纪初期的新史家们基本上主张从旧史关注的范围中解放出来，放宽历史的视界，至于二十多年后，以胡适、傅斯年为代表的另一拨新史家，则重视新史料、新方法、新工具。这两波史学革命之间，关怀的重点显然有所不同，然而它们对近代史学的发展都有重大的影响。

本文原发表于《学术史与方法学的省思："中研院"历史语言研究所七十周年研讨会论文集》，台北：台湾"中研院"历史语言研究所，2000 年，第 125—146 页。

近代中国的线性历史观

——以社会进化论为中心的讨论

一、前言

十九世纪末以来，中国传统史学的语言、方法、思维、史料等方面都经历了重大的改变，线性历史观是其中非常重要的一环，经过这一番洗礼，任何想模仿传统史家的写作方式都变得几乎不可能。

“线性历史观”是一个西方的概念，要清楚地定义它并不容易。某种意义上的线性历史在传统中国当然曾经出现①，不过，无意间符合某种意义的线性历史观，与有意识地受一种

① 如今文家之公羊三世说。李约瑟（Joseph Needham，1900—1995）甚至认为中国古代的历史观基本上是线性的，参见 Luke S. K. Kwong（邝兆江），“*The Rise of the Linear Perspective on History and Time in Late Qing China c.* 1860 – 1911，” *Past and Present*，*No.* 173（*Nov.* 2001），pp. 165 – 166。

历史观念引导的历史写作，仍然有所不同。

此处所谓“线性历史观”是一个比较宽泛的观念，相对于循环式的或退化式的历史观，它认为历史发展是线性的、有意志的、导向某一个目标的，或是向上的、不会重复的、前进而不逆转的。

从晚清以来，思想界纷然杂陈，线性历史观的源头较多，不过以下几种学说是比较有关系的，但它们之间往往杂糅附会，不容易清楚划分：(一)康有为所阐发的公羊三世说。它把历史发展分成据乱世、升平世、太平世三个阶段，是较早的一种似带线性意味的思维，不过因为当时三世说主要关心的是政治，所以在史学方面的实际影响较小。[①]（二)各式各样带有目的性的、评价性的历史分期，如上古、中古、近世的划分。[②]（三)最初起源于欧洲的基佐(Françis Guizot，1787—1874)、巴克尔(Henry T. Buckle，1821—1862)等的“文明史”。它后来传入日本，再由日本传给中国士人。(四)进步观及“社会进化论”。关于第一点一般了解较多，本文不赘；此处要针对第二及第三略做解释，然后再透过第四点的进步观及“社会进化论”导入本文的主题。

首先，关于“历史分期”，邝兆江有一篇讨论近代中国线

① 参考吴泽：《康有为公羊三世说的历史进化观点研究——康有为史学研究之一》，收入《中华文史论丛》，第一辑，上海：中华书局上海编辑所，1962 年，第 229—274 页。

② 章太炎《訄书》所附《中国通史略例》中，便注意到西方作史，多分时代。章氏主要是受日本史家如桑原骘藏等的影响，见章太炎：《訄书》，台北：世界书局，1963 年，第 198 页。

性历史观的文章，提到在严复(一八五四至一九二一)译《天演论》及梁启超(一八七三至一九二九)提倡新史学之前，薛福成(一八三八至一八九四)、王韬(一八二八至一八九七)、郑观应(一八四二至一九二二)、陈炽(一八五五至一九〇〇)等人都提出过某种分期观，它们提供一些架构，说明中国历史是由一个阶段向上发展到另一个阶段，过去的、现在的与未来的，都可以安排进这个轨道中。[①] 我们现在尚难评估上述诸家对当时历史写作的真正影响；我们比较可以确定的是，在晚清，日本史家桑原骘藏(一八七一至一九三一)的《东洋史要》将中国历史分为上古、中古、近古、近世四期，当时中国出版的历史教科书多以其书的分期为准，故而产生很大的影响。不过，我们也不能忽略，在桑原的书之外，当时有许多从日文译成中文的历史书籍也有类似的分期，一样造成影响。

“文明史”的影响也相当之大。日本在一八七〇年代从西洋翻译了一批史书，譬如基佐的《欧洲文明史》(Histoire générale de la civilisation en Europe，1872 年译)、巴克尔(Henry Thomas Buckle，1821—1862)的《英国文明史》(History of Civilization in England，1875 年译)，它们与中国及日本原先的历史撰写方式相当不同，对当时日本史学界产生莫大影响，被称为“文明史”(the history of civilization)，福泽谕吉(一八三五至一九〇一)、田口卯吉(一八五五至一九〇五)等都是“文

① Luke S. K. Kwong, *The Rise of the Linear Perspective on History and Time in Late Qing China c.* 1860 - 1911, pp. 157 - 190.

明史”的“领导人”。“文明史”强调一种充分注意因果关系的历史叙述，而且批判过去史学只重君王而忽略人民，只重政治、军事而忽略生活、宗教、艺术、习俗的弊病。他们认为西方历史提供了一把标尺，人类各种族的历史都将循西方文明的历史定律而发展。他们把日本放在西方文明史的标尺下衡量，认为当时的日本只是“半文明”。田口卯吉用文明史的体裁写《日本开化小史(1877—1882)》，该书深受基佐及巴克尔之影响，是日本“文明史”的里程碑之作。① 然而，如果不是希望与西方国家并驾齐驱的强烈欲望，日本及中国的史家恐怕不会这么容易以西方文明史为标尺来衡量自己，而又同时以现代西方作为历史进化的最终目的。在“文明史”最流行的十五年，有许多号称“文明史”的书事实上只是撷取古代的编年史书及史料当中与文化有关的部分，再加上“文明史”的标题而已。

清末“文明史”的来源是多元的。俞旦初等人有关近代中国“文明史”的研究显示，对基佐、巴克尔的译述与介绍有好几家，并不只限于梁启超而已，而且清末所译史料谈到“文明史”的也不限于基佐、巴克尔的著作。在晚清中国人的观念里，“文明史”强调“史理学”，认为治史时要知其然，也要知其所以然；要讲人类历史发展之普遍“公理”与“公例”，要研究各国宗教、政治、学术、制度、风土、人情“如何变迁，如

① 参见 E. G. Pulleyblank and W. G. Beasley，“Introduction,” *Historians of China and Japan* (London：School of Oriental and African Studies，University of London，1971)，p. 15。

何改良，与夫列邦进步之因”。[①]

上述各种思想资源对梁启超都有影响。梁氏早岁即受其师公羊三世说之影响，接着又受到日本明治思想界流行的社会进化论的启发[②]，而且早在一八九〇年代末期就开始热切使用“文明”一词，使得当时人产生“自由”“文明”是康梁所独有的印象。譬如一八九九年梁启超的《饮冰室自由书》将人类文明分成“野蛮—半开化—文明”三个阶段，三者循序而升。[③] 在一九〇〇年代初期梁启超写了几篇有关新史学的里程碑文献，例如《中国史叙论》《新史学》等，它们都提示一种由一个阶段进化到更高阶段的历史观念。一九〇二年的《新史学》说，“历史者，叙进化之现象也”，“吾中国所以数千年无良史者，以其于进化之现象见之未明也”，“历史者叙述人群进化之现象而求得其公理公例者也”。[④]《中国史叙论》则分上世史、中世史、近世史[⑤]，又说历史像一条长线，由上古跨越中古，一路

---

① 俞旦初：《二十世纪初年中国的新史学》，《爱国主义与中国近代史学》，北京：中国社会科学出版社，1996 年，第 56—61 页；李孝迁：《西方史学在中国的传播》，第二章，上海：华东师范大学出版社，2007 年。

② 讨论这方面的文章很多，如张朋园：《社会达尔文主义与现代性——严复、梁启超的进化观》、手代木有児儿：《梁启超——“史界革命”と明治の歴史学》，收入佐藤慎一编：《近代中国の思索者たち》，东京：大修馆书店，1998 年，第 80—88 页。

③ 以上参考石川祯浩：《梁启超与文明的视点》，收入狭间直树编：《梁启超・明治日本・西方——日本京都大学人文科学研究所共同研究报告》，北京：社会科学文献出版社，2001 年，第 95—119 页。

④ 梁启超：《新史学》，《饮冰室文集》，第四册，台北：中华书局，1960 年，第 7、8、10 页。

⑤ 梁启超：《中国史叙论》，《饮冰室文集》，第三册，台北：中华书局，1960 年，第 11 页。

发展到近世。《论中国学术思想变迁之大势》则大谈“进化之公例”，并用来解释学术兴衰，譬如说孔学所以独大是因为“殆教竞君择，适者生存，亦天演学公例所不可逃也”；又说“人类初起，皆自草昧而进于光华”，“人类进化第一期，必经神权政治之一阶段，此万国之所同也”，仿佛一切都可以安排在一个线性向上的历史架构中。[①] 上面这几篇文章对新史学的发展起了极重要的宣示作用，也是形塑线性历史观的一个最重要的源头（详后）。

不过本文想强调的是，在讨论近代史学典范的改变时，应该分成“理念”与“实作”两个部分，前者注重一些里程碑式的文献（如梁启超的《新史学》），后者则要注意到许多未必有名的书籍在各个角落发生的实际影响。史学实作的变化，显然不是在几篇里程碑文献出现之后，就一齐俱变的。里程碑文献当然掀动一时之人心，不过讲到实际变化，则要兼顾不同时间、不同场合，受各式各样书籍或范例影响的情形。所以我们要兼顾两面，一方面是里程碑式文献，另一方面是在各种场合模仿、套用成书，习得各种新的书写范式的历程。当时有不少既不标榜史学方法，甚至不提新理论，而是直接模仿、类比、套用翻译或各种成书的例子；而类比、套用是一种新说深入扩散的重要基础。从二十世纪初年以来，以进

① 梁启超：《论中国学术思想变迁之大势》，《饮冰室文集》，第三册，台北：中华书局，1960 年，第 12、40、11、6 页。

化论的观点撰写历史是最时髦的口号[1]，当时声明自己是以进化观念写史，或是在著作中表现出某种进化观念的史著不少，即使思想保守人士也不例外[2]，但是宣称要怎么做比较容易，能熟练地用"进化"观点来写作历史却不简单[3]，人们往往是靠类比、套用各种范本才成功转入新的解释架构。故本文以社会进化论与近代中国的线性历史观为主轴进行讨论，同时特别提严译《社会通诠》[4]（A History of Politics）为例说明这类书在"实作"中所起的范本作用。

我并不准备再费笔墨谈进化思想如何传入中国，这里只提供一些简单的背景。大体而言，在严译《天演论》面世之前，中国已经有一些粗松的进化思想成分。譬如英国地质学大家赖尔（Charles Lyell，1797—1875）《地学浅释》（Principles of Geology）的译本早在一八七〇年代已经出版了，其中含有不少进化观念；晚清介绍西方思想的文章中也常常简单地提到进化论。进化论对大自然的一些观点甚至出现在李鸿章（一八二三至一九〇一）给学生的一份考卷中，其中一位学生钟天纬（一八四〇至一九〇〇）的回答目前还可以看到，由于他对进

① 譬如章太炎《訄书》所附《中国通史略例》中要求史学要"令知古今进化之轨"，"使一事之文野，一物之进退，皆可以比较得之"，即是一种代表性的宣言。

② 像近代中国第一本文学史——林传甲的《中国文学史》，即是一例，收入陈平原辑：《早期北大文学史讲义三种》，北京：北京大学出版社，2005 年，第 1—238 页。

③ 以林传甲《中国文学史》为例，全书除了个别例子，还有使用几个"进化"之词外，实际上没有多少是符合他所宣称的目标。

④ 甄克思（Edward Jenks）著、严复译：《社会通诠》，台北：台湾商务印书馆，1977 年。

化论的把握相当准确，因而得到李鸿章的赞赏。[①] 但是那时进化论主要被当作自然史的知识来吸收，没有牵涉社会政治层面，所以并未引起震动。我认为严译《天演论》之所以震荡人心，主要是因为它不只关心自然史，同时把它扩展到人事、政治的层面，最后还与国家的危亡密切结合在一起，简明和突出地标举"物竞天择，适者生存"这类口号，才引起莫大的震撼。

严译《天演论》对历史撰述的直接影响较小[②]，这大概是因为要把抽象理论直接运用到历史书写本身并不容易。虽然优胜劣败、自然淘汰等观念确实成为此后历史解释常用的概念。对当时的历史写作最容易产生影响的是像赖尔的《地学浅释》（将古历史的发展区分为石刀期、铜刀期、铁刀期），《斯宾塞尔文集》，严译《群学肄言》《社会通诠》，及十九世纪末到二十世纪初的一批社会学译本等。[③]

---

① James R. Pusey, *China and Charles Darwin* (Cambridge: Harvard University Press, 1983)；邹振环：《影响中国近代社会的一百种译作》，北京：中国对外翻译出版公司，1996 年，第 70—74 页、116—120 页；汪子春：《达尔文学说在中国初期的传播与影响》，《中国哲学》，第九辑，北京：生活 · 读书 · 新知三联书店，1983 年，第 365—389 页。

② 譬如《天演论》出版之后，刘师培有读后诗两首，内容完全不涉及历史解释的问题，所关注的主要还是"优胜劣败"的道理。他的历史研究风格大幅改变，是接触到《社会通诠》之后的事。

③ 以刘师培为例，他在二十世纪初期的几种运用演化论撰写的历史著作中，往往宣称他受社会学影响最大，主要便是指《社会通诠》及《斯宾塞尔文集》。

二、《社会通诠》与社会进化论

十九世纪末到二十世纪初输入中国的一批带社会进化论意味的社会学译本，尤其是与斯宾塞尔(Herbert Spencer, 1820—1903)有关的部分，对历史研究产生了不小影响。这批译本分别是章太炎与曾广铨(一八七一至一九四〇)合译的《斯宾塞尔文集》(分期连载在《昌言报》)、章太炎译岸本能武太(一八六六至一九二八)的《社会学》、麦鼎华(一八七六？至一九一五)译有贺长雄(一八六〇至一九二一)的《社会进化论》、严复译斯宾塞尔的《群学肄言》(*The Study of Sociology*)等。这些译本多少都展示了以社会进化的眼光看人事、历史、社会等面相[①]，直接给予历史研究者启示。前述诸书的影响，过去讨论者较多，相比之下，在各种译本中，《社会通诠》一书对历史研究的影响甚大，而过去却未被特别注意，故本文要以它出发进行讨论。

史华慈(Benjamin Schwartz, 1916—1999)说《社会通诠》是一本不知名的小书(obscure little work)，出自甄克思(Edward Jenks, 1861—1939)之手[②]，使人觉得《社会通诠》是一种泛泛

---

① 譬如《斯宾塞尔文集》中讨论“进境之理”，见《斯宾塞尔文集》卷之一，《昌言报》，第一册(1898年7月)，第1—3页。

② Benjamin Schwartz, *In Search of Wealth and Power: Yen Fu and the West*, Cambridge: Belknap Press of Harvard University Press, 1964, p. 157.

之作。甄克思生于一八六一年，逝于一九三九年，可以说是与严复同时代的人。他并不是籍籍无闻之士[①]，出版《社会通诠》一书时，已是牛津大学的教授，一九三〇年被选为英国学术院院士。[②] 然而比起严译其他著作的作者，如赫胥黎（Thomas Henry Huxley，1825—1895）、孟德斯鸠（Baron de Montesquieu，1689—1755）、亚当·斯密（Adam Smith，1723—1790）等人而言，他确实只能算是一位出色的学者，而非大师。

《社会通诠》在晚清曾引起巨大的政治争论。[③] 由于该书日译本相当成功，严复说不定是受到影响才决定动手翻译这本书。《社会通诠》提供了一套非常便于搬用的线性进化式时间架构，使得人们可以不大费力地套在中国历史上，后来中国史学家最常用的"图腾社会→宗法社会→军国社会"的模式，大多是从该书学来的。事实上从十七世纪以来，这一类阶段划分的方式在英法的著作中是屡见不鲜的；我们从甄克思的英文原书看不出任何独创之处，而且他也从未宣称自己新创了这个叙事架构。

十七世纪以来西方的进步史家们，如康多塞（Marquis de

① 详细一点的生平，见王宪明：《语言、翻译与政治——严复译社会通诠研究》，北京：北京大学出版社，2005 年，第 34—35 页。

② 甄克思逝世后，Robert Warder Lee 在英国学术院宣读其生平，讲稿于 1941 年印成一本 27 页的小册子。见 Robert Warder Lee，Edward Jenks，1861—1939：*Proceedings of the British Academy*，London：Humphrey Milford，1941，pp. 399 – 423。感谢剑桥大学 David McMullen 教授为我影印了这份文件。

③ 譬如在清末提倡种族革命者曾受到反对种族革命者引用《社会通诠》的有力批评。关于这个争论，王宪明前引书中的讨论甚详，请参看该书，第 190—207 页。

Condorcet，1743—1794）、孔德（Auguste Comte，1798—1857）等早已使用这种“渔猎→游牧→农耕”的阶段，或区分更多阶段，并步步向前发展的单线进化历史架构。① 有关进步史的名著，柏雷（John Bagnell Bury，1861—1927）的 *The Idea of Progress：an Inquiry into Its Origin and Growth* 早已指出，在进步观的第三个阶段，也就是在十九世纪后半叶进化论大行其道之时，前述那种线性进步观与进化论的思想合流，斯宾塞的社会进化论便是一个代表。②

《社会通诠》事实上只是一本极畅销的政治史教科书，所以它并不标榜特殊的理论。当时的一篇书评指出，该书令人印象比较深刻的是“图腾、宗法、军国”之演进的划分，认为该书虽有武断之处，但还是一本好书。③ 中国读者对它印象最为深刻的是社会进化论的部分——“据天演之公例，以考社会之阶级，胪陈殊俗之制，以证社会之原理”④——该书并不强调进化，连“演化（evolution）”一词都极少使用。不过，严复的翻译每每为它加入“天演”之类的观念，使得中国的读者以为

---

① Jean Starobinski，*The World Civilization*，*Blessings in Disguise*，*or*，*The Morality of Evil* Cambridge：Harvard University Press，1993，pp. 4 – 5.

② J. B. Bury，*The Idea of Progress*：*an Inquiry into Its Origin and Growth*，London：Macmillan，1920，pp. 334 – 349.

③ W. F. Trotter，*Review on Edward Jenks*，*A History of Politics*，International Journal of Ethics，Vol. 2 No. 2（Jan.，1902），p. 269.

④ 《东方杂志》第一期《新书介绍》栏，转引自王宪明：《语言、翻译与政治——严复译社会通诠研究》，北京：北京大学出版社，2005 年，第 187 页。

它是一本讲社会进化论的书。[1]《社会通诠》明确展示了西方历史由“图腾社会→宗法社会→军国社会”进化的历史观，由于写作形式安排得宜，表现手法又能够吸引读者，故清末民初崛起的新一代史家经常提到它。

三、“公例”与线性历史观

近代中国线性历史观之形成，最初恐怕不是出自史学本身的因素，而是一种对现实的渴求。因为渴求成为像近代西方国家那样的强国，所以采取一种当时相当流行的观点，认为西方历史发展的历程是世界的“公例”，只要中国望着西方历史的“公例”发展，最后也可能发展成像西方一样的强国。外在的因素带动学术的变化，他们把中国历史套入西方的线性历史架构中(公例)，有样学样地把中国历史拉成一条线性发展的轨道，使得中国人从原来那种“古”“今”不分或是一心一意想回到理想“古代”的想法，经过一番彻底的洗礼，“古”“今”的时间鸿沟变得大到难以跨越。“古”“今”的差异极大化形成了一种新的时间意识，使得历史想象与历史解释出现种种新的可能。此下我会陆续列举二十世纪初的一批史家如何拥抱“公例”的思想，而一步步套用西方线性历史观的情形。

---

① 如严译《社会通诠》之第 96 页“制度皆天演渐成”，原书为“is the result of historical growth”；如第 96 页“故国家宗法度为产业演进中之最大因”，原书第 111 页只是“a theory grew up that”。

而《社会通诠》之类的书籍，无疑是展示世界发展“公例”的范本，把历史发展变成一条刻度清楚的计算尺。史家所面临的问题是一道简单的填充题，在援用西方历史的线性架构来重新诠释中国历史时，只要按着计算尺上的刻度把中国方面的内容填进去，便得到一幅崭新的历史图像。

在中国，这套填充题有几个面相：第一，历史是一条由原始到文明进步的直线，这条直线过去可能是卷曲的，进化论把它拉直了，把两端拉直之后，特别是对远古及未来的想象，产生了剧烈的变化。第二，所有事物都有一个进化的历程，正如包默（Franklin Baumer，1913—1990）所说的，是由 being 到 becoming 的过程。[①] 过去视为是一个定点的事物，像是一团缠在一起的线团，拉开之后，呈现线性进化之迹；在三代的名物制度方面，便随处出现了“化经成史”的变化。第三，西方历史发展的进程是“公例”，是普世的历程，全世界各地文明的历程无不与之相同，所以对比西方文明这个计算尺上的刻度，一眼便可以看出各个文明目前在什么阶段；即使是目前尚不清楚的历史过程，也可以依西方文明之历程而“比例”得之。第四，整个历史进化过程是前后环环相扣、嬗衍递变而来，一代有一代之事物，层层变化[②]，历史的进程基

---

① Franklin L. Baumer, *Modern European Thought: Continuity and Change in Ideas*, 1600—1950, New York: Macmillan, 1977, pp. 140 – 159.

② 其影响所及，如王国维主张“凡一代有一代之文学”即是，见袁英光、刘寅生：《王国维年谱长编（1877—1927 年）》，天津：天津人民出版社，1996 年，第 91 页。

本上不是人为设计所能主导，而是由各种“力”互相作用而成。

更进一步说，晚清的“公理”“公例”等观念，在思想世界中扮演着不可忽视的角色。它们改变了人们一个模糊却有力的想法，即中国历史文化始终是独特的想法，经由“公理”“公例”等概念强而有力的灌输，人们转而认为西方历史文化具有普遍性，连中国也不例外。“公理”“公例”成为当时论证或辩论最有力的武器之一，晚清的新历史著作中便常常出现“公例”之类的措辞。事事皆有“公例”，而所谓“公例”者，往往就是归纳近代西方的经验所得的一些原则，人们认为它们是放诸四海而皆准的。[①] 在历史研究方面，“公例”有时候是指由进化历程所归纳出的一些原则(譬如事物进化是“由简而繁”)，有些时候是指“进化之大理”——指全人类各文明所必然经历的过程，不一而足。

在二十世纪初期，进化之“公例”为一批新史家提供了一个方便可用的模型。他们发现只要把中国史事往这个线性架构中的空格一摆，许多原先看来并无头绪的史实，便可以形成清楚的理路。当时常见的分期如“石刀期→铜刀期→铁刀期”，“图腾社会→宗法社会→军国社会”，“行国→居国、渔猎→畜牧→耕桑”等[②]，此外，孔德的三段论也非常流行。譬

---

① 如林传甲：《中国文学史》，收入陈平原辑：《早期北大文学史讲义三种》，北京：北京大学出版社，2005 年，第 125、137、141 页。

② 梁启超：《论中国学术思想变迁之大势》，《饮冰室文集》，第三册，台北：中华书局，1960 年，第 12 页。

如梁启超说“国家”之形成必须经过四个阶级：野蛮自由时代→贵族帝政时代→君权极盛时代→文明自由时代，“此数种时代，无论何国何族，皆循一定之天则而递进者也”①，或说“人群进化第一期，必经神权政治之一阶级，此万国之所同也”②。

有些“公例”是比较局部的，譬如认为“自塞趋通”是人群进化的公例③；或说竞争乃能进化，故国家太早统一是不利的④；或是说能“群”才能进化等，不一而足。有些“公例”是各说各话，有人说“人类进化由简而繁”，也有人说“其实(文字)日趋简易者，人群进化之公例”。⑤ 但无论如何，人们往往认为自己所认识的“公例”，具有独一无二的真理价值。

这些“公例”，在当时被认为是天下万国所必经历。梁启超说“此历代万国之公例也”⑥，“凡天地古今之事物，未有能逃进化之公例者也”⑦。夏曾佑(一八六三至一九二四)说“此为万国各族所必历，但为时有迟速”⑧。陈介石(一八五九至一

---

① 梁启超:《尧舜为中国中央君权滥觞考》,《饮冰室文集》,第三册,台北:中华书局,1960 年,第 25—25 页。

②④ 梁启超:《论中国学术思想变迁之大势》,《饮冰室文集》,第三册,台北:中华书书,第 1960 年,第 5、39 页。

③ 吕思勉:《中国通史》,第 5 页。

⑤ 梁启超:《论中国学术思想变迁之大势》,《饮冰室文集》,第三册,台北:中华书局,1960 年,第 14 页。梁氏又说:“凡符号之优劣有一公例……故凡野蛮时代之符号,必繁而杂,凡文明时代之符号,必简而整。”参见梁启超:《中国史叙论》,《饮冰室文集》,第三册,台北:中华书局,1960 年,第 7 页。

⑥ 梁启超:《中国史叙论》,《饮冰室文集》,第三册,台北:中华书局,1960 年,第 10 页。

⑦ 梁启超:《中国专制政治进化史论》,《饮冰室文集》,第四册,台北:中华书局,1960 年,第 59 页。

⑧ 夏曾佑:《中国古代史》,台北:台湾商务印书馆,1994 年,第 8 页。

九一七)说“此天下万世之通例公理而无可易者也”。[①] 吕思勉(一八八四至一九五七)说“以上所述，都是社会学家的成说，反观我国的古事，也无乎不同”[②]。

因为万国各族发展有“公例”，人类的历程是普世的、固定的，可以分成特定的“阶段”(或“阶级”)，而任何文明都会经历其中的每一个“阶段”或“阶级”，所以史家要从纷繁的历史材料中，找出它们究竟应该放在何“阶段”或“阶级”，并加以适当的诠释。

而且在进化历程中有种种必历之“阶级”，不可跳跃。如梁启超说“此进化之一定阶级也”[③]，又说“何谓进化，其变化有一定之次序，生长焉，发达焉，如生物界及人间世之现象是也”[④]，“人间世无时无地而非过渡时代，人群进化，级级相嬗”[⑤]，“凡人群进化之阶级，皆有一定……此数种时代(按：野蛮自由时代，贵族封建时代，君权极盛时代，文明自由时代)，无论何国何族，皆循一定之天则而递进者也。……凡国家必经过此四级时代而后完全成立，缺一不可焉”[⑥]。

章太炎(一八六九至一九三六)在《訄书》的《中国通史略

---

① 陈介石：《京师大学堂中国史讲义》，《陈黻宸集》下册，北京：中华书局，1995年，第679页。

② 吕思勉：《中国通史》，第11页。

③ 梁启超：《中国史叙论》，《饮冰室文集》，第三册，台北，中华书局，1960年，第9页。

④ 梁启超：《新史学》，《饮冰室文集》，第四册，台北，中华书局，1960年，第7页。

⑤ 梁启超：《过渡时代论》，《饮冰室文集》，第三册，台北：中华书局，1960年，第27页。

⑥ 梁启超：《尧舜为中国中央君权滥觞考》，《饮冰室文集》，第三册，台北，中华书局，1960年，第25—27页。

例》中也是同调，不过比较有所保留，他说“亦有草昧初启，东西同状，文化既进，黄白殊形，必将较同异，然后优劣自明”，但接着又说“若夫心理社会宗教各论，发明天则，烝人所同，于作史尤为要领”①，章太炎仍然认为在心理、社会、宗教等方面，全人类的发展条理是一样的。这篇文章后来在《检论》中被删去，表示他的见解有所改变。

既然人类的历史经历都是一样的，则各国历史皆可以用“比例”来类推。以史前史为例，二十世纪初期中国考古学尚未发达，地下遗存未被发掘，但是依西方历史的轨迹“比例”推测之，也可以得知大致的情形。史前史如此，历史时期亦然。梁启超认为，“中国虽学术未盛，在下之层石，未经发见，然物质上之公例，无论何地，皆不可逃者也，故以此学说为比例，以考中国有史前之史，决不为过”②。刘师培（一八八四至一九一九）则说：“况近代以来，社会之学大明，察来彰往，皆有定例之可循。……此《古政原始》所由作也。”③

依这些“公例”“比例”求之，新一代史家得以用填空法做出许许多多新的历史研究。刘师培在二十世纪初期快速写出几本脍炙人口的名著《中国历史教科书》《古政原始论》等，多是把古代的礼俗（如冠、婚、丧、祭）或制度，放在“渔猎→游

---

① 章太炎：《中国通史略例》，《訄书》，台北：世界书局，1963 年，第 201 页。

② 梁启超：《中国史叙论》，《饮冰室文集》，第三册，台北：中华书局，1960 年，第 9 页。

③ 刘师培：《古政原始论》，《刘申叔先生遗书》，第二册，台北：华世出版社，1975 年，第 793 页。

牧→耕桑”或“图腾→宗法→军国”这一类线性进化的架构中重新解释。梁启超说殷商之多迁是因为当时尚未成为定居性的农国[①]；夏曾佑说黄帝是木刀期，蚩尤是铜刀期[②]；柳诒徵照着进化的“公例”说，“以进化之律论之，夏之社会必已大进于唐虞之时”[③]，不一而足。

另外，还有一些常用的措辞，如“过渡”“嬗”“相嬗”“禅联寓伏”“因果联属”，它们是指历史进化的过程中前前后后环环相扣，后者取代前者，后者优于前者，最后形成一条线性发展的轨迹。

四、重新发现“古代”与一种新时间观

前面已经说过，“古”“今”成为极长的时间鸿沟，不可跨越，“古”“今”面貌的差异极大化形成了一种“距离”感，“距离”使得人们对古代的想法产生了剧烈的变化。达尔文（Charles R. Darwin，1809—1882）的演化学说透过严译《天演论》及其他有关的文字进入中国，引发了许多新的历史想象。譬如人是由猿猴变来的；人类历史的演化过程，由原始野蛮到文明，经历过非常长的时间等，使得这条历史的直线往起

① 梁启超：《论中国学术思想变迁之大势》，《饮冰室文集》，第三册，台北：中华书局，1960 年，第 12 页。

② 夏曾佑：《中国古代史》，台北：台湾商务印书馆，1994 年，第 14 页。

③ 柳诒徵：《中国文化史》，上册，台北：正中书局，1964 年，第 99 页。

源的一端拉得非常之长。而且许多过去在儒家古史观中认为谬悠不可信的古史或非正统材料，在这条直线上找到了一个适当的位置，它悄悄地改变了人们对中国古代的历史想象，这可称之为“上古史的重新发现”。它包括几点：第一，古代历史极长（史前史成为重要的论题）；第二，古代历史极为朴陋，愈带有人类学意味的古代史愈真实，愈伦理化或儒家化的古史愈不真实；第三，古代神话中一些半人半兽的“神话”被重新审视，被认为是历史的一部分，即使是反对人由猿猴变来者，也不敢轻轻绕过这个主题——人类学意味的古代。

首先是“古史极长”的观念，汉代谶纬每每有这方面的记载，但过去并没有受到重视。而梁启超在提倡“新史学”的里程碑文章《中国史叙论》中提到，《春秋纬》认为自人类开辟至于孔子西狩获麟计有三百二十七万六千岁，梁氏的评论很有意思：“其荒诞固不足道，而要之必有悠远之时代，无可疑也。”①章太炎则说“然自大古生民近者二十万岁”②，陈介石的《京师大学堂中国史讲义》也说“生人远当在百万年，近亦当在二十万年”③，足见这是当时很流行的一种看法。黄帝至今不过五千年④，以五千年跟几万年或几十万年相比，不过是一个

---

① 梁启超：《中国史叙论》，《饮冰室文集》，第三册，台北：中华书局，1960年，第9页。这一方面的言论突然很频繁地出现，在夏曾佑的《中国古代史》、刘师培的《中国历史教科书》、柳诒徵的《中国文化史》等皆提及。

② 章太炎：《訄书》，台北：世界书局，1963年，第37页。

③④ 陈介石：《京师大学堂中国史讲义》，《陈黻宸集》，下册，北京：中华书局，1995年，第683页。

零头而已。“古史极长”的新时间观使得“古”“今”的时间距离无限拉大，为文物的进化历程提供巨大的想象空间。不过，在受社会进化论影响的思想家当中，也有人主张人类历史只有五千年左右(如康有为)，稍后我会谈到。

古代历史可能是人兽杂糅的，“荒诞的”才是“历史的”，看起来符合现代历史心性的，反而是后人加工的结果。愈野蛮、愈朴陋，愈像是这一条线性历史的前端。于是史家开始正视一批原先被认为“不雅驯”的文献或史事，如《山海经》。此外，晚清以来甚嚣尘上的中国文化西来说，与新的历史时间观不是全无关联。① 过去认为三代已经是极古，但现在认为三代之前可能至少有几十万年之久，这种时间观为远古时代的异地想象提供了一个可能性。如果华夏民族在中土之外度过一段很长的历史，并逐步往来迁徙，也不是全然不可想象的(当然不是所有受进化论影响者皆信西来说，如夏曾佑)。

中国文化西来说倡自拉克伯里(Albert Terrien de Lacouperie，1844—1894)。日人白河次郎(一八七五至一九一九)、国府种德在一九〇〇年出版之《支那文明史》宣扬其说，

---

① 晚清以来，“中国文化西来说”影响力非常大，《国粹学报》派的学者们尤其热衷其说，刘师培即有《思祖国篇》，抒发他对西方“祖国”的憧憬。为何相信华夏西来，解释不一，最重要的原因是在白种文明的压力之下，宣称汉族源自西方，是以一种曲折的方式表示汉族与白种人同源，借此保持自身的优越性。黄节的《黄史》《种族书》中说塞种西行开泰西文明，东行开泰东文明，即表示汉族与白种同源，见《国粹学报》第一期、续第一期(1905年)，《黄史》卷一，《种族书第一》，“种别第二”，收入《国粹学报》，第三册，扬州：广陵书社，2006年，第409—434页。

一九〇三年上海竞化书局将该书译成中文，在晚清造成极大影响，章太炎、蒋智由(一八六五至一九二九)、刘师培等人皆服膺其说。不过除了上述源头之外，我们不得不佩服刘师培在展现西来说时，对古籍的娴熟及天才的想象。他的《中国历史教科书》巧妙地结合《春秋命历序》《山海经》之类的文献，勾勒出一幅华夏族由西亚一路往东迁移的图像。他纵横于一堆原先没人当一回事的文献，巧妙地编织成一个恐怕需要几万年以上才能完成的历程——华夏族由西至东，在某处停留一万几千岁，再到某处停留一万几千岁。[①] 因为题旨所限，我不拟详细介绍其说，在这里只援引刘师培的几段话为例："伏羲以前……以西方为祖国，以中国为殖民地……中国与西方分立，始于黄帝之时"，"上古之时，君长或居中土，或居西方"，夏禹以后，中西交通之途为西戎所据，而汉族之居中国者安土重迁，故中西交通渐绝。[②]

五、怪物成为中国人的祖先

对于晚清的中国人而言，进化论最震人心弦的是猴子变成人类这个说法。它使得古往今来关于"人"的论述(如"天地之性人为贵")，以及建立在人禽之分的道德哲学，都因为这个说法而一下子全出了问题。当时反对这个说法的人很多，

---

①② 刘师培：《中国历史教科书》，《刘申叔先生遗书》，第四册，台北：华世出版社，1975 年，第 2465、2471、2473、2474 页。

如在欧洲待过很长时间的陈季同(一八五一至一九〇七)，他的《学贾吟》中就有一首长诗，一方面叙述达尔文的人兽杂糅理论，一方面征引法国学者人与兽相交不能生子的理论而严加反驳。[①]

但是，清末对新思潮比较敏感的人却认为，这是一个重新理解中国古代历史的机会。原本“缙绅先生”所不能接受、不“雅驯”的史事，那些在古代图书分类系统中可能被归到小说类而不是历史类的文献，乘着新思潮的浪头而一下子活了起来，甚至被认为可能更符合古代的事实。虽然人们对这类文献的看法仍存有很大的歧见，但至少改变了过去一提到就视它们为荒诞不经的态度。

晚清革命派刘师培很兴奋地指出，《山海经》里那些谬悠的怪物其实才是中国最远古的祖先。刘氏的短文《山海经不可疑》认为，“考西人地质学谓动植庶品递有变迁，观《山海经》一书，有言人面兽身者，有言兽面人身者，而所举邦国草木，又有非后人所及见者，谓之不知可也，谓之妄诞不可也。夫地球之初为草木禽兽之世界，观汉代武梁祠所画，其绘上古帝王亦人首蛇身及人面龙躯者，足证《山海经》所言皆有确据，即西人动物演为人类之说也。观西国古书多禁人兽相交，而中国古书亦多言人禽之界……则上古之时，人类去物未远，亦彰彰明矣。《山海经》成书之时，人类及动物之争仍未尽

① 陈季同著、钱南秀整理：《学贾吟》，上海：上海古籍出版社，2005 年，《盘瓠》，第 82—84 页。

泥”，又在文末的夹注中说：“上古之时，人能胜物，即优胜劣败之公例，故野蛮民族又为文明民族所征服也，观西人达尔文之书，其理自见。”[①]林传甲（一八七七至一九二二）于一九〇四年刊印的《中国文学史》也赫然出现类似的说法。他说读赫胥黎之《天演论》，知道动植物演化之故，并对于《山海经》中人首有尾的时代，结合地质变迁，发了一大通议论，认为“安知不如彼所云乎”[②]。章太炎不无讽刺地说当时学者，“而反考证三代以上古史如《山海经》等孳孳不休”[③]。

上古之时人去动物未远之说，还在刘师培的其他文章里一再出现（如《中国历史教科书》）。连夏曾佑的《中国古代史》也郑重道及炎帝“人身牛首”[④]，夏氏未必真的如此相信，但认为这是一个值得注意的问题。这个心态上的转变很值得注意。后来吕思勉的《中国通史》虽然反驳说“猿猴也是人类祖先的旁支，而非其正系”，“而反说人类的邃初，必与猿猴一样，实未免武断偏见了”[⑤]，然而，吕氏还是同意了人与猿猴的某种

---

① 刘师培：《山海经不可疑》，《刘申叔先生遗书》，第四册，台北：华世出版社，1975年，第2211页。

② 林传甲说：“人首而有尾者，大抵皆猿类也。大荒以外，传闻歧异，且沧海桑田，变迁已甚。地质家谓日本古昔毗连亚陆，英伦古昔毗连欧陆，火山裂之，海水撼之，自然地理，亦有变矣。然则猿世界之际，《山海》情状，安知不如彼所云乎？”参见林传甲：《中国文学史》，收入陈平原辑：《早期北大文学史讲义三种》，北京：北京大学出版社，2005年，第125页。

③ 章太炎：《论今日切要之学》，马勇编：《章太炎讲演集》，石家庄：河北人民出版社，2004年，第93页。

④ 夏曾佑：《中国古代史》，台北：台湾商务印书馆，1994年，第10页。

⑤ 吕思勉：《中国通史》，第9页。

亲近性。汉代谶纬之书里面所描述的古史观以及往往兼有人兽特质的古代圣人的长相，在过去被认为是迂怪难解，到了十九世纪末二十世纪初期，却每每被赋予正面的历史解释。

敏感的人们马上发现古代中国存在着两种历史心性：一种是原始的历史心性，另一种是儒家化的历史心性。这两种心性之间的矛盾，表现在对古书的批判与怀疑。梁启超说历来儒者对《周礼》的怀疑，是因为《周礼》有太多荒谬野蛮的记载，故为士人所怀疑。他认为古代不应是如此，“近儒多攻《周官》为伪书……盖有二弊：一由过崇教主，视孔子以前之文明若无物焉；二由不通人群进化之公例，见其中有许多制度不脱蛮野思想习俗者，便以为古圣人岂当有此”①，又说《左传》一书不断遭到怀疑，也是因为《左传》言卜筮、休咎、占验、灾祥者十居七八，“后人不知人群初进时之形状，诧其支离诞妄，因以疑左氏之伪托”②。

前面提到，受社会进化论影响者都宣称历史发展的过程有一些公例，其中最有力量的两种版本，一是认为人类社会都经历过石、铜、铁三个时期，二是认为所有社会的进化过程都经过图腾社会、宗法社会、军国社会三个阶段。在这两个“公例”的影响下，人们发现一些过去视而不见的历史陈迹产生了全新的历史意义。一九〇七年，刘师培在《国粹学报》上发表了《中国古用石器考》一文，他提醒读者，中国远古时

---

①② 梁启超：《论中国学术思想变迁之大势》，《饮冰室文集》，第三册，台北：中华书局，1960 年，第 5、9 页。

代一如非洲原始人一样广泛用石器、木器。刘氏不是从出土文物立说，而是从一些自古以来人们非常熟悉的文献（如风胡子的话）立论，过去人们对这些记载或视而不见，或以谬怪视之，或是无法将它们摆在确定的历史位置。刘师培表示，“近世以来，西人言社会学者考社会进化之次序，分为三级，一曰石器时代，二曰铜器时代，三曰铁器时代。推之殊方异俗，莫不皆然。或谓中国古籍鲜言石器，实则不然。观《说文》一书所举石名，以十百为计……岂非古代重石之征乎？厥后舍石用铜，而石器之用日稀，故古籍详之石类，亦多古有而今无，此则社会进化之秩序也”①。《国粹学报》的成员每每倾向于用这样的观点思考中国远古历史②，他们宣称古代人其实不过是原始部落的酋长，过的是非洲原始人的生活。章太炎的《原变》便引风胡子的话：“轩辕神农赫胥之时，以石为兵；……黄帝时，以玉为兵；禹穴之时，以铜为兵。”③

无限拉长的时间，无限扩大的距离感，使得看起来荒怪朴陋的古代历史，在进化的历程中找到位置。一种人类学的眼光充斥在受到社会进化论影响的作品中，他们不惮烦琐地发掘古代历史最朴陋、最原始、最带有人类学意味的部分。譬如讲尧、舜、禹过的是原始部落的生活，游牧之制至三代犹存，殷代仍

---

① 刘师培：《左盦外集》，《刘申叔先生遗书》，第三册，台北：华世出版社，1975 年，第 1862 页。

② 郑师渠：《晚清国粹派》，北京：北京师范大学出版社，1993 年，第 79—90、186—189 页。

③ 章太炎：《訄书》，台北：世界书局，1963 年，第 59 页。

是游牧、耕稼并重[1]；讲古代为母系社会，夏殷以降，始由女统易为男统[2]；又如由酒来论述古代政治权威的来源等等。[3]

不过，相信社会进化论而反对前述论点者相当多[4]，相信社会进化论而主张疑古的人也不在少数。同样受进化论影响，康有为采取相当不同的态度。康有为可能受到基督教的部分影响，一再坚持洪水之后人类才诞生，所以人类历史甚短。他这方面的言论很多，譬如说"现考人类之生，未过五千年，总之去洪水不远，或者洪水以前之人，皆为洪水所灭，以历国史记考之，人皆生于洪水以后，计自洪水至孔子二千年"，"荒古以前生草木，远古生鸟兽，近古生人，人类之生，未过五千年"，"凡地球各国之人物，开在洪水之后，尧舜年间"，"洪水后方有人，无五千年以上死人骨"，"地球之生约四万年"等。[5] 康有为受达尔文学说影响很大，故说"中国之猩猩能言，西藏之沙乌那荡，能结屋，与人相近之类也"。[6]

刘师培等人认为历史极远，故倾向于相信古代历史文献中的记载。康有为(一八五八至一九二七)认为地球只有四万年，人类只有五千年，距孔子只有两千年，所以他对经书中

---

① 刘师培:《游牧之制至三代犹存》,《读书随笔》,《刘申叔先生遗书》, 第四册, 台北：华世出版社, 1975 年, 第 2209 页。

②③ 刘师培:《古政原始论》,《刘申叔先生遗书》, 第二册, 台北：华世出版社, 1975 年, 第 794、795 页。

④ 反对中国文化西来说的很多, 像夏曾佑《中国古代史》、柳诒徵《中国文化史》等, 柳书对刘师培《中国历史教科书》的一些论点有继承也有批评。

⑤⑥ 分别见康有为讲述、黎祖健恭录、蒋贵麟校订:《南海康先生口说》, 上卷, 台北：台湾商务印书馆, 1980 年, 第 1—2、24、29、31、33、39 页。

记载三代文物之粲然大备，认为是不合进化之理，故大起怀疑，说"凡太古之事宜传疑"[①]，因而推断三代原极荒陋，经书中之三代乃实无其事，皆孔子所造，所以都是假的。[②] 不管是历史极长或历史极短，经过进化思维的洗礼，都对古史的书写造成巨大的震荡。由此可见，同受进化论的影响，而各自形成竞争性的历史观点。

六、化经为史

社会进化论看任何事物皆认为有一个长期的进化历史，梁启超说，"是故凡人类智识所能见之现象，无一不可以进化之大理贯通之，政治法制之变迁，进化也；宗教道德之发达，进化也；风俗习惯之移易，进化也"[③]。这个观点对二十世纪初年的史学影响最大，把过去认为是一时一人制作之事物拉成一条逐步进化的轨道，把并时性的拉成是纵贯的、历时性的。我们很难想象，那些原本习惯于三代名物制度都是圣人制作的学者，如何转变他们的思维模式。

刘师培写《中国历史教科书》时，标榜自己与其他著作之不同点，就是要弄清"社会进化之阶段"，"庶人群进化之理可

---

① 分别见康有为讲述、黎祖健恭录、蒋贵麟校订：《南海康先生口说》，上卷，台北：台湾商务印书馆，1980 年，第 31 页。

② 可参考王汎森：《古史辨运动的兴起》，台北：允晨文化实业股份有限公司，1987 年。

③ 梁启超：《论学术之势力左右世界》，《饮冰室文集》，第三册，台北：中华书局，1960 年，第 114 页。

以稍明”。[①] 所以讨论任何礼俗、宗教、道德问题时，刘氏不再只当作某一特定时期圣人制作之物，而是配合着历史环境之变化来观察它们的进化。值得注意的是，如果只有社会进化论，史家似乎还不知道怎么着手，反倒是前述《社会通诠》等社会学译本揭示了“图腾→宗法→军国”等等的历史“公例”，适时提供了一个稳定的叙事架构(即“进化之阶段”)。既然这类“公例”是“万国各族”所共历的——“故凡今日文明之国，其初必由渔猎社会以进入游牧社会”“天下万国，其进化之级莫不由此，而期有长短”，“亦为进化所必历之阶级”[②]——则经书中的文物制度也不例外，他们可以用填空的方式将中国的经书内容填进各个阶段。[③]

当中做得最突出的工作，是对经书中的名物、制度、风俗等方面的研究。刘师培《古政原始论》《伦理教科书》等著作中，大量讨论冠礼、婚礼、丧礼、祭礼、士相见礼，乃至文字、宗教、族制、氏姓，其特色都是展现从某一阶段逐步进化到另一阶段的过程，勾画出一幅历史变迁的历程图；而且往往帮这些后人看来庄严的礼制，找到“渔猎→游牧→耕稼→宗法”的发展历程。即便在讨论儒家有关朋友、君臣、兄弟、夫妇的道德观点的形成时，也是以逐步进化的方式拉出一个

① 刘师培：《凡例》，《中国历史教科书》，《刘申叔先生遗书》，第四册，台北：华世出版社，1975 年，第 2463 页。

② 夏曾佑：《中国古代史》，台北：台湾商务印书馆，1994 年，第 8—11 页。

③ 夏曾佑说“此为万国各族所必历”。夏曾佑：《中国古代史》，台北：台湾商务印书馆，1994 年，第 8 页。

由原始到文明的线性历程，完成了化“经”为“史”的工作。

以“经”的态度看待道德、礼法、制度事物，跟以进化的观点看待它们相比，有一个根本的不同。以“经”的态度看来，那些道德、礼法、制度、事物是古代圣人有意构作而成的，然而若以进化的眼光看待，则它们都有一个形成的过程，是复杂历史背景下演化的产物，是各种势力交互作用的结果，而且往往出于极不合理的社会力量，是历史之不得不然，而且不一定有正面的道德意义。夏曾佑在叙述华夏礼俗之形成时，发现它们是古代极其不合理的种族划分的产物时，感叹地说，“及后则种族淆而礼俗存，至今乃为社会之大碍也”[①]。

因此，黄节(一八七三至一九三五)、刘师培、夏曾佑等人接触到这种新的处理方式时，态度显然是既新奇又兴奋。此处仅举刘师培《古政原始论》讲婚礼为例，刘师培直接把《社会通诠》中讲西方古代剽掠妇女相习成风的一段，移过来讲《仪礼》的婚礼。他说古代人一开始是剽掠他族妇女，继而剽掠本族妇女，及伏羲之世，知剽掠易启争端，乃创“俪皮之礼”，即买卖妇女，《仪礼・士昏礼》中可以见到此制之遗存，“中国前儒以财昏为夷虏之俗，岂知古代之民亦盛行财昏之俗哉”！历代礼家则以“礼物”讲“俪皮之礼”。昏即婚，婚礼何以在黄昏之时举行？刘师培说，“其行礼必以昏者……劫妇必以昏时”[②]，“且据《士昏礼》篇观之，则劫掠妇女之遗义至周亦

① 参见夏曾佑：《中国古代史》，台北：台湾商务印书馆，1994年，第18页。

② 刘师培：《古政原始论》，《刘申叔先生遗书》，第二册，台北：华世出版社，1975年，第810页。

存，婿行亲迎，必以从车载，从者，此古助人夺妇者也”。值得注意的是，刘氏在此处夹注中表示，“《社会通诠》曰：欧俗嫁娶，为夫婿傧相者称良士，此古助人夺妇者也，为新妇保介者曰扶娘，此古助人捍贼者也。以此制证之，《仪礼》适与相符”，“其行礼必以昏者，则以上古时代用火之术尚未发明，劫妇必以昏时，所以乘妇家之不备，且使之不复辨其为谁何”。[①]

《古政原始论》把每一种制度拉成一条进化的线加以剖述。以“宗法”为例，刘氏说宗法之成立有两个时期，一是“种人之宗法，乃游牧时代之制度也；一为族人之宗法，乃耕稼时代之制度也”[②]。以“姓”为例，刘氏说古代为母系社会，帝王大抵从母性，夏殷以降才由女统易为男统；又因母系社会不知有父之故，先祖所自出不明，故举行禘礼以祖配天。[③]又如“君长”制，刘氏说图腾社会有巫无酋，君主即教主，君权兼握神权，“及洪荒以降，易巫为酋”，“酋”“酒”二字同源，“酋也者，即能以酒食饷民者也”，古代“酋”即是“豪”，故传统士人以为“酋豪”乃外夷君长特有的称呼是错误的。自“酋豪”以降，君长之制渐成，合立法、行政之权言之，才称之为“君”。[④]由

① 刘师培：《古政原始论》，《刘申叔先生遗书》，第二册，台北：华世出版社，1975年，第809—810页。但历代注释者是如何讲“昏礼”的呢？贾公彦《仪礼注疏》引郑玄《三礼目录》说昏礼一名之由来是因“士娶妻之礼，以昏为期，因而名焉。必以昏者，取其阳往而阴来，日入三商为昏”。参见〔汉〕郑玄注、〔唐〕贾公彦疏、彭林整理：《仪礼注疏》（十三经注疏整理本），卷四，北京：北京大学出版社，2000年，《士昏礼第二》，第68页。

②③④ 刘师培：《古政原始论》，《刘申叔先生遗书》，第二册，台北：华世出版社，1975年，第797、794—795、795—796页。

上可知，人们看古代世界的眼光变了，巫、酋、舞、酒等人类学视野的景象，一幕又一幕掠过。

类似这样的看法，后来在民国时期柳诒徵(一八八〇至一九五六)和夏曾佑等人的著作中也可得到印证。柳氏的《中国文化史》①中，到处求索冠服制作的进化之迹；他又说《世本·作篇》记载古代器物时，有时记载某一器物前后迭作者，由此可以看出器物由草创到改良一步一步往前进化之迹。② 夏曾佑在讨论汉代今古文之争时，即明确宣称他的方法论与清代经师有异。谈到今文学在嘉庆之后崛兴时，他说他的《中国古代史》是尊今文的，但其命意与清代经师不同，即他是以进化的观点讲史，故“凡经义之变迁，皆以历史因果之理解之，不专在讲经也”③。

七、历史与伦理

讨论社会进化论与线性历史观，不能忽略它们的伦理意涵。

首先，因为线性历史观认为历史是一把计算尺，尺上每一个清楚的刻度(“阶段”)是世界万国所必历的，所以进化本身有它的意志与目的。梁启超说是“若或主之，莫或主之”，好像有一个意志在指导，又好像没有，然而从整个历程看，

① 柳诒徵的《中国文化史》讲稿从一九二五年起在《学衡》杂志上逐期发表，一九二六年结集成书。

② 柳诒徵：《中国文化史》，上册，台北：正中书局，1964年，第26、57—61页。

③ 夏曾佑：《中国古代史》，台北：台湾商务印书馆，1994年，第340页。

又有一个目的性。演化的轨迹是可以测量的，以当时西方的历史演进过程为标尺，演化愈深愈好，故其历史解释常使用“浅演”“深演”之类的措辞，道德水准的优劣，往往由“浅演”或“深演”所取代。演化遵循“力”的原则，是暴力、私心，在《社会通诠》中，一切天演善法每因战争及相关兵器而起，故有“兵固凶器……不乏善因，为群演之托命者”①。

其次，历史人物的意志与目的有道德的优劣，人物的意志与目的有时候与这个巨大的进化历程“体合”，但也有许多时候是分开的，这就形成了梁启超所谓的“二义”，在道德伦理方面有一种吊诡性的意涵。

就人物或事件本身评价其优劣，是古来史家所熟悉的，而在进化的大历程中评价优劣，则是传统史家所不熟悉的。人物或事件本身可以是极恶劣的，但如果在进化的线性历程中扮演一个往前推进的作用，则其价值反而是美善的。严复在译《社会通诠》时所施加的按语，往往强调这种道德“二义”性，譬如他说，“读此乃悟，商鞅、李斯，其所造福于中国之无穷也。……抗怀三代之治者其知之”②。又如夏曾佑讲到夏禹时，讲传子之制至禹乃确定，接着说“盖专制之权渐固，亦世运进步使然，无所谓德之隆替也”③。依演化之公例，人类是由图腾社会、宗法社会演变为专制军国社会，故以此为评准，则“世运进步”与“德之隆替”是两种标准，道德评价随之

①② 甄克思(Edward Jenks)著、严复译:《社会通诠》，台北：台湾商务印书馆，1977年，第60、91页。

③ 夏曾佑:《中国古代史》，台北：台湾商务印书馆，1994年，第24页。

分裂。夏氏讲秦始皇时，一方面是对秦始皇个人的评价，故他痛斥始皇之暴虐无道①；另一方面则是在进化全景中的评价，夏氏以秦于十五年之间扫除古来之遗法，创导后世之治术，故评断说中国之教，得孔子而后立，“中国之政，得秦皇而后行”②。可见夏曾佑也出现这种道德评价的“二义”性。

梁启超的历史著作也常常出现道德评价的“二义”观。他讨论到贵族及专制时，总是主张以今日眼光看来，贵族与专制应该被鄙弃，但是它是原始社会进化到文明社会所必历之阶段，促发贵族、专制，有功于进化，所以它们又是好的。譬如从《尧舜为中国中央君权滥觞考》一文字里行间微妙的论调里，就可以看出梁氏分裂的历史评价，第一种评价是针对贵族与专制本身的价值而发的，第二种评价是针对它们在进化的轨迹中所扮演的角色而发的；第一种评价是不好的，第二种评价是美善的。

只要谈论到“文明”“公法”等观念，梁启超无不表露出这种“二义”性，对“文明”(近代西方文明)本身是一种评价，但是从“文明”在“优胜劣败”的进化之局所占之地位来看，梁氏对它又是另一种评价。第一种评价是有保留的，因为近代西方文明的特质之一是以权力灭人之国，所以既是文明的也是

---

① 夏曾佑说：“自始皇以来，积二千余年，国中社会之情状，犹一日也。社会若此，望其乂安，自不可得，不惟此二千年间所受之祸，不可胜数而已，即以秦有天下十五年间言之，其变亦惨矣。”参见夏曾佑：《中国古代史》，台北：台湾商务印书馆，1994 年，第 234 页。

② 夏曾佑：《中国古代史》，台北：台湾商务印书馆，1994 年，第 232、225 页。

极野蛮的。第二种评价是正面的，因为“文明”是进化历程中必然要达到的。两种评价放在一起，形成了一种“不得已”。梁氏在《灭国新法论》中讨论西方近代文明之国用种种机巧的新方法灭人之国时，便表露这种“不得不”的感慨，“灭国者，天演之公例也”，“灭国之有新法也，亦由进化之公例使然也”。[①] 所以他个人虽然不赞成灭国，但是衡诸进化之历程，人们所厌恶的现代强权，“虽非公理而不得不成为公理”[②]。

受到社会进化论的影响，近代中国史家广泛运用“优胜劣败”“适者生存”的原则来解释历史，而“优”与“适”并不代表任何道德上的必然性，反而是强而有力、野蛮而不道德者。所以优者、胜者，本身每每是野蛮无耻之辈，但在进化历程的伦理格局中却具有正面地位，这种“二义”式的道德评价随处可见。[③]

---

① 梁启超：《灭国新法论》，《饮冰室文集》，第三册，台北：中华书局，1960 年，第 32 页。

② 梁启超：《国家思想变迁异同论》，《饮冰室文集》，第三册，台北：中华书局，1960 年，第 20 页。梁启超在《灭国新法论》第 39 页又言：“近二百年来，所谓优胜人种者，其灭国之手段、略见一斑矣。……由是观之，安睹所谓文明者耶？安睹所谓公法者耶？安睹所谓爱人如己、视敌如友者耶？……恒以权力为道理，此乃天演所必至，物竞所固然，夫何怪焉？夫何怼焉？”

③ 这一把利刃不但对传统的伦理非常不利，即使对近代西方的种种政治思想，如“天赋人权”也非常具有破坏性。在“物竞天择，优胜劣败”的进化之局下，而致认为全然是空想。梁启超说：“自达尔文出，然后知地球人类，乃至一切事物，皆循进化之公理，日赴于文明。前人以为天赋人权，人生而皆有自然应得之权利。及达尔文出，然后知物竞天择，优胜劣败，非图自强，则决不足以自立。”参见梁启超：《论学术之势力左右世界》，《饮冰室文集》，台北：中华书局，1960 年，第 114 页。严译《社会通诠》出版之后，一般认为它对晚清流行的卢梭《民约论》之“天赋人权说”造成极大的阻扼作用，当然不是没有道理的。

八、“民未开化”或“黄金古代”

社会进化论冲击了中国的“黄金古代”，而“黄金古代”是道德伦理系统很重要的一部分。

“黄金古代”始终是一个相当复杂甚至有点含混的观念，值得深入探究。我个人认为它有一种物质、道德的二重性。在古代中国，人们想象黄金古代时侧重道德面，较少提到物质面。

以清代拥有众多读者的《纲鉴易知录》为例，一开卷讲到人们所熟悉的古代圣人时，往往与极原始的物质条件联系在一起。[①] 翻开《路史》《绎史》[②]这些大量辑录古代史料的书，得到的印象也是一样的。但是即便如此，清末学者接触到石刀期、铜刀期、铁刀期的划分时，依然非常吃惊。人们似乎在脑海中保留一个模糊的空间，来处置这个物质上的实况。许多信仰往往保留一个模糊而不刻意以理性去觉识的空间，对“黄金古代”的物质面，亦复如此。当然除了保留模糊不去觉识的空间之外，历代儒者常运用哲学化的诠释等方式，去处理这方面的疑难。譬如以古代圣人“纯朴”来说明古代遗物何

---

① 〔清〕吴乘权等辑、施意周点校：《纲鉴易知录》，第一册，卷 112，北京：中华书局，1960 年。

② 《路史》是南宋人罗泌（1131—?）所辑，共四十七卷；《绎史》是清人马骕（1621—1673）所辑，共 160 卷。

以如此朴陋；或是认为落后简单的名物都是古代圣人以仁礼等道德心迹为出发点，而“刻意落后化”；或是将简单的名物赋予道德上、哲理上的丰富象征意义。

以清代考证学为例，清代考证学者目睹许多古物，发现它们是异常简陋的，譬如阮元(一七六四至一八四九)目睹三代兵器时，发现它们非常短小，阮元如何解释这个现象呢？他在《商周兵器说》中说，是古代圣人故意不把兵器塑造得太具杀伤力，“戈之存于今者甚多，以今尺横度之，不过数寸。其柲长古尺六尺六寸，仅与中人之身等耳。……古剑今存者，运肘度之，首与肘齐，末与指齐，亦甚短矣”，接着又说“先王之制兵，非不能长且大也。限之以制度，行之以礼，本之以仁，故甚短小也”①。

有的儒者是在极简单的器物中发现极高远的哲理，如《尚书·禹贡》中的“泗滨浮磬”，原只是取水中浮石作为乐器，但顾炎武(一六一三至一六八二)在《日知录》中却说“先王之制乐也，具五行之气。夫水火，不可得而用也；故寓火于金，寓水于石；凫氏为钟，火之至也；泗滨浮磬，水之精也；用天地之情以制器，是以五音备而八音谐矣”②。

在物质与道德的二元架构中，人们对道德的“黄金古代”是坚定而清楚的，而且往往忽略物质而强调道德。社会进化

① 〔清〕阮元：《商周兵器说》，《积古斋钟鼎彝器款识》(清嘉庆九年刻本)，卷十，卷首，第6页。

② 以上两例皆见于陈登原：《中国文化史》，上册，台北：世界书局，1962年，第29—30页。

论打破了物质的"黄金古代"，非常清楚地指出，按照人类进化的轨迹，中国的"黄金古代"也不能例外地是一个原始的石器时代、木器时代或铜器时代。更重要的是社会进化论同时打破了道德的黄金古代。这里不能不再回到《社会通诠》，因为这本小书提供了西洋历史的范例，并以肯定的语气，为西方近代所熟悉的许多风俗习惯、政法制度，勾画出由最原始的部落一步一步向前演化的清晰图景。《社会通诠》明示了几种历史解释的原则，而古代道德体系必须放在极原始、极野蛮的背景下被检视，那些在后人看来很庄严隆重的道德礼法、政教制度，不是任何贤人秉其高贵的心志所能规划或设计出来的，而是原始部民在长时间演化过程中，在欲望、争斗及各种社会力的作用下逐步形成的。故所有道德、礼法都是历史演进的产物，而且还一直在演化中。

严复的译文或按语中，这类话语俯拾皆是："然而社会之变，错综万端，往往一制之立，其所欲为者或不成，而其所不欲为者，反得此而大济"，"又有无数因缘，为之用事"，"盖一以见社会产业法制，非人力一曙所能为。……将其物有无数因果之相生"，"往往良法胜制，缘于凶虐而后兴"，"盖治化之天演，常主于继续而光明，不得为一曙之决骤也"。[①]对于古人的道德素质及生活状况，严复的评价很低，"人言太古熙熙，于事实适得其反"，"此特学士意中之境而已也"，

① 甄克思(Edward Jenks)著、严复译：《社会通诠》，台北：台湾商务印书馆，1977 年，第 118、125、96、114、107 页。

"是初民者，世间至苦之生类也"。[1] 严复对于古代政治的自私本质则尽情揭露，如说"而谓养民扶世，治人者乃求有以利所治之人，则初民之主，其能达此义者寡矣"，"古之人君，非公制也，私人而已"，并认为常常梦想慨叹于揖让推选之制不复行的人，是一批"乌托邦之政家"。[2]

对一百多年前满脑子圣道王功的士人而言，上面那些见解对他们震撼之大可想而知。而对"圣道王功"的不同理解，是新一代史家与清儒最大的歧异。清儒其实已经发掘许多经义的原始面目，可是在"圣道王功"这一点上仍然相当坚持。受进化思维影响的史家一方面把三代原始部落化，另一方面以"演化"的观点看礼乐制度的形成。他们不再相信圣人有意地制礼作乐。在厘清演进的轨迹之后，他们指出没有明君圣王伟大制作的事情，礼乐制度是各种力量交凑演化的过程所形成的，一切都是过程，进而发出"无识陋儒"乐道前王之制作，"毋亦未之深考矣"[3]之类的叹息。

刘师培的《古政原论》说"后世不察，目为厚俗淳风，岂知民未开化，其风俗习尚，莫不皆然，何得以之为美哉。惟其事简，故发明事物，必赖人君，惟其识卑，故迷信鬼神，笃

---

①② 甄克思(Edward Jenks)著、严复译：《社会通诠》，台北：台湾商务印书馆，1977年，第7、12、78、71页。

③ 刘师培：《田制原始论·第五》，《古政原始论》，《刘申叔先生遗书》，第二册，台北：华世出版社，1975年，第800页。

于信教”[①]，而能有这样的发现是因为近代社会进化论大明，“察来彰往，皆有定例之可循，则考迹皇古，岂迂诞之辞所能拟哉”[②]。刘氏往往把“民未开化”与“厚俗淳风”等同起来，“上古之民识卑而事简，观古籍所言，则东户氏之时，垂精拱默，九寰承流，几蘧氏治天下，不治不乱，民徇耳目外，心知不求不誉，昼则旅行，夜则类处。女娲氏不设法度，虚无纯一，其民蹎蹎瞑瞑，各得其和，莫知所由生”[③]。他研究人种进化与伦理之密切关系后，指出“五伦非天所设”[④]；研究古代田制的演化历程后，说“无识陋儒乐道前王之田制，毋亦未之深考矣”[⑤]。

线性进化式的历史思维，有程度不同的信从者，而且即使是信从者，也不一定是完全主张前述的论点。比较彻底的信从者还希望进一步证实，在中国古代的思想中早已出现过进化的思想，胡适在这方面最为努力。

胡适应该是最积极援用进化论来撰写中国哲学史、文学

---

① 刘师培：《古政原始论》，《刘申叔先生遗书》，第二册，台北：华世出版社，1975年，第778页。这段引文也出现在刘师培：《中国历史教科书》，《刘申叔先生遗书》，第四册，台北：华世出版社，1975年，第2488页。

② 刘师培：《总叙》，《古政原始论》，《刘申叔先生遗书》，第二册，台北：华世出版社，1975年，第793页。

③ 刘师培：《中国历史教科书》，《刘申叔先生遗书》，第四册，台北：华世出版社，1975年，第2488页。

④ 刘师培：《伦理教科书》，《刘申叔先生遗书》，第四册，台北：华世出版社，1975年，第2301—2302页。

⑤ 刘师培：《古政原始论》，《刘申叔先生遗书》，第二册，台北：华世出版社，1975年，第800页。

史的人，而且获得前所未有的成功。许多年轻人读过他以进化论为骨干所梳理的古代哲学史之后，异常叹服，觉得在里面找到了一把开启秘密的钥匙。[①] 在《先秦诸子的进化论》《中国古代哲学史》等著作中，胡适努力地想要以《物种原始》的理论来套用于古代哲学思想，广泛地寻找先秦诸子是否出现过类似的思想，结果孔子等都有一些，“温故知新”也被说成是某种进化思想。他很兴奋地从《庄子》《列子》里面找到一种生物进化论的思想，像《庄子·寓言篇》说凡天下“万物皆种也，以不同形相禅”，胡适认为这是一种由种子逐渐适应环境而进化成不同、最后进化为人的思想。胡适后来放弃了他对《庄子》的解释。

九、“性质”或“程度”

这种历史思维招致相当激烈的反对——尽管反对者仍然某种程度地运用它。反对者通常认为极端的进化思维模糊了中国历史的“性质”，于是产生了一种相当突出的论辩——国史与西史、现代中国与现代西方，究竟是“性质”的不同，还是“程度”的不同。

中西历史既然有共历的阶段，一方面是振奋的，另一方面则是感伤的。振奋的是总有一天中国也将与西方相同，所以争论点是中国目前究竟处于哪一个阶段；感伤的则是不能

---

① 顾颉刚：《顾颉刚日记》，《一九一九年》，台北：联经出版事业公司，2007 年，第一卷，第 73 页。

一蹴而就。

杜亚泉(一八七三至一九三三)是一位五四时期的文化保守论者。他认为中西文化是“性质”的不同，而不是“程度”的差异[①]，即是对前述那种建立在西方经验的线性进化历史观的不满。梁启超的后期著作对早先的坚持显然已经有所软化，他在一九二五年写成的《中国文化史》中这样问道：“此阶级是否为人群所必经？……今尚未得完证。”[②]钱穆(一八九五至一九九〇)则刻意突出“性质”与“程度”的不同，他在《国史大纲》的《引论》中不断借着音乐会与网球赛来比喻中西历史文化演进是“轨辙”不同、“性质”不同，而不应该以一套线性进化史观来衡量其“程度”上的差异。他反复说道，“写国史者，必确切晓了其国家民族文化发展个性之所在”，“网球家之生命，不能于音乐史之过程中求取。乃不幸今日之治国史者，竟蹈此弊”。《国史大纲》讲“变”、讲“演进”，但不太讲进化，尤不讲“公例”，批评“又轻以中国自来之文化演进，妄比之于西洋之中古时期，乃谓非连根铲除中国以往学术思想之旧传统，即无以萌现代科学之新芽”。钱穆说“中国已往社会，亦尽可非封建，非工商，而自成一格。何以必削足适履，谓人类历史演变，万逃不出西洋学者此等分类之外”，又说“人类历史之演进，常如曲线形之波浪，而不能成一直线以前向”，他反

① 杜亚泉：《静的文明与动的文明》，收入田建业等选编：《杜亚泉文选》，上海：华东师范大学出版社，1993 年，第 242 页。

② 梁启超：《中国文化史》，台北：中华书局，1976 年，第 1 页。

对以“一时之进落，为彼我全部历史之评价”[①]。钱穆力主中国文化可以是物质的、科学的，但又与西方文明不同，这与他对“性质”与“程度”之区分是分不开的。[②] 在《国史大纲》中，我们看到钱氏如何力图实践这方面的主张。柳诒徵则代表一种比较折中的态度，即社会进化的思维是可取的，但中国有自己的进化轨辙。他既服膺社会进化的历史思维，但同时强调“然有一语，须先为学者告者，即吾中国具有特殊之性质，求之世界，无其伦比也”，“欲知其共同之轨辙，当合世界各国家各种族之历史，以观其通；欲知其特殊之蜕变，当专求一国家一民族或多数民族组成一国之历史，以觇其异”，“一以求人类演进之通则，一以明吾民独造之真际”。[③] 从柳氏的《中国文化史》里，处处可以看到他在调和之中又加以新说的努力。

十、代结论：线性历史观的影响

前面已经提过，线性进化的历史观之所以能迅速占得优势，有其时代的背景。清末以来的中国在列强环伺之下，经

---

① 以上引文分见钱穆：《国史大纲》，上册，《引论》，台北：台湾商务印书馆，1984年，第9、20、21、24页。

② 王汎森：《钱穆与民国学风》，《燕京学报》，2006年11月新21期，第253—287页。

③ 柳诒徵：《绪论》，《中国文化史》，上册，台北：正中书局，1964年，第1—2页。《中国文化史》便是两者结合之作，故对前述刘师培、夏曾佑之论上古史事既有赞成，亦有批评。此外，对三代圣人制作多持肯定态度，又认为是因缘凑合而成，而且常常提醒人们对上古某些史事，如禹治洪水，“实合全国人之力……非徒恃一二人之功”（第81页）。对于古代人民则持“事皆先公而后私，其民风之淳朴”（第102页）。

历了空前的挫败，同时也对西方文明产生了前所未有的欣羡，为西方文明学说创造了一个非常肥沃的土壤，使得西方的线性历史架构对现实政治的走向具有极强的说服力。这个历史架构设定了现在及未来的历史进程，使得欣羡西方文明而又急于为当时中国寻找出路的人，马上在这个架构当中发现一条新的道路。尤其值得注意的是，在这种历史观中，“未来”的性质有一个革命性的改变：“未来是可知的”或“未来是已知的”，未来的路都已经指引好了，要紧的是接着应该怎么做。对于史学工作者而言，他们也很容易为自己在这个大方案中，找到自己的积极角色。以下我想举例说明线性历史观在政治、学术、思想、文化、社会等各方面的一些影响。

线性历史观是了解近代中国政治变动的钥匙。它最直接的影响是让人们相信历史发展是一个有确定方向、确定阶段、确定任务的历程，所以必须循这个历程毫不犹豫地前进。历史本身有一个意志、趋势、潮流，不必要的保守，会使得“进化的前途，被其阻碍了”①，故当时人最常质问自己的一个问题是，自己的国家是不是在进化的历程中“未到终点”。②

在晚清，最有影响力的一种历史发展的大方案，是认为人类的共同历程为“图腾社会→宗法社会→军国社会”③，因为

① 吕思勉：《中国通史》，第 8 页。

② 梁启超：《新史学》，《饮冰室文集》，第四册，台北：中华书局，1960 年，第 10 页。

③ 值得注意的是，甄克思的原书是“savage society→patriarchal society→modern(political) society”，不过是严复直截了当地将“现代社会”译为“军国社会”，鲜明地强调，在甄克思的人群进化图景中，最好的状态是“军国社会”。

中国进入宗法时期特别早，但离开宗法时期又特别晚，所以现阶段的任务是脱离宗法社会、迈向军国社会。梁启超则一再呼吁“民族主义”“民族帝国主义”是社会进化的美善目标，而西方许多国家已经完成了上述的“阶段”，所以他信誓旦旦地说，“凡国而未经过民族主义之阶级者，不得谓之国”，“由民族主义而变为民族帝国主义，则成人以后谋生建业所当有事也”。[①] 又说因为“民族帝国主义”是公理，不可违抗，史家的任务便是引导国民向此目标推进，否则“此种美德，将为白种所垄断”。[②] 他把进化的过程视为小孩成长为大人的过程，并指出没有到达像西方普鲁士等民族帝国主义则不能算是“成人”。

由于标准尺是由西方所提供的，所以当西方的主流思潮改变时，中国读书人往往乱了方寸。五四前后社会主义大为流行，“军国社会”成为批判的对象，在这样重大的改变之下，柳诒徵写于一九二五年的《中国文化史》便宣称“军国之义，已非今世所尚”[③]，言下之意是既然军国主义非今世所尚，则现阶段“进化”的目标便得做出相应的调整。在五四前后，人们往往宣称世界最新的“潮流”、最新的“趋势”、最为进化的境

---

① 梁启超：《尧舜为中国中央君权滥觞考》，《饮冰室文集》，第三册，台北：中华书局，1960 年，第 22 页。

② 梁启超：《国家思想变迁异同论》，《饮冰室文集》，第三册，台北：中华书局，1960 年，第 22 页；《尧舜为中国中央君权滥觞考》，《饮冰室文集》，第三册，台北：中华书局，1960 年，第 25 页。

③ 柳诒徵：《中国文化史》，上册，台北：正中书局，1964 年，第 114 页。

界是无政府主义、社会主义。

这方面的文章很多，此处仅举傅斯年的一篇《社会革命——俄国式的革命》为例。他说近世史的精神，全在思想自由，文艺复兴之后，此思想自由一现于德意志诸邦的宗教改革，再现于法国之政治革命，“凡此二种运动，皆文明史上应有之阶级，凡为此试验之两国，进化之先锋也。今步此二种运动之后，更待改革者何事乎？社会而已”，而担负起第三次革命，也就是进化之下一“阶段”者，是俄国式的革命，“从此法国式的革命——政治革命——大半成了过往的事；俄国式的革命——社会革命——要到处散布了”。[①]

这种向上阶段论思想的沃土，为后来马列主义的五阶段论准备了流行的条件。事实上，《社会通诠》的作者甄克思在该书的开头便提及自己受到摩尔根（Lewis H. Morgan，1818—1881）《古代社会》（*Ancient Society*）的影响[②]，所以在接受摩尔根影响这一点上，甄克思与马克思主义者是同源的。从一九二〇、三〇年代开始，五阶段论——“原始公社→奴隶社会→封建社会→资本主义社会→社会主义社会”就以一种更大的势头在中国发挥影响力。关于这五阶段是否完全适用于中国，有过不少争论，但整体而言，五阶段论在政治与学术上发挥

① 傅斯年：《社会革命——俄国式的革命》，《新潮》，第一卷一号，1919年1月1日，第128—129页。

② Edward Jenks，*A History of Politics*，London：J. M. Dent & Co.，1900，p. 7。严译《社会通诠》，第6页。

了无与伦比的支配力。①

前面说过，线性进化的历史观使得“未来”由“不可知的未来”变为“可知的未来”及“已知的未来”。因为未来是可知的、已知的，所以史学与史家有特定的任务。梁启超的《中国史叙论》《新史学》即以重新定义史家之任务开始，史家一方面应以进化的观点重新撰写历史，另一方面则应从中发现“公理”“公例”之所在，作为国民精神之指引。② 史家是研究者、发现者，也是指导者，这几重身份缺一不可，否则梁氏不会一再发出“史界革命不起，则吾国遂不可救”这样的豪语。③

历史是有“义务”的，史家的任务贵在指出“义务”是什么。“而进化之理不能明，历史之义务不能尽”④，史家要发明“公例”，然后就此“公例”加以提倡之——“虽曰天演日进之公理，不得不然，然所以讲求发明而提倡之者，又岂可缓耶?”⑤事实上，这也是所有研究者共同的任务。胡适在《白话文学史》中

---

① 参见 Arif Dirlik, *Revolution and History: the Origins of Marxist Historiography in China, 1919—1937*, Berkeley: University of California Press, 1978, chapter 6。

② 梁启超:《中国史叙论》,《饮冰室文集》, 第三册, 台北: 中华书局, 1960 年, 第 1—12 页;《尧舜为中国中央君权滥觞考》,《饮冰室文集》, 第三册, 台北: 中华书局, 1960 年, 第 25 页;《新史学》,《饮冰室文集》, 第四册, 台北: 中华书局, 1960 年, 第 1—32 页。

③ 梁启超:《新史学》,《饮冰室文集》, 第四册, 台北: 中华书局, 1960 年, 第 7 页。梁氏区分新旧史家的标准之一, 即是旧史家不能发明“公例”指导国民之精神, “前者史家不过记载事实, 近世史家必说明其事实之关系, 与其原因结果”。参见梁启超:《中国史叙论》,《饮冰室文集》, 第三册, 台北: 中华书局, 1960 年, 第 1 页。

④ 梁启超:《尧舜为中国中央君权滥觞考》,《饮冰室文集》, 第三册, 台北: 中华书局, 1960 年, 第 23 页。

⑤ 梁启超:《国家思想变迁异同论》,《饮冰室文集》, 第三册, 台北: 中华书局, 1960 年, 第 12 页。

的几段话也把史家的“义务”说得相当明白——“我要人人都知道国语文学乃是一千几百年历史进化的产儿”，所以他写白话文学史，正是要弄清楚“这个历史进化的趋势”。今天的任务是要发挥过去开路先锋们所没有做完的事业，加以“有意识”的提倡。胡适认为“历史进化有两种，一种是完全自然的演化；一种是顺着自然的趋势，加上人力的督促”，史家要做的就是在发明历史的趋势之后，加以人力的督促。[①]

线性历史观带来一些思维方式的影响，譬如人们分析政治现况时，往往要问“过去是什么？现阶段是什么？下一个阶段应该是什么？最高的那一端是什么？”对政治任务的认识往往也带着“二义”性：第一义是在历史的阶梯上爬升时，依进化的理想最后应该到达的目标；第二义是在现实上现阶段应该完成的目标。现阶段应如何？理想上应如何？两者往往兼存于一人心中，表现的方式随个人而各有差异，同时也受时代环境的影响而有倚轻倚重的不同。它多少解释了许多人同时是民族主义的，又是社会主义的、世界主义的。前者是现在的目标，后者是进化的最高境界，但因现在这一个阶段不能越过，所以现阶段应尽力发达民族主义，以求将来进化到更高的社会主义、世界主义。

“二义”的状态有时又表现为区分“历史的意志”与“个人的意志”两条轨道，或是一种我称之为“复式背景”的思考方

① 胡适：《白话文学史》，《引子》，台北：信江出版社，1974 年，第 1—5 页。

式。譬如我们常常看到一种格套化的叙述，说某人或某一群人默察人类进化之大势，为了祖国之日进文明，而后决定在当下采取某些行动。或以下类方式责备他人，“丘吉尔谋国不为不忠，然昧于世界大势，徒为人类进化之绊脚石”①。这种“复式背景”的思考方式，不只出现在政治上，也表现在思想、文化、学术活动等细微不自觉之处，如陈独秀说“吴(稚晖)先生中国文字迟早必废之说，浅人闻之虽必骇怪，而循之进化公例，恐终无可逃”②，即是一例。

对当时人而言，线性史观是学术研究的利器，一种著作是否新颖动人，往往决定于是否采用了线性的书写架构，但它也产生了一些盲点。人们往往在找到一个合理的高点之后，再以它为出发点倒溯回去选取相关的史料，构成一部进化史。以胡适的《白话文学史》为例，胡适为了提倡白话，设定白话为文体进化之顶点，再倒溯回去选取有关的材料来形成这个进化的系谱。线性历史观也造成了一种影响，在有意无意之间认为只有在这一条主线的历史过程中能被安排一个适当位置的，才有功能、有地位，值得被记载、被讨论，因而往往忽略了其他各色事相的存在。

---

① 夏承焘：《天风阁学词日记》，第二册，杭州：浙江古籍出版社，1992 年，第 695 页。

② 陈独秀：《独秀文存》，卷三，《通信》，《四答钱玄同(中国今后之文字问题)》，上海：亚东图书馆，1924 年，第 177 页。“复式背景”的思考方式，又如叶德均(1911—1956)引浦江清(1904—1957)语说：“现在对于一切古文学是一个总清算的时代，而研究理解也只有从历史的演化上着眼，别无其他的途径可寻……故难挽昆曲命运。”参见叶德均：《戏曲小说丛考》，北京：中华书局，1979 年，第 484 页。

因为最进化的是唯一的，所以在现实或研究上也常常形成一种排他性的思考。胡适在论断中国文学进化的趋势时，断言白话文与其他文体的关系是前者取代后者，白话文是唯一的、最进化的文学。胡适的批评者梅光迪（一八九〇至一九四五）当时便敏锐地发现，胡适的文学主张含有这种唯一的、排他的、后派兴而前派即绝迹的特质①，所以胡适不认为白话文是在众多文体中新增一种，而认为白话文兴起则其他文体即应绝迹。

以胡适在新文化运动时期震动一时的几篇有关文学改良的文章为例，从标题到内容，都体现了这种唯一性及排他性。譬如《文学进化观念与戏剧改良》一文说，戏剧的进化也有一定的轨迹，到了现代有一种排除乐曲的“最进化”的戏剧。他说“西洋的戏剧便是自由发展的进化，中国的戏剧便是只有局部自由的结果”，“中国戏剧进化小史的教训是，中国戏剧一千年来力求脱离乐曲一方面的种种束缚”，“所以在中国戏剧进化史上，乐曲一部分本可以渐渐废去”。②

一个较进步的取代前一个的思维，无处不发生影响力。如傅斯年在《历史语言研究所工作之旨趣》中说，“中国文字学

① 梅光迪在《评提倡新文化者》中说：“若古文白话递兴，乃文学体裁之增加，实非完全变迁，尤非革命也”，“文学进化，至难言者，西国名家，多斥文学进化论为流俗之错误……”，“一若后派必优于前派，后派兴而前派即绝迹者”。参见梅光迪：《梅光迪文录》，台北：中华丛书委员会，1956年，第1—2页。

② 胡适著、季羡林主编：《胡适全集》，第一册，合肥：安徽教育出版社，2003年，第137—150页。

之进步，正因为说文之研究消灭了汗简，阮吴诸人金文之研究识破了说文，近年孙诒让、王国维等之殷文更能继续金文之研究”[①]，暗示被消灭或被取代者是没有解释效力的。但是近来关于出土简帛的研究，却每每借助于被“消灭”的《汗简》。

单线进化的历史思维既规定了“公例”，又定下了进化的“阶段”或“阶级”，仿佛每一个阶段皆需经历，不可跳越，形成了柏林(Isaiah Berlin，1909—1997)所说的“历史的不可避免性”(the inevitability of history)。所以史家往往太过注意这些必经的“阶段”，而忽略了历史可能以各式各样想象不到的方式在发展。因为预设一个较进步的取代另一个较不进步的，故一方面可能安排了一条原先不存在的前后扣联关系，而忽略了不一定是一个扣一个、下一个取代上一个，或历史现象可能多元并存、多元各自扣联，或各分子交互扣联，或有的前后扣联有的互不相干等各式各样的状态，也常忽略了历史发展中可能出现进而复退、退而又进、进退交杂的现象。

线性历史观在近代中国影响极大，在各种领域中都留下了深刻而微妙的刻痕，其样态非常之多，本文不能尽述，详细阐发将是另一篇文章的工作。[②]

---

① 傅斯年：《历史语言研究所工作之旨趣》，收入《傅斯年全集》，第四册，台北：联经出版事业公司，1980年，第306页。

② 本文原为2007年6月4日—7日在荷兰莱顿大学(Leiden University)举行的研讨会(Conference on the Writing of History in 20th Century East Asia：Between Linear Time and the Reproduction of National Consciousness)而写，谢谢黄克武及施耐德(Axel Schneider)两位先生的宝贵意见；原发表于《新史学》第十九卷二期(2008年6月)，第1—46页。

从经学向史学的过渡

——廖平与蒙文通的例子

蒙文通(一八九四至一九六八)，名尔达，字文通，四川盐亭人，是近代中国杰出学者，他一生的学术成果非常丰硕，不能尽述，我在这篇文章中主要讨论其中的两个重点，一个是“古史多元论”，一个是“大势变迁论”。古史多元论的提出，对一个自来相信华夏历史一脉相承的古老文明来说是震撼人心的新说，而“大势变迁论”则是蒙氏历史著作的一个主干。

“古史多元论”这样的新说绝不是平地突起，它牵涉到一段复杂的学术背景之变，尤其与廖平(一八五二至一九三二)有关。

一

王国维(一八七七至一九二七)在《沈乙庵先生七十寿序》

中说："国初之学大，乾嘉之学精，道、咸以降之学新。"[①]道光、咸丰以下的学问确实与先前不同，即以经学而论，它也可以说是一种新经学。而"时势"与"学问"间的竞走，也就是在时势的逼迫下，学问调整方向与内容，使得它与先前之学相比呈现"新"的面相。一九一九年，一位敏感的青年说："在这一百年里头时势的变迁太速，学问总是追赶不上。"[②]在那一百年中，时势变迁确实太快，学问并非不追赶，但确实"追赶不上"。当时敏感的学者不断地在中国古代传统中划分、重组，国粹学派的儒者们区分"国学"与"君学"之不同即是一例，而今文家廖平是另一个例子。但是廖平的经学不应为只是"追赶"时势的产物，他的学问也与晚清经学的发展有关。

晚清经学的面相非常繁复，不能轻易论断，但廖平综合了其中两个特色：

一是超越个别名物度数或一部经典，对各经之间相互关系做跨文本的综览与比较，综观整个经学的轮廓，同时特别重视还原家法、条例，努力弄清楚某书究属何派，而某派学术在不同时代持说究竟有何不同。这其实是一种相当具有学术史眼光的工作。清季今文经学家中，特别是陈寿祺(一七七一至一八三四)、陈乔枞(一八〇九至一八六九)父子的工作是

① 王国维：《观堂集林》，卷23，《王观堂先生全集》，第三册，台北：文华出版社，1968年，第1147页。

② 顾颉刚：《中国近来学术思想的变迁观》，顾潮编：《顾颉刚年谱》，北京：中国社会科学出版社，1993年，第50页。

例证。

二是为了以经学回应世事之需求，使经学意识高高地凌驾在史学意识之上，反对把经书本身的内容当成古史来研究。

廖平一方面接收了总揽全局式的经学研究的成果，提出以礼制分今、古之学，一方面又发展出极强的用世意志，把前者放在一个哲学的框架里重新加以解释。

廖平的思维非常奇特，难以名之，我称之为“反模仿”西方现代性的保守主义。

廖平充分吸收了西方的进化论，所以认为上古时代非常野蛮朴陋，不是黄金时代，他把中国思想的黄金时代放在孔子之时。在早年，他倾向于“反模仿”现代西方文化中他认为有价值的部分，认为它们都是孔子早已提出过的，问题出在孔子以后的无知陋儒不能继承孔子的本意；到了后期，“反模仿”的方式似乎更进一层，用进化论的框架否定西方的进化成绩，即认为西方近代的种种在中国春秋以前已经存在了，但孔子拨乱反正，拒绝了这些卑陋的东西，提出道德纲常等伟大的道理，并流传了两千余年，故中国早在两千年前就已拒绝西方现代文明，而孔子之道及两千年来的东西与今天的西方相比，仍然是优胜的。[①]

为了吸收西方的现代性来压倒西方，他对古代文献进行分组，一一判别某些是真的、某些是假的、某些是要变法的、

① 廖平：《伦理约编》，《六译馆丛书》，成都：存古书局刊本，1914年，第1—15页。

某些是落伍的；不管是分今、古，分小、大，分天、人，优胜的一方则是“真正的”孔学，则孔子或是改革者（古、今），或是全世界之规划者（中国）。用李源澄的话说，廖平“惟为时代所限，囿于旧闻，故不免尊孔过甚，千溪百壑皆欲纳之孔氏”[①]。

廖平认为自己是一位哲学家，他的哲学体系建立在经学研究上，为了追赶时势，他不断地变造这个体系，所以出现了所谓的“六变”，只要我们稍稍留意便会发现这“六变”大抵对应西方文化不同阶段的挑战，廖平每次调整他的体系几乎都是在回应他所认识到的危机[②]，并以改造古代学术体系来维持孔子之学的相对优越性——不只优于中国各家各派，也优于全世界。但是因为他的调整幅度太大，即使是同一部经典，也是一下子肯定，一下子否定，忽高、忽低，对古代学术所做的解释纵横出入、高下随心，尤其是在他的所谓“二变”学之后，人们愈来愈对古代经典的客观性产生高度的不安，当然也对廖平本人的学术信用产生怀疑。

廖平的“一变”之学对蒙文通影响最大。在这个阶段的代表作《今古学考》中，他从前人累积的经学研究成果之中，慢慢地发现古代经学并不是一个有机的整体，它们之中至少有两个相异的系统，以至于同一个礼制往往出现至少两种不同

---

① 引自蒙文通：《廖平先生传》，《经史抉原》，收入《蒙文通文集》，卷三，成都：巴蜀书社，1995 年，第 144 页。

② 可参考廖平：《经学五变记》，台北：长安出版社，1978 年，陈德述、黄开国、蔡方鹿：《廖平学术思想研究》，成都：四川省社会科学院出版社，1987 年。

的说法。廖平最大的创发就在于掌握住今、古文家在礼制上的不同，并用《周官》(古文)、《王制》(今文)来统摄这两个系统。用蒙文通先生的话说："(廖平)确定今、古两学之辨，在乎所主制度之差，以《王制》为纲，而今文各家之说悉有统宗，以《周官》为纲，而古文各家莫不符同。"问题是如何解释这两派礼制的形成。廖平是这样说的："于今文一家之学立齐、鲁两派以处之。古文一家所据之经，奇说尤众，则别之为《周官》派、《左传》派、《国语》派、《孝经》派以处之。而总之曰今文为齐、鲁之学，古文为燕(当作梁)、赵之学。……于是立齐、鲁、燕、赵以处之。"①他把长期以来争讼不决的今、古之分换成齐、鲁与燕、赵学问之异，把经学主张的不同化为地域的差异。

因此从廖平的《今古学考》问世之后，古代经学遗产已经开始裂解了。但是廖平与大部分的经学家一样，想在纷乱的史实上面加上一个系统，加上一个提纲絜领的纲宗，使得看来已经裂解的东西仍然能够"统之有宗，会之有元"，而这个纲宗便是孔子。廖平在"一变"阶段，为了解释前述的学术与地域上的分裂状态，提出一种说法，认为那是因为孔子早年、晚年学说重大的变化，不同阶段的学生所闻不一样的缘故，而这些学生来自不同的地域，所以各地所传的孔子学说出现了重大的差异。来自燕、赵地区的是早年的学生，所闻的是

① 蒙文通：《井研廖师与汉代今古文学》，《经史抉原》，《蒙文通文集》，卷三，成都：巴蜀书社，1995 年，第 120、129 页。

孔子早年的学说，所传的是后来称为“古文”的学问；来自齐、鲁的是晚年的学生，所闻为孔子晚年成熟的今文经学，而晚年之学优于早年，故今文学优于古文学。① 早年的孔子遵循周制，而晚年的孔子是一个变法改革者，想要对周制进行变革，所以在礼制上有了种种新说。我怀疑，廖平区分孔子早、晚年学说不同及学生闻见之异，大概是受到天台智顗（五三八至五九七）将佛在世说法分成五个时期，也就是所谓“五时八教”，或类似学说的影响。②

简单地概括廖平早期的想法，大约有两点：第一，经学系统不是一个完满的有机体，它的内部有许许多多的差异与矛盾。第二，这些差异可以分成一些派别，这些差别先是可以用孔子早、晚年不同及地域差异来解释，接着又可以用孔子、刘歆之不同来加以梳理。而这几点都产生相当大的影响，从此对古代文化遗产分别不同群组，并对这些不同加以解释成了一种时髦。以当时的古文经学大师刘师培（一八八四至一九一九）为例，他在有意无意之间即受到廖平的影响，他在《西汉周官师说考》等书中说古学为西周之制，王制为东周之制；又说明堂之所以有今，古两说，乃是一为丰镐之制，一为洛邑之制；又说古代疆里之所以有今，古两说之异者，一

---

① 廖平：《今古学考》，台北：长安出版社，1974 年，第 83、88 页。

② 牟宗三：《佛性与般若》，台北：学生书局，1979 年，第 619—624 页。

为西周疆里，一为东周疆里。[①] 他也免不了要立“纲宗”，即不管两者如何不同，它们都是周制。

王国维虽然不受他们影响，可是如果我们细读《殷周制度论》，也会发现他与廖、刘一样，既发现了三代礼制之不同，并划分为殷与周两个群组，同时他还是忘不了要为它们寻找一个系统，所以说殷、周皆是帝喾之后，借着帝喾把分裂的体系又黏合起来。

二

廖平的经学深深影响了他的弟子蒙文通，但此处所说的影响是相当曲折的，是一种既“扬”又“弃”(aufheben)的关系。

蒙文通在一九一二年至一九一三年于四川国学院从学于廖平、刘师培。这时候清廷已经灭亡，廖平六十一岁至六十二岁，早已过了学术影响力的高峰[②]，尽管如此，廖氏的学问对蒙文通的影响仍然很深。蒙氏最早的两篇文字，一九一五年的《孔氏古文说》及一九二三年的《经学导言》，虽然论旨与老师有所不同，但问题的延续性则清晰可见，尤其是在以地

---

① 蒙文通：《廖季平先生传》《井研廖季平师与近代今文学》《井研廖师与汉代今古文学》，《蒙文通文集》，卷三，成都：巴蜀书社，1995 年，第 142、110、121 页。

② 蒙文通于《经学抉原》《序》中说：“文通于壬子、癸丑间，学经于国学院，时廖、刘两师及名山吴师并在讲席。”见《蒙文通文集》，卷三，成都：巴蜀书社，1995 年，第 46 页。关于廖平的生平，参考廖幼平：《廖季平年谱》，成都：巴蜀书社，1985 年。

域把古代儒家学术分成几个群组这一点上。[①]

《孔氏古文说》及《经学导言》两篇文章并不曾改变以“地域”讲学问起源之不同，大致仍以齐、鲁与三晋区分今文、古文之不同[②]，但他在《经学导言》中已隐隐然表现出与老师有些不同，他指出南方也有一系，以楚国为主。在这篇文章中，他提到三晋的学问和孔子背道而驰，三晋史家信任古史传记，故以古史传记疑议六经[③]，但是他仍然说：

> 孔子的学术，除一个嫡派鲁学之外，又有两个支派，一个便是齐学，一个便是晋学。
>
> 孔子的学说，从邹鲁渐渐的流往各处，就有鲁、齐、晋三大分支。[④]

蒙文通并且认为晋之古文与齐、鲁之今文，是“王”与“霸”之分，晋文公改制是为了合理化其霸制，以朝聘为例，将朝天子改为朝诸侯，是为了合理化他以诸侯身份窃权之事实。[⑤]从上面几段引文，我们看到一种张力，一方面是把学问的差异地域化，且仍未放弃将它们统之于孔子的旧说，但却

---

① 蒙文通在《经学导言》的《绪论》中说：“我也还是出不得《今古学考》的范围，我的意见自然有些和他不同，说我是脱离这部书在宣告独立也可。说近来的今文家、古文家和我这篇文字的主张，都是《今古学考》一书下面的三个修正派亦无不可。”见《蒙文通文集》，卷三，成都：巴蜀书社，1995 年，第 13 页。

② 蒙文通在《经学导言》中说：“我辨别齐鲁学是从他学问起源的地域分。”见《蒙文通文集》，卷三，成都：巴蜀书社，1995 年，第 23 页。

③④⑤ 蒙文通：《经学导言》，《蒙文通文集》，卷三，成都：巴蜀书社，1995 年，第 40、19、20、30、33 页。

认为那不纯然是孔子早、晚年的差异，而是孔子后学长时期演变而形成的不同，另一方面是强调两者之间的差异非常大，故说是“背道而驰”，是“疑议六经”。

蒙文通首度引起民国学术界瞩目的书是《古史甄微》，从《经学导言》到《古史甄微》之间有十余年之久，在这一时期，蒙文通逐渐转变成将经、史分别对待之态度，认为经是经、史是史，因此他把古代学术地域化的论旨转化成一种新的论述，即史学上的古史多元论述。①

将古代学术两系统说转化为古史多元论述，可以说是近代上古区系类型论的滥觞，它与徐中舒（一八九八至一九九一）的《从古书中推测之殷周民族》（一九二七）、傅斯年（一八九六至一九五〇）的《夷夏东西说》（一九三四）、徐炳昶（一八八八至一九七六）的《中国古史的传说时代》（一九四三）中的三集团说②，都是革命性的论述，共同打破了古来一系相承的旧说。

值得注意的是，蒙文通的《古史甄微》是缘起于廖平的一道关键性的习题。一九一五年，廖平在读完蒙文通的《孔氏古

---

① 但这并不表示他已经放弃经学，这可以从他在《古史甄微》之后，接着改写《经学导言》为《经学抉原》看出，他成为一个纯粹的史学家是后来的事。用他自己的话说，是四十岁以后才开始，而且摸索十年，才渐知史学如何研究。见蒙文通：《古史甄微》，《序》，《蒙文通文集》，卷五，成都：巴蜀书社，1995 年，第 1 页。

② 但这三者是独立发展而成，唯一可能的是徐炳昶可能受到过蒙文通影响，蒙文通到后来才知道徐炳昶的论点，见蒙季甫：《文通先兄论经学》，蒙默编：《蒙文通学记》，北京：生活·读书·新知三联书店，1993 年，第 65 页。

文说》后问道：

> 古言五帝疆域，四至各殊；祖孙父子之间，数十百年之内，日辟日蹙，不应悬殊若是。盖纬说帝各为代，各传十数世，各数百千年。五行之运，以子承母，土则生金，故少昊为黄帝之子。详考论之，可破旧说一系相承之谬，以见华夏立国开化之远，迥非东西各民族所能及。凡我国人，皆足以自荣而自勉也。①

廖平的问题具有多重意义，首先，他主张“破旧说一系相承之谬”，这一句话显示出这位晚清今文经学的殿军，已经敏锐地察觉到中国古代应该是多元并立的。事实上此语出自廖平，并不特别令人惊讶。他先前提出古代礼制不只一系，后来又陆续提到各种多系的看法，如说中国古代文字多系等，这些多系说看来有点不可思议，但其为多系却是一致的。第二，廖平对蒙文通所提出的这道论题，主要是想论证中国立国开化之早，非东西各民族所能及，“凡我国人，皆足以自荣而自勉也”；一如他早年运用各种论证来维持孔子的优胜地位一般，此时他希望维持中国在世界各古老文明的优越地位，注意力已经由一人转到一国。

---

① 蒙文通：《古史甄微》，《序》，《蒙文通文集》，卷五，成都：巴蜀书社，1995 年，第 1 页。

廖平的这一道论题，其背后有一定的时代背景。廖平对清末盛传一时的“中国文明西来说”显然有所了解并且深感不满，认为它伤害了中国历史文化的尊严，所以他要蒙文通论证华夏立国开化之久远，来抵挡中国文明西来之说。他特别提到“少昊为黄帝之子”可能是五行说的产物，似乎又显示他想破除少昊与黄帝一系相承的关系，而晚清喧腾一时的“西来说”正是主张黄帝从西向东移，破除黄帝与少昊的父子关系，即等于说明在西来的一系之外，还有东边本土的一系。① 所以他要解构“祖孙父子一系”之旧说，提出“帝各为代，各数百千年”之论。值得注意的是，“帝各为代，各数百千年”一语出自纬书，而强调谶纬正是晚清今文经学的特色。廖平提出的这一道论题意味深远，既延续他一贯的多系说，又将注意力往上拉到古史的源头。

① “中国文明西来说”在清末得到章太炎等著名学者的信从，如章氏《訄书》，台北：世界书局，1971 年，《序种姓上第十七》说：“宗国加尔特亚者，盖古所谓葛天，地直小亚细亚南……然始统一加尔特亚者为萨尔宫一世，当共和纪元以前二千九百六十年，其后至亚拉伯朝，以巴比伦为京师，当共和纪元前七百四十年，其后二百五十年，为小亚细亚灭之。萨尔宫者，神农也……先萨尔宫有福巴夫者，伏戏也，后萨尔宫有尼科黄特者，黄帝也，其教授文字称苍格者，苍颉也。”（第 40—41 页）章太炎可能从日文本（白河次郎、国府种德：《支那文明史》，东京：博文馆，1900 年），得知此说，也可能是读到中译本。该书中译本于光绪二十九年（1903 年）由上海竞化书局以《支那文明史》书名印行，其中第三章为“支那民族从西亚细亚来之说”，此章说黄帝自西亚来，其名为“奈伊哗浑古底”，是自西亚细亚移往中国之酋长，征服邻邦之人民。见《支那文明史》，第 44、50、54 页。

三

清初理学家张履祥(一六一一至一六七四)说"读史只以验经而已"，它代表一种最常见的以经绾史的态度。清代经学如日中天，经学意识高涨，但清代考证学的许多工作其实就是考证古代名物度数的历史，故柳诒徵说乾嘉诸儒"治经实皆考史"①，况且清儒的历史研究工作也始终不曾间断。综合前述，我们应该说经学意识与史学意识始终是清学中的两脉，或者应该说是一体的两面，但无论如何，经学毕竟是主，史学是从，经学是优先的，史学是从属的，经学所蕴含的价值体系会隐然支配学术工作，深刻地影响选题、诠释、价值判断，或想在研究中寻求经学式的恒常道理。到了廖平，他想在时势的迫压之下，更积极地维护或创造经学式的恒常道理，故用最权宜的手法搅乱了大量的文本。廖平一方面是史学的，另一方面是哲学的。他欣赏张惠言(一七六一至一八〇二)、陈寿祺、陈乔枞的经学，如果用现代的话来说，即是因为他们讲家法、重条例，比较能够忠实地重建古代文献的历史层次，从某种角度说，即是比较重视学术史的还原。但这并不表示廖平是位史学家，他不安于停留在史实的层面，而是要提高一个层次来调动、安排，在真实与虚构的离合之间，建

① 柳诒徵：《中国文化史》，下册，台北：正中书局，1964年，第119页。

立一套义理系统。故他基本上反对以经为古史，他这方面的言论很多，又如《尊孔篇》中说："故六经者非述古，乃知来"，"以经为古史，则疵病百出"[①]；如《大成节讲义》的《旧说以经为史之敝十条》："凡史事成迹，刍狗糟粕，庄列攻之，不遗余力，孔经新，非旧经，非史"，"经说若主退化……须知经言退化，实行经意则为进化也"，"经先文后野，先大同而后小康，其说颠倒"[②]，六经与历史时间的序列是颠倒的，所以它是哲学，不是历史。他不只反对把六经当作史料处理，而且处处以六经与当时所谓之西方"公法通例"相通，他认为苟非如此，则六经对于现在及未来即无任何价值可言。如果不了解廖平处理经学与史学的特殊手法，我们很难了解廖平何以始终批评古文家是史学、是要不得的，但又相当注意一些特定的史学问题。

但是"经"与"史"的地位在近代发生了激烈的转变。廖平与蒙文通是两代人（前者出生于一八五二年，后者出生于一八九四年），两人相差四十余岁，两代人的熏陶、培养、心态也都不同。晚清到民初，正是经学与史学互为消长的时代，蒙氏向廖平问学已在民国初年，《古史甄微》则成稿于新文化运动之后，辛亥革命与新文化运动两大事件都对经学及经学家的地位产生了剧烈的挑战。

辛亥革命成功之后，用胡适的话说，连皇帝都可以不要

---

① 廖平：《尊孔篇》，《四译馆杂著》，成都：存古书局，1921 年，第 16、18 页。

② 廖平：《大成节讲义》的附录，《四译馆杂著》，第 18、25 页。

了，有什么不能改变的。[①] 辛亥革命使得旧知识分子失势，被另一群对经学不再看重的新人所取代，古文、今文之争已经不再时髦，人们关心的焦点是“革命的”或“反革命的”，“新的”或“旧的”。一九一二年，教育部宣布废止尊孔读经，其影响固然不可过度夸大，但亦不可小看，建制性的规定毕竟产生大规模的影响，读经已经不再成为知识分子的前提。而一九一七年以后的新文化运动更对经学所蕴含的价值体系施予最有力的抨击，“覆孔孟，铲伦常”的口号，影响异常深远，古来相传的种种正统观念彻底动摇了，划分知识群体的标准是“传统的”或“反传统的”，“中国的”或“西方的”。另一方面，随着新学制的建立，学术分科化，大学中的经科已成为众多人文学科之一，其任务与传统经学不同，它不再是生命的学问，而是成为众多学问领域的一种。从辛亥以来经过十多年，至少在主观的层面上，人们觉得自己与“过去”应该是断裂的，不应该是延续的，断裂产生了距离，距离使得“审视”传统成为可能，当时虽然仍有一群研读经书的人，但是他们的取径变了，是以“观察”“研究”者而非传统文化参与者的方式在阅读经典。经学没落，寻求恒常道理的经学式思维之没落，只有辛亥革命以后的一代才能体会，起而代之的是历史式的思维——那便是一切都在变，一切都会变，一切的变都合理，恒常的世界被破坏了，变成以人事证恒常之道理或

① Hu Shih, “Broadcast, New York World's Fair, October 10, 1939,” 周质平编：《胡适未刊英文遗稿》，台北：联经出版事业公司，2001 年，第 110 页。

以人事替代恒常的道理。

经学衰退、史学地位之高涨几乎同时发生。从晚清以来，国粹学派认为国粹即等于历史，爱国必须先知历史，史亡即国亡。当时学术界以学问能否经世作为高下之判，人们愈来愈认为经学不足以经世，而史学可以经世。从晚清科举废八股改试策论之后，士子阅读史书的分量便大幅增加了，到了废科举之后，在正规的学习中，经的分量便愈来愈淡薄，而史的分量愈来愈加强。学问世界渐渐地由康有为所说的“史学大半在证经，亦经学也”，转变成经学沦为史学之附庸——用周予同(一八九八至一九八一)的话说是“史由附于经，而次于经，而等于经，以至现在经附于史”，他又说要能“不循情地消灭经学，用正确的史学来统一经学”。经史之消长如此剧烈，故一九二三年，当蒙文通到江南访问耆旧讨论经学时，即发现“故老潜遁”，“讲贯莫由”。①

四

因为材料的限制，对于一九一五至一九二七年之间蒙氏思想学术的轨迹无从深入了解，但是我们可以确定，在这一时期，他逐步发展出经是经、史是史，这两种不同性质的问题，要用不同方式处理的态度。用蒙文通自己的话来说，即

---

① 以上引自罗志田：《清季民初经学的边缘化与史学走向中心》，《权势转移：近代中国的思想、社会与学术》，武汉：湖北人民出版社，1999 年，第 302—341 页。

是“经、史截分为二途，犹泾清渭浊之不可混”[①]。用蒙季甫转述堂兄蒙文通批评廖平的话说，则是廖氏“但以尊孔过甚，且不知史学，不能用历史方法以史实核汉师礼制，不知孰为西周旧制，孰为礼家新制”[②]。事实上廖平并非不了解历史，从《今古学考》中若干条可以看出，他对古代文献已经有相当程度的历史层次感。从他给蒙文通的题目也可以看出那是一道历史的习题，但是因为他自居为经学家、哲学家，要拉拔到更高的层次来调遣史事，所以他没有兴趣进一步探索，这种价值的轻重先后，也是经学思维与史学思维之分歧点。而蒙氏最大的突破之一便是用历史的思维处理廖平这位经学家所提出的问题。

依我的观察，清代经学研究的成绩，有不少被民国时代的古史家所继承，而由经学到史学的转变，大多与五个环节有关：第一是分别经是经、史是史。第二是丢掉今、古文之争的老问题，代以古代史的问题。第三是分出时间的层次，汉是汉、先秦是先秦，而且各个层次的意义是一样的，不因时代先后而有别。第四是用历史研究的方法分辨出古代文献内容中“理想”与“事实”的区别。第五是接受十九世纪西方史学的影响，尤其是种族、地理两种因素。在蒙文通从经学到史学转变的过程中，以上五个环节大抵清晰可见。

---

① 蒙文通:《古史甄微》,《序》,《蒙文通文集》,卷五,成都:巴蜀书社,1995 年,第 5 页。

② 蒙季甫:《文通先兄论经学》,《蒙文通学记》,北京:生活·读书·新知三联书店,1993 年,第 68 页。

首先要讨论蒙文通如何放弃今、古文之争的老问题。在一九二〇年代，我们见到一种既继承，又丢掉今、古文之争的新发展。前面已经提到过，晚清的今、古文之争松动了对古代经典的许多既成之见，一方面觉得其中隐藏着许多问题，一方面击碎了古来的间架，开启了将碎片重新拾起、重新架构的可能性。一九二〇年代的两个古史大论述都与它有关，但是一个走向空间的（蒙文通的地域多元说），一个走向时间的［古史辨运动中顾颉刚（一八九三至一九八〇）的层累造成说］。①

上述两种重构古史的工作的前提都是打破今、古文的旧问题。晚清今、古文两派争斗太久，太过激烈，不断互相攻击的结果，使两派的缺点完全暴露在世人眼前，在不再笃守经学家法的新一代人看来，觉得两派都有问题，有的人主张向上追求古代的真相，有的人主张将今、古文"一齐撕破"。我们应还记得在古史辨运动初起之时，钱玄同（一八八七至一九三九）如何为年轻的顾颉刚指出一个方向。钱玄同对顾说，古文是假的，今文是口说流传而失其真相的，所以今文家攻击古文经伪造是正确的，古文家攻击今文家不得孔子的真意，也是站得住的，"我们今天，该用古文家的话来批评今文家，又该用今文家的话来批评古文家，把他们的假面目一齐撕破，

① 杨向奎在《我们的蒙老师》（收入《蒙文通学记》，北京：生活·读书·新知三联书店，1993 年）中说"顾先生的理论是因时间的演变而不同的历史逐层累造成，蒙先生的理论是因地方的不同而有历史的分野"，"他们都受有今文经的影响"。

方好显露出他们的真相”[①]。

当蒙文通在四川国学院读书时，事实上他也处在今、古两阵营对峙的高度张力中。当时四川国学院中同时有今、古两派的廖平及刘师培，虽然刘师培受了廖平影响而有所转变，但是在许多问题上仍然争持不已，蒙文通自己在《经学抉原》的《序》中说他“朝夕所闻，无非矛盾”：

> 文通于壬子、癸丑间，学经于国学院，时廖、刘两师及名山吴师并在讲席，或崇今，或尊古，或会而通之。持各有故，言各成理。朝夕所闻，无非矛盾，惊骇无已……虽无日不疑，而疑终莫解。[②]

对两家之说“无非矛盾”，钱玄同的反应是“一齐撕破”；蒙文通则走向另一条路，他主张用史学的研究去解决这一个过气的老问题。《经学导言》提供了一个过渡的样本，它一方面继承了廖平的说法（如六经历秦火之后不残缺，如区分齐、鲁与三晋之学），但同时又想挣脱开来，要跳开汉代今、古文之争，直接“还六国面目”[③]，用他自己的话说是：

> 而作《经学导言》，略陈今、古义之未可据，当别求之齐、鲁而寻其根，以扬师门之意。[④]

---

① 顾颉刚：《秦汉的方士与儒生》，《自序》，台北：里仁书局，1985年，第7页。

② 蒙文通：《经史抉原》，《序》，《蒙文通文集》，卷三，成都：巴蜀书社，1995年，第46页。

③ 蒙文通：《经学导言》，《蒙文通文集》，卷三，成都：巴蜀书社，1995年，第32页。

④ 蒙文通：《井研廖师与汉代今古文学》，《经史抉原》，《蒙文通文集》，卷三，成都：巴蜀书社，1995年，第135页。

这段话很有意思：一方面是今、古文之义未可据，一方面是别求齐、鲁之真貌(即“还六国面目”)；一方面是发扬师门之意——因为廖平在《今古学考》中是有一个条目说“解经当力求秦汉以前之说”[①]，一方面是丢掉今、古文之争的大帽子，也就是丢掉汉代经学的问题，改寻先秦历史的真相。蒙文通一再强调今、古俱不可信，如说“今、古之自身，即不一致之学”，“究空说则今、古若有坚固不破之界限，寻实义则今、古乃学术中之假名”，并认为廖平中年以后已经倾向于“破毁今、古学之意也”，“皆所以召学者之应从两汉而上探周、秦，由今、古而溯之齐、鲁，求周、秦学术之家法，以易两汉学术之家法，此固廖师之伟志也”；又说他的老师“早已轻视今、古之界而思破坏之，以探周、秦之室也”，“周、秦之学一明，而两汉之壁垒顿破”。[②] 看起来廖平确有向上转一层的意向，但只是偶然触及，而且最终目的显然是要了解今、古学之究竟，而未必是了解一层一层历史的差异。蒙文通说，局限于今、古文以谈古史，“此犹局乎孔氏一家之言……未可以上穷古史之变也”[③]。这段话表现了一种微妙的转向，即他的主要目标是要谈古史，而不是今、古文，所以主张丢掉今、古文

---

① 廖平：《今古学考》，台北：长安出版社，1971 年，第 113 页。

② 以上诸条分见于蒙文通：《井研廖季平师与近代今文学》《廖季平先生与清代汉学》《井研廖师与汉代今古文学》《经史抉原》，《蒙文通文集》，卷三，成都：巴蜀书社，1995 年，第 114、121、130、134、135 页。

③ 蒙文通：《古史甄微》，收入《蒙文通文集》，卷五，成都：巴蜀书社，1995 年，第 3 页。

之争的议题，可是他在向上探求周秦之时，隐然还是继承了《今古学考》中所指的二元论点，然而因为他是以史学的角度在处理这一份经学遗产，所以他以分别对待个别历史事实的态度，指出周、秦时代每一书皆有每一书的面貌与地位，不能笼统归之今、古文两个阵营。① 他也用历史演进的态度看古代官制的沿革，“而又确知今、古家各据《王制》、《周官》以为宗者为可议”②。也就是以官制的历史沿革来打破廖平以《王制》《周官》两组制度来判分今、古，把它们视为两组不变动的礼制。

上溯周、秦，“史”的态度一旦确定，蒙文通还是常常回过头来讲汉代今、古文的要义，但那是经过历史研究的洗涤披捡之后所产生的新认识，不管是以今、古为汉代皇帝所喜、所恶分，或是以朝、野之学分，或是以贵族阶级与万民平等两种主张分，都是放在他新建立的周、秦、汉历史框架下重新解释，而不再是晚清的今、古文的旧说了。

蒙文通转向史学的另一个环节是前面所提到过的“经是经，史是史”，处理经学问题与处理史学问题是不一样的。他进一步从“六经皆史”的旧说解放出来，主张“六经非史”(在这一方面，他深受《史通》《疑古》《惑经》两篇的影响)，也就是说追求古代历史的真相时，不能以六经为范限，在六经之外，还有许许多多记载古代历史的文献，它们可能早已被视为非正统史料，但是其史料价值却无减损。他在《古史甄微》

①② 蒙文通：《井研廖师与汉代今古文学》，《经史抉原》，《蒙文通文集》，卷三，成都：巴蜀书社，1995 年，第 112、135 页。

中自道“自儒者以经为史，而遂古之事，真伪莫察”①。由此看来，他是双重解脱，既解脱今文家法，也解脱古文家之旧范，否则不可能发现“六经而外，异说恐多”，而《古史甄微》中也不可能运用大量经典以外的材料去揭开早已被儒家经典一元古史观所淹没的古史，更不可能由《楚辞》《天问》等文献中发现南方一系的文明。

由经学过渡到史学的另一个环节是斩断纲宗，丢掉经学所蕴含的正统观念。陈寅恪（一八九〇至一九六九）的《重刻〈元西域人华化考〉序》云：“近二十年来，国人内感民族文化之衰颓，外受世界思潮之激荡，其论史之作，渐能脱除清代经师之旧染，有以合于今日史学之真谛。”②此处所谓“脱除清代经师之旧染”的主要内容之一便是丢掉经师的正统观念，这种观念所包含的范围很广，尊三代、尊周、尊孔、尊经、尊伦理纲常都是，这是一张无形的网，但却是一张有力的网。

蒙文通批判廖平过度重视孔子，所以互为仇敌的今、古，大统、小统竟都同源于孔子，刘师培过重周朝，故虽然发现丰镐（西周）、洛邑（东周）之制度不同，但仍然认为两者皆是一王之法。③ 蒙文通受过辛亥革命及新文化运动的洗礼，他批

---

① 蒙文通：《天问本事》，《经史抉原》，《蒙文通文集》，卷三，成都：巴蜀书社，1995年，第346页。

② 陈寅恪：《重刻〈元西域人华化考〉序》，《陈寅恪先生论文集》，台北：九思出版社，1977年，第684页。

③ 蒙文通：《井研廖平季与近代今文学》，《经史抉原》，《蒙文通文集》，卷三，成都：巴蜀书社，1995年，第110页。

评廖平、刘师培两位老师过度为正统观念所拘束而不自知，正表示他舍弃正统观念的态度，他反对“六经皆史”，在《古史甄微》中甚至连舜、汤武、文王、周公都在非议之列。

前一代用一条绳子勉强绾住各个异质的分子，但绳子却在一九二〇年代的弟子手中被斩断了，以致碎片遂散落一地的现象，在当时相当常见。以王国维（一八七七至一九二七）的《殷周制度论》为例，他虽然已经区分殷、周两套制度之不同，但仍然受正统心态的左右，主张两者的祖先同出帝喾，故仍然属于一个系统。然而这样的观点被他们的下一代丢掉了。王国维于清华国学研究院的弟子徐中舒（一八九八至一九九一）在《从古书中推测之殷周民族》一文中便把两者拆开，认为殷、周种族不同，言语不通，风俗不同。[①]

在丢掉经学的题目，丢掉经史不分、经等于古史的旧观念，去除正统观念的束缚之外，现代史学的熏陶是不可忽视的一环。

十八世纪欧洲启蒙史家关心的是从历史中寻找出人类普遍的通则，但十九世纪则注重个别历史事实之差异性[②]，而

---

① 参考我的《一个新学术观点的形成——从王国维的〈殷周制度论〉到傅斯年的〈夷夏东西说〉》，收入拙著：《中国近代思想与学术的系谱》，石家庄：河北教育出版社，2001年，第263—282页。

② Carl Becker, *The Heavenly City of the Enghteenth - Century Philosophers*, New Haven: Yale University Press, 1969, pp. 71 - 118.

"种族"与"地理"是形成差异的两个要素[①]，这并不是说此前的史书不谈种族与地理，但它们是十九世纪史家所擅长的。这一特色也影响了二十世纪初期中国的一群新史家。晚清的革命派对"种族"非常注意，他们所提倡的种族革命即足以提醒人们"种族"的重要性，国粹学派中不时可以见到这方面的言论。而变法派的梁启超在一九〇一年以后陆续所写的文章，像《中国史叙论》第五节中讲人种、地势，《新史学》中论"历史与人种之关系""地理与文明之关系"，还有一九二一年所写的《中国历史上民族之研究》，对当时学者不可能没有一点提醒作用。王国维在一九一五年所写的《鬼方昆夷猃狁考》《古胡服考》则在提醒人们古代中国民族之复杂性。一九二〇年代至一九三〇年代的一群史学家，像傅斯年（一八九六至一九五〇）、陈寅恪，也无不有这方面的意识。傅斯年在新文化运动期间早已主张"历史一物，不过种族与土地相乘积"[②]，他一生的志愿是写成《民族与古代中国史》，所关心的是种族、地理。陈寅恪的历史著作中，更是处处围绕着"种族—文化"一环。由于他们的工作，人们对古代历史有了一些革命性的看法：在看似一元的历史格局中发现了多元种族对立及互动的复杂关系，在所谓中国历史文化之中看出异民族的成分。"地理"的

① 如 James W. Thompson, A History of Historical Writing, New York: The Macmillan Company, 1942, v. 2, p. 442。

② 傅斯年：《中国历史分期之研究》，收入傅孟真先生遗著编辑委员会编：《傅斯年全集》，第四册，台北：联经出版事业公司，1980 年，第 182 页。

影响则倾向于把历史现象空间化、地域化，考虑到不同地区之差异及互动。这样的发展使得在欧洲留学七年多，于一九二七年归国的傅斯年，一旦接触到当时国内史学论著时要发出这样的欢呼——“知国内以族类及地理分别之历史研究，已有如《鬼方猃狁考》之丰长发展者！”①

蒙文通显然也受到种族、地理观之影响。他所接触到的可能只是一些零散的信息，但对一位天资高朗、领受力特别强的学术工作者而言，已经足够打开一扇天窗。在《治学杂语》中，蒙氏自道“写《古史甄微》时，就靠读书时学过些西洋史，知道点罗马、希腊、印度的古代文明，知道他们在地理、民族、文化上都不相同”②，我们如果留意上述谈话中“地理、民族、文化”这三个环节，便可了解蒙氏当时史学观点之一斑了。

我推测蒙文通在形成“民族、地理、文化”多元观的过程中，可能还受到日本思想界有关“风土”的新学说的影响。《古史甄微》中说：“海东学者每言，印度以天产极丰，可不劳而活，故有印度之文化发生，欧洲土地硗薄，非勤劳无所得食，故自然科学不兴于东方，不成于智力卓绝之印度人，惟欧洲人独能创之，则地理关于文化之重要如此。苟推此以究中国上古之文化，亦正相同。”他又说：“海东学者以希腊文明之发

---

① 傅斯年：《〈新获卜辞写本后记〉跋》，《傅斯年全集》，第三册，台北：联经出版事业公司，1980 年，第 262 页。

② 蒙文通：《治学杂语》，《蒙文通学记》，北京：生活·读书·新知三联书店，1993 年，第 2 页。

生，以其国小多山，土地硗瘠，食物不丰，故多沿海行商于小亚细亚，欧式文明之源，实肇于此。”[①]此处所谓“海东学者”究竟是谁，已经很难考出，在这里附带一提的是日本哲学家和辻哲郎(一八八九至一九六〇)在昭和年间发表的《风土》一书，与蒙氏前面所提到的论点有近似之处。[②] 但《风土》写作年代与蒙氏撰写《古史甄微》大约相当，而且也没有中译，蒙氏应不可能受到它的影响。不过，当时日本正受德国思想影响，和辻哲郎的观点即是从德国哲学家赫尔德(Johann Gottfried Herder，1744—1803)的风土观念发展出来的，赫尔德的学说在日本影响不小，日本其他学者的类似看法有可能被介绍到中国来而启迪蒙氏。但这也只是一个推测而已。

总之，在蒙文通的历史思维中，“种族—地理—文化”三元一体的想法相当清晰，他很早便想写“周秦民族与思想”这样一篇文章[③]，至于认真研究周秦民族则始于一九二七年冬；在后来写成的《周秦少数民族研究》中，“种族—地理—文化”三元一体的观念则已得到充分展现。他说种族之分，后代史家不觉，故往往昧于历史之真相，其实“族类殊则性情异，好

---

① 蒙文通：《古史甄微》，《蒙文通文集》，卷五，成都：巴蜀书社，1995 年，第 69、70 页。

② 《风土》先在《思想》上连载，极为风行，1935 年才整理成书出版，成为日本近代思想经典，关于两人风土观点相近处，见《风土》第二章。关于赫尔德思想对《风土》之影响，见该书第五章一节至四节讨论赫尔德的风土学。和辻哲郎：《风土》，收入《和辻哲郎全集》，卷八，东京：岩波书店，1977 年。

③ 蒙文通：《井研廖师与汉代今古文学》，《经史抉原》，《蒙文通文集》，卷三，成都：巴蜀书社，1995 年，第 136 页。

尚别，举文为德教无一同”，“周秦之间，种族之变为之也”，“周秦学术之荦荦大者，即此三四端而止耳，而皆民族之故也”，“夷夏之争即儒法之争”。[①] 而蒙默先生将蒙文通著作的一部分编成《古族甄微》《古地甄微》《古学甄微》，正好概括了蒙氏史学中种族、地理、文化三个重要元素。

五

在《古史甄微》中，我们可以看到蒙氏用逆推法，由古代学术及古代史事之分为三系，上溯为古代民族三系之分。

《古史甄微》一开始便胪列了《孟子》书中的十三件古事，由各系对同一史事说法之不同推论那是起因于齐鲁、三晋、楚三方学术之不同，再由三方学术之不同推论“古民族显有三系之分”——蒙文通说“六经、《汲冢书》、《山海经》，三者称道古事各判，其即本于三系民族传说之史固各不同耶”。[②] 而从先前的讨论中可以看出齐鲁、三晋、楚三方学术不同之论，正是由廖平经蒙文通一路发展而来的。

他进一步由各种史料区分出上古中国有“海岱—泰族”“河洛—黄族”“江淮—炎族”三系，而其中又以居于东方沿海的泰族为最早。他说“遂古之王者，多在东方沿海一带”，“风姓之

---

① 蒙文通：《周秦少数民族研究》，《古族甄微·序一》，《蒙文通文集》，卷二，成都：巴蜀书社，1995 年，第 5、7 页。

② 蒙文通：《古史甄微》，《蒙文通文集》，卷五，成都：巴蜀书社，1995 年，第 4 页。

族先于炎、黄二族居于中国，当即为中国旧来土著之民，自东而西，九州之土，皆其所居”，后来“炎族起于西南，黄族起于西北，而风姓之国夷灭殆尽”。① 泰族的特色是富于研究思考，留意天文、地理、物类，俨然是东方之希腊，“开发中国之文化者，胥泰族之功也”；黄族则是一个强武而优于政治组织之民族，俨然是东方之罗马；炎族是崇幽灵、信鬼神之民族，很像是印度；而中国之文化乃泰、黄、炎三族所共建。②上古时代五帝各传数十世，或数百千年，三族更互为王，互有起伏，一直到夏代才归于和睦。③

蒙文通认为古代中国文化有几个阶段：第一阶段起于渤海地区④，故说“上世华族聚居偏在东北”，“中国大陆，古代人迹始居之地，可考见者即在九河”⑤，“长江上游非先民之所至，白山黑水实汉族之故居”；汉族原在东北，“至夏定为九州，而东北遂以为废弃”。⑥第二阶段是盛于山东地区，故齐鲁于上古为军事政治商业之中心，亦遂为最古老之文化发祥地。⑦ 第三阶段则光大于三河(伊、洛、黄河)地区。

蒙文通说上世华族聚居偏在东北，故以泰山为天下之中；

---

①②③⑤⑥ 蒙文通：《古史甄微》，《蒙文通文集》，卷五，成都：巴蜀书社，1995 年，第 56—57、64—67、54、33、61、5、6、4 页。

④ 蒙文通说：“中国文化之起于勃海，盛于岱宗，光大于三河。”见蒙文通：《古史甄微》，《蒙文通文集》，卷五，成都：巴蜀书社，1995 年，第 42 页。

⑦ 蒙文通：《古史甄微》，《蒙文通文集》，卷五，成都：巴蜀书社，1995 年，第 39 页。又于第 34 页及第 68 页中，特别强调山东在上古历史之地位，说“上世帝王者，多作都于鲁”，“邹鲁者，既开化最早，中国文化之泉源，而又中国历史文化之重心也”。

后来以嵩山为天下之中者，是都三河之事；以华山为天下之中者，是周人宅丰、镐之事也。整个过程是由东向西移，是“以次由东北而西南，非西北而涉东南”[①]。

《古史甄微》的内容很丰富，不是以上几点所能概括的，不过前述的论点牵涉到两个学界争论不休的问题：中国文化发展究竟是自西至东，还是由东而西的问题。晚清以来，中国“古代文化自西而东”之说甚嚣尘上[②]，但蒙文通在《古史甄微》中表示“我华族之自东而西”，日愈向西南进，而且“非惟汉族，即在夷狄，亦多自东而西”。[③]蒙文通之说也与古来相承的中原中心扩散论相左。自古以来，人们心中所持的多是中原中心扩散的观点，即使到近代，钱穆（一八九五至一九九〇）于一九四〇年出版的《国史大纲》仍然认为“（中国文化）沿黄河两岸，以达于海滨，华夏民族，自虞夏商周以来，渐次扩展以及于长江、辽河、珠江诸流域，并及于朝鲜、日本、蒙古、西域、青海、西藏、安南、暹逻诸境”[④]。但蒙文通以他的三系统证明自古以来的华夏中心扩散说是靠不住的。

而古代三系之史的不同，与三方之学不同、三方之文不同是串联在一起的。蒙文通说纵横、法家，乃三晋北方之学；道家如老庄，辞赋家如屈原、宋玉，都是南人，则辞赋、道家本是南方之学；六经儒墨之流，则是东方邹、鲁之学问。他又说

---

①②③　蒙文通：《古史甄微》，《蒙文通文集》，卷五，成都：巴蜀书社，1995 年，第 33—34、71、34、36、71 页。

④　钱穆：《国史大纲》，《引论》，台北：台湾商务印书馆，1975 年，第 22 页。

古代文章也有三系之不同：他讲西汉文章时，便说刘向、匡衡、董仲舒的文章，是源出于鲁人的六经；邹阳、枚乘、王褒之文，是出于楚人之辞赋；贾谊、晁错、贾山的政论，是出于三晋纵横法家之学说。故西汉文章之变，也是以此三系文化为本。[①]

在世人眼中，蒙文通是一位文化保守主义者，但是他的学术观点往往与当时的新派思想互相参差，不能仅以“保守”或“趋新”截然划分。在《古史甄微》等书中即处处展现出一种批判性眼光。

就史料而言，他尊信非正统史料远过于六经，先是说三晋古史比儒家经典可信，到《古史甄微》时则说“古史奇闻，诸子为详……而六艺所陈，动多违忤，反不免于迂隔……自足见儒家言外若别有信史可稽”。《山海经》《楚辞》等过去认为是齐东野人之语者，实皆可信，“则谓六经之所美刺为实事者陋矣”，并说孟子所驳斥的古史比较可信，孟子所主张的古史反而不可信。在《古史甄微》一书中他大量征引各种前人认为荒诞不经的材料，尤其是大量使用纬书——纬书对他的古史解释起了最关键的作用，因为只有纬书中有五帝各数百年之说[②]，这些恐怕不是抱持传统心态的学者所能完全同意的。

《古史甄微》拆散了古代圣王祖孙一系相传的架构，以不同族系之间钩心斗角的故事取代了三代圣君贤相的旧说，古代的圣君贤相多在非议之列。蒙文通说周文王“率戎以侵中

---

①② 蒙文通：《古史甄微》，《蒙文通文集》，卷五，成都：巴蜀书社，1995 年，第 14、3、105、103、54 页。

国”，又批评周公对殷人过于惨刻，批评孔子为维护贵族世卿之制等，不一而足。[①] 这些论点的震撼力是很大的。蒙氏自己早已觉察到这部书蕴含着前所未有的激烈意义，故形容自己是“而说此非毁尧、舜，讥短汤、武，狂悖之论哉”。[②]

《古史甄微》中有一个主旋律，即三代是“权力”角逐而非“道德”兴盛的时代。它说三代之兴衰皆取决于得失诸侯——“盖五帝三代其得天下则以得诸侯，失天下则以失诸侯”，尤其是说三代之兴皆得“夷狄”之助——“虞、夏禅让，其事多疑”[③]，“虞、夏间揖让之实，其关键乃在得失诸侯也”，即虞、夏君臣之间互相猜防之情是燎然若昭的。虞、夏之间，实兵戈扰壤，生民困厄，经书中所说的“百姓昭明，协和万国，黎民于变时雍”，是一种铺张扬厉之辞。“夫夏之中兴也以东夷，商之兴也以得汉南，周之兴也以西戎，三代之兴，胥资于夷狄也如是”。[④]从此，一个由美德筑成的黄金古代碎裂了，而且恒在变化中，从此平静的黄金古代不再平静了。

《古史甄微》发表之时，疑古之风方盛，古史辨派对于蒙氏拆解古史一元体系，以三皇五帝为后起之说，颇引为同道，但是《古史甄微》中对古史传说中的女娲、燧人氏、伏羲、神农、共工等传说非但不加以摒弃，而且赋予他们特定的历史地位，这些都是疑古派人物所反对的。而且他处处批评古史辨派，反对轻疑古文献，认为许多所谓“伪书”，其所据以作伪

---

①②③④ 蒙文通：《古史甄微》，《蒙文通文集》，卷五，成都：巴蜀书社，1995 年，第 104、2、74、74、76、96、75、81 页。

的材料不必尽伪，他有分别地大量使用《晏子春秋》《孔子家语》等被高度怀疑的文献，即表现出与古史辨派根本不同的态度。[①]

前面已经提到过，在近代中国，最早提出古史多元观的是蒙文通与傅斯年，至于徐炳昶的华夏、东夷、苗蛮三集团之说，则晚至一九四〇年代。[②] 蒙、傅二人一守旧，一趋新，但得出来的结论却有若干相近之处。傅斯年的《夷夏东西说》等文章，虽然出现在《古史甄微》之后，但两者并无沿袭的痕迹，若比较两者可以发现，他们都认为渤海附近、九河故地(禹时九河应在今天山东德县以北至天津、河北的河间一带数百里之地)是中国大陆土地上最早的文明发源地，他们都认为山东是中国古代文明的中心，东夷是古代文明最高、最成熟之种族，他们也都同意中国文化在商、周之前源流既丰富且长久，否则无法解释后来文明之兴盛。[③]

至于华夏一元说的形成，则傅斯年偏向强调历史记忆之塑造，他说哲学家造了一个“全神堂”，把互相斗争的部族和不同时期的酋长或家神都放进这个全神堂中，成为一系相传的人物。[④] 而蒙文通则反过来强调历史记忆遗忘的过程，认为

---

① 蒙文通痛斥疑古派言论者，分见于蒙文通：《治学杂语》，《蒙文通学记》，北京：生活·读书·新知三联书店，1993 年，第 29 页；蒙文通：《中国史学史》《井研廖季平师与近代今文学》，《蒙文通文集》，卷三，成都：巴蜀书社，1995 年，第 265、108—109 页。

② 蒙文通：《古史甄微》，《蒙文通文集》，卷五，成都：巴蜀书社，1995 年，第 13—14 页。

③ 参见 Wang Fan－sen，*Fu Ssu－nien*：*A Life in Chinese History and Politics*，Cambridge：Cambridge Univ. Press，2000，pp. 98－125。

④ 傅斯年：《夷夏东西说》，《傅斯年全集》，第三册，台北：联经出版事业公司，1980 年，第 883 页。

战国以前，三系之传说原甚分明，自吕不韦使宾客各著所闻，集论以为《吕氏春秋》，糅合众说，号为杂家，太史公、淮南子、韩婴、刘向等继之，先秦旧史三系的实况于是归于泯灭。① 记忆与遗忘其实是一体的两面，合记忆与遗忘，乃构成华夏一元之系谱，法国学者雷南（Ernst Renan，1823—1892）就说过："遗忘"是国族塑造过程中所必需的。

六

最后，我想谈蒙文通的"大势变迁论"。蒙文通一生大部分时间都是在现代中国新学术建置——大学中，从事历史研究及教学的工作，他曾说自己在四十岁以后才逐渐将经学丢掉，从另一方面看，也就是说他愈来愈成为一位专业史学家。

作为一位历史学家，蒙文通开展了一种我称之为"大势变迁论"的史观。这个史观包括两个方面。第一，"以明变为宗"，即对任何事物，强调其发展变化之过程，及在这个过程中各种分子之间的交互关系。他强调一种类似比利时史家皮栾（Henri Pirenne，1862—1935）所提倡的看法：历史现象系海水般一波推一波，越推越高，成为波浪，波浪打着不同崎岖的海岸，随着地形的不同，溅起各式各样的浪花；用蒙文通借自孟子的话说

① 蒙文通：《古史甄微》，《蒙文通文集》，卷五，成都：巴蜀书社，1995 年，第 13—14 页。

是"观水有术，必观其澜"。[①] 第二，任何事物，都不可以孤立地看，而必定要联系到社会、政治、文化等各个层面来观察，用他的话说是"事不孤起，必有其邻"[②]。"观水有术，必观其澜"是纵向的大势变化，"事不孤起，必有其邻"，则是横向的观照全局，综合两者，便是蒙文通所常说的"全、变、深"。[③]

此处先谈"观水有术，必观其澜"，蒙文通这方面的言论很多，此处仅引几条：

> 文化由层积而兴。[④]
>
> 夫学安有不百年积之而可一朝偶致者耶。[⑤]

蒙文通的历史解释经常扣紧这个观点，主张讨论某一件史事时，总要往前推很长一段时间，以见波澜是起伏曲直的历史长流所堆叠汇聚的结果。如他对道教的解释，充分掌握发展变化之关系；又如他说李冰作都江堰"深淘滩、低作堰"的原理，必定是长期积累经验而成，而非李冰所能短期提

---

① 龚谨述：《蒙文通先生传略》，《蒙文通学记》，北京：生活·读书·新知三联书店，1993 年，第 191 页。

② 蒙文通：《评学史散篇》，《蒙文通文集》，卷三，成都：巴蜀书社，1995 年，第 403 页。

③ 朱瑞熙：《文通师论宋史》，《蒙文通学记》，北京：生活·读书·新知三联书店，1993 年，第 179 页。

④ 蒙文通：《中国史学史》，《蒙文通文集》，卷三，成都：巴蜀书社，1995 年，第 263 页。

⑤ 蒙文通：《井研廖季平师与近代今文学》，《蒙文通文集》，卷三，成都：巴蜀书社，1995 年，第 107 页。

出。[1] 如他讲朱子(一一三〇至一二〇〇)时，认为一个时代有“离心力”与“向心力”两种力量，从南宋到元，朱子的地位特别高，并不是因为朱子学问超越古今，而是从中唐以来离心力强，到南宋向心力增强，所以经元代一直到明代，把朱子的地位抬高了。他讲王安石(一〇二一至一〇八六)变法也不侧重个人，而侧重历史大势变化之必然性。[2]

“大势变迁论”的另一个附带意旨即发展变化说。我个人特别注意到蒙文通讲宋明理学时所持的一种发展变化观点。他在《致张表方书》《致郦衡叔书》《答洪廷彦》[3]中区分古代言性之两派，一为“先天(预成)论”，一为“发展变化之论”。他说儒家之学，“自周易以下迄宋明，皆深明于变动之说，惟于发展之义则儒者所忽”。他说宋儒认为人之初生，性原为善，复原反本，即为圣人，基本上是对孔、孟思想的误解。朱学末流之弊是即物穷理，王学末流之弊是满街尧舜，而这看似相反的两派其实都是深入“先天预成论”后所产生的毛病。他到20世纪50年代开始想着手阐发陈确(一六〇四——一六七七)以下的一派人物的思想，便是想用发展论来补救宋、明人“先天预成论”式的性善说。陈确主张应该把性想象成是种子，

① 蒙文通：《治学杂语》，《蒙文通学记》，北京：生活·读书·新知三联书店，1993年，第37—38页。

② 以上分见朱瑞熙：《文通师论宋史》，《蒙文通学记》，北京：生活·读书·新知三联书店，1993年，第179—180、177页。

③ 以上三封信见蒙文通：《古学甄微》，《蒙文通文集》，卷一，成都：巴蜀书社，1995年，第155—164页，引文见第155页。

而不是想象成宝珠，既然是种子，则要经过种植栽培，日日发展才能成长，一如人之有赖于修养，“由晦而明，由弱而强，犹姜桂之性老而愈辣，非易其性，特益长而益完”。

至于“事不孤起，必有其邻”，我要引他的两段意味深远的话来说明：

> 研究历代的兵制，要“从经济上考察”。[①]
>
> 文化的变化，不是孤立的，常常不局限于某一领域，因此必须从经、史、文学各个方面来考察，而且常常还同经济基础的变化相联系的。[②]

他深入梳理“历史事件的互相联系的关系”[③]后所做的研究和论断相当多，此处仅举两例。蒙文通常常谈起唐代中期及明代中期两个大变化，前者开启宋代新儒学，后者开启清代学术。对于前者，他说“事不孤起，必有其邻，有天宝、大历以来之新经学、新史学、新哲学，而后有此新文学(古文)”[④]，譬如褒贬义例编年通史之学，“在唐为异军突起，盖亦为新学术的反映，而与古文、经学之变同时发生”。但他强调从唐到

① 朱瑞熙：《文通师论宋史》，《蒙文通学记》，北京：生活·读书·新知三联书店，1993年，第182页。

② 蒙文通：《治学杂语》，《蒙文通学记》，北京：生活·读书·新知三联书店，1993年，第33页。

③ 蒙文通：《中国历代农产量的扩大和赋役制度及学术思想的演变》，《古史甄微》，《蒙文通文集》，卷五，成都：巴蜀书社，1995年，第372页。

④ 蒙文通：《评学史散篇》，《蒙文通文集》，卷三，成都：巴蜀书社，1995年，第403页。

五代，这一新学术都没有能够成为学术界的主流，一直到宋仁宗庆历以后才勃然兴盛，此后无论朝野都是它的天下。[①] 他在讨论明代中期的大变化时说："如明代中叶正德、嘉靖以来，学术界就已逐步发生变化，产生了一个反对宋人传统的新风气，提出文必西汉，诗必盛唐，不读唐以后书的口号，从文学首先发动，漫衍到经学、理学等各个学术领域。王阳明正是在这一风气下起而反对朱学的，李贽也是从这一风气接下来。"[②] 同样地，这个风气在明代未能占优势，到清代才成为主流。[③]

七

在讨论过蒙文通的古史多元论及大势变迁论之后，我想对其工作的价值意涵做一评估。蒙文通在民国学术界通常被归纳为文化保守主义者，他在北大执教不久即未获再聘[④]，主要是与当时的新派在文化观点上的重大差异，使得两者不可能水乳交融。

---

① 蒙文通：《中国历代农产量的扩大和赋役制度及学术思想的演变》，《古史甄微》，《蒙文通文集》，卷五，成都：巴蜀书社，1995 年，第 369、372 页。

② 蒙文通：《治学杂语》，《蒙文通学记》，北京：生活·读书·新知三联书店，1993 年，第 32 页。

③ 蒙文通：《中国历代农产量的扩大和赋役制度及学术思想的演变》，《古史甄微》，《蒙文通文集》，卷五，成都：巴蜀书社，1995 年，第 374 页。

④ 钱穆的《师友杂忆》中曾经对蒙文通在北大执教不久便未再获聘书做以解释，他说是因为蒙先生上课时学生听不懂他的口音，又从不曾到胡适府上拜访之故。见钱穆：《师友杂忆》，台北：东大图书公司，1983 年，第 156 页。

不过，我们应该对“文化保守主义者”与“守成主义者”略加区分。近代的文化保守主义者并不是守成主义者，前者是多少受到近代西方文化的洗礼然后回过头去尊儒，后者是要以传统的见地来尊儒。故近代的文化保守主义者常常微妙地修改传统的文化体系，一方面与新派对抗，一方面用自己的方式捍护旧的价值系统。钱穆与蒙文通显然属于前者。

但是由廖平到蒙文通，捍卫传统的方式显然是有所不同的。经学家的廖平要把“理想”与“事实”合一，要把“研究”和“应用”合而为一，要用经学指导人们未来“应该”如何。作为一位史学家，蒙文通在晚年的《孔子和今文》中批评他的老师廖平“虽然把理想的制度保全了，但却把真正的三古制度搞得混乱了”。[①] 从“理想”到“事实”之间，蒙文通走了漫漫长路，他的成名著作旨在呈现历史“事实”，把一个用美德筑成的黄金古代拆散了，但是作为一位文化保守主义者，他仍不忘保全某种程度的理想价值。在放弃了经学式的信仰，在菲薄圣人讥短汤武之后，他仍然回过头来，以一位现代史学家的身份重新估定儒家的价值。

蒙氏在评价古代思想之后，仍以鲁学为正宗，以儒家之学为正宗，《古史甄微》认为“《庄》、《老》沉疴，若在膏肓，荀、韩所陈，有同废疾，思孟深粹，墨守无间，必读而辩之，而后知东方文化中之东方文化，斯于学为最美”[②]。

---

① 蒙文通：《孔子和今文学》，《蒙文通文集》，卷三，成都：巴蜀书社，1995 年，第 176 页。

② 蒙文通：《古史甄微》，《蒙文通文集》，卷五，成都：巴蜀书社，1995 年，第 15 页。

对于古代历史，他极力反对康有为的上古之世茫昧无稽之说，而主张远古文化，既久且高，如三代文化皆甚朴陋，则春秋战国文化不可能如此之盛。①

即使蒙文通逐渐放弃了经学专业，也并不表示他抹杀了经学的特色，他反对以西方学术之分类、衡量、划分经学，故说：

> 自清末改制以来，昔学校之经学一科遂分裂而入于数科，以《易》入哲学，《诗》入文学，《尚书》、《春秋》、《礼》入史学，原本宏伟独特之经学遂至若存若亡，殆妄以西方学术之分类衡量中国学术，而不顾经学在民族文化中之巨大力量、巨大成就。②

他心目中的“经学”非史学，非哲学，非文学，集古代文化之大成，为后来文化之先导，是具有法典性质的宏伟独特之学。我还必须在此强调，虽然本文追索蒙氏“经学→史学”的发展历程，但以蒙文通的整体学术而言，史学只是他的主要工作之一，而不是全部。蒙氏属于通儒一辈，主观上并不以专家自限，其根本关怀，还是儒学整体。

由先前的讨论可以看出，在尊重传统的大方向上，蒙文通与廖平之间并无太大不同。不过，廖平原先是为了尊孔而拆散一元的旧架构，在蒙文通则用“种族—地理—文化”的观

---

① 蒙文通：《中国史学史》，《蒙文通文集》，卷三，成都：巴蜀书社，1995 年，第 263 页。

② 蒙文通：《论经学遗稿三篇》，《蒙文通文集》，卷三，成都：巴蜀书社，1995 年，第 150 页。

点把它们重构成一个非毁周、孔，讥短汤、武的古史多元论。廖平用他独特的经学体系支撑起一个庞大的价值系统与西方对抗，但置身于现代学术社群中的蒙文通不像老师般那么自由，他的史学工作必须在现代史学社群中受到检验，他只能是历史主义式的，就历史上的儒家在当时的历史情状中所值得肯定的部分加以阐发。前者可以任意建构包罗广大的系统，后者只能守住几根梁柱；一个是经学或哲学地肯定传统文化，一个是历史地肯定传统文化。

西方基督教神学体系在逐渐被侵蚀瓦解之后，西方思想界发现他们不再有基督教神学体系所提供的那些坚定不移的大经大法作为依据，故十八世纪启蒙史家走的是一种所谓“反历史的历史研究”方式，即不顾个别历史事实，不顾实际历史的差异性，从古往今来的历史事件中抽离出一些普遍的通则，伏尔泰(Francois - Marie Arouet Voltaire，1694—1778)、康多塞(Marquis de Condorcet，1743—1794)等人的历史著作即为显例。[①] 中国在经学思维衰落之后，随之而来的也有一度是伏尔泰、康多塞式的，寻找普遍公理公例的启蒙史学(如梁启超等)，不过这一史学潮流持续不是太久。从一九三〇年代起左翼史学比较带有寻求新大经大法的意味，然而学术界里占主流地位的是带有实证主义色彩的客观史学，如何在史学中找出大经大法并不是他们主要的关怀。

① 见 Carl Becker, *The Heavenly City of the Eighteenth - Century Philosophers*, chapter 2 & 3。

大体而言，由经学到史学，在价值层面上发生深刻和广泛的转变。经学思维提供的是恒常不变的、确定性（certainty）的价值，但在现代史学思维中，世界恒在“变迁”中，所以，任何价值都是特定时代、特定环境下的产物，既然史学的首要任务是探求个别历史事实（facts）的真相，而且所有东西都被“历史地”研究，故放诸四海而皆准的通则不再是关心的重点，当然也严重地冲击了“大经大法”式的思维。因此，后经学时代显然留下巨大的价值空白，至少，也逼迫人们去思考是不是还可以用其他方式去重建确定的、恒常的价值系统。

历史的思维常常左右了人们对现实生活的思考。近代的古史研究一方面质疑谁是“中国”、谁是“华夏”，一方面质疑了黄金古代，当圣君贤相揖让而治的世界被赤裸裸的权力斗争所取代，人们看待人生万物便很难再持传统的眼光——人类是生活在一个永远竞逐、流动、变化的世界，古代如此，现代亦如此。以上种种有关价值系统的问题，是讨论近代中国由传统经学过渡到现代史学时所应该继续探讨的议题。①

① 本文原发表于《历史研究》，2005 年第二期，第 59—74 页；修改后收入蒙默编：《蒙文通学记》（增补本），北京：生活·读书·新知三联书店，2006 年 11 月，第 271—302 页。

什么可以成为历史证据

——近代中国新旧史料观点的冲突

史学史的研究至少应该包括两个层次，一方面是研究史学意识的发展，另一方面是史家们实际上如何做研究。因为出现在史学方法论教科书上的并不一定反映在实际工作的层次。把过多的注意力放在里程碑式的宣言，而忽略了在实际研究工作中眼光及方法的转变，其实有所缺憾。

关于傅斯年(一八九六至一九五〇)及他所创立的历史语言研究所——中国近代历史上第一个专业的史学研究机构——已经有相当多的研究。不过包括我自己在内，在研究傅斯年时，不知不觉地出现了一种“本质主义”的倾向，把太多注意力放在《历史语言研究所工作之旨趣》(以下简称《旨趣》)一文的解析，而对《旨趣》一文的讨论，又过度关心傅氏及他所领导的史语所究竟可以归诸西方哪一学派。一般认为，傅斯年所倡导的是德国的兰克史学，不过我们需要注意的是：傅斯年一生只提到兰克(Leopold von Ranke，1795—1886)两三次，他的藏书中没有任何兰克的著作，而他留学英德两国，并非专修历史；傅斯年在英、德的求学生涯，主要的精力是了解西方学术整体发展的情形，所以他的藏书几乎包括当时西方学术的每一个方面，这使他不曾得到任何学位，但也使他可运用各种工具治史。[①] 本文想探讨的是他在实际领导史语所展开工作时，究竟如何实践他所谓的新史学，还有新学术的社会条件、新学术与“国家建构”(state - building)，以及新学术与晚清至民国以来政治社会问题的纠缠。

一、对旧史料观的反省

傅斯年以“史学就是史料学”一语闻名。至今，许多人仍将他所创立的史语所称为“史料学派”。这样的标签不一定正确，不过，它反映出“史料”确实在他所提倡的新史学中居相当核心的地位。讨论傅氏新史料观时必须强调几个前提。第一，傅氏领导同时代中与他有相近史学观点的新学者以实践其新史学，他把这一群人从各个地方找来领导史语所的相关各组，从事“集众式的研究”。第二，傅斯年等人所展现的一些史料观点，先前不是完全没人提到过，但是出现在讨论史

---

① 关于傅斯年藏书中无兰克著作一事，参看 Wang Fan - sen, Fu Ssu - nien: *A Life in Chinese History and Politics*, Cambridge: Cambridge University Press, 2000, pp. 62 - 63。傅斯年在英留学的记录中并无史学方面的课程，在德正式修课的记录，见王汎森、杜正胜主编:《傅斯年文物资料选辑》，台北：傅斯年先生百龄纪念筹备会，1995年，第 53 页。

学方法的文章上的论述，不一定展现在史学家日常的实践中。第三，以集体的力量搜寻新史料成了一般口号，形成了一种集体的自觉，而不仅止于是个人的嗜好，也是自此开始。第四，讨论新史料观必须了解旧史料观是什么，这必牵涉到两方面的问题：一、传统学者认为什么是学问？知识的最后标准是什么？包括哪些范围及内容？二、传统学者们认为什么可以作为史学的“证据”？对文字资料的“迷恋”（obsession），以及学术带有“古董化”倾向两点，是新学者对旧史家的主要批评。而所谓“旧史家”常常是指清儒或是受清儒影响的学者。

相对于明儒，清儒对“知识”与“证据”的看法相当不同，心学笼罩下的知识分子基本上认为“心”才是知识最终的来源与根据，但清儒认为记载在经书上的文献知识，才是知识的根源。此外所有相关的文献及实物，包括子书、佛藏、道藏等，都是经学之附庸。或许它们后来获有独立的地位，甚至“婢作夫人”，但至少在一开始及相当长的时期内都只是经学的婢女而已。[①] 所以如果以什么是“事实”（fact）、什么是“重要”（important）作为标准，那么在清代，经书的研究大抵即兼为“事实”与“重要”。

但是在经典考据学发展的过程中，也逐渐形成“求其古”

① 关于这一点，胡适在《〈国学季刊〉》发刊宣言》及《治学的方法与材料》中已详述。见《胡适文存》，台北：远东出版社，1990 年，第三辑。

与“求其是”两派。前者以吴派为主，强调追寻最古的经典注疏。[①] 因为西汉的注疏最古，最接近孔子及其弟子们活动的时期，吴派学者认为，如果能将它们好好地整理出来，可以对儒经的原始面貌有最直接的了解。另一派主张“求其是”，以皖派为代表。他们主要认为古儒家亦是一个固定不移之物，故不分解与变动，他们想在各种诠释中寻得一个最恰当的解释。在清代，一般学者中推崇“求其是”一派胜过“求其古”一派，那是因为清儒最关心的是如何对经书求得一个最合于圣人本意的了解，而不是每一代人如何了解圣人。到了民国时代，经书的神圣地位动摇了，开始有人认为，如果以历史发展的眼光看，“求其古”一派更有胜处，因为他们至少不会将不同时代的诠释混在一起，“求其古”一派所整理的历朝经解，其实即是等于历朝的学术史料，譬如他们所辑出的汉代经解，即是汉代学术史材料。[②]也就是说，经过他们的手，一层一层的史料被梳理清楚了。

清代在唯六经三史是尚的研究典范下，所用的方法及材料偏向内循环，基本上是从文字到文字，从文献到文献，间有实物的研究，也是为了佐证或厘清文献里的记载，尽可能地将它与六经三史或与文字史料相联系，所以重视的是铭文、著录之校勘，以及传递源流等等，而不大留意实物还可以告诉我们什么其他的知识。在这样一个典范中，所重的是功力，

---

①② 傅斯年：《性命古训辨证》，《傅斯年全集》，第二册，台北：联经出版事业公司，1980 年，第 501—502 页。

而不是理解；所重的是如何在文字证据中做考证与判断，而不是去开发文字以外的新史料。但是，从文献到文献的过程中，即使下了极大的功夫，累积了极深厚的功力，许多问题还是无法得其确解。继承山东考据学大家许印林（一七九七至一八六六）之绪余的金石及古史家王献唐（一八九六至一九六〇）就批评清儒是“古董式之学术”：

> 献唐昔年治学，颇摭拾乡先辈许印林先生绪余，以音求义，又以义求音，其术殆出于高邮，盖印林为伯申先生弟子故也。近岁渐悟清人所治声音训诂，多为死音训诂，古自古，今自今，结果只造成一种古董式之学术，供人玩赏而已。①

王献唐所感叹的，也正是后来李济（一八九六至一九七九）等人所感叹的——经过有清三百年，学术是“古董式之学术”。这是一群既深悉清儒的工作，又受到现代学术洗礼的新学者提出的反省。大概在一九二〇年代至一九三〇年代，中国一群领导性的史学家不约而同地提出新的反省，他们对史料的态度有一个革命性的变化，这些人包括胡适（一八九一至一九六二）、傅斯年、顾颉刚（一八九三至一九八〇）、李济等。他们的文字分散各处，如果稍加比辑，可以发现一个认识论上的改变。首先，对这一代人而言，传统的权威已经几

① 引自山东大学历史系张书学等：《新发现的傅斯年书札辑录》，未刊稿。

乎倒塌了，所以六经在他们看来都只是史料了——是供人研究的材料，而不是让人寻求治国平天下的大道理之所在。在这个前提之下，他们同时也提倡一种历史发展的观点，也就是平等看待每一时代学术思想材料的价值，不再以为只有那最高点才有价值。

在历史发展式的史料观之下，注意力不再局限在那最高的一点。每一时代，甚至每一阶层的人所留下的史料都有相等的价值，所以产生了蔡元培（一八六八至一九四〇）所形容的“平等的眼光”。“平等的眼光”有多方面的作用，它解放了以经学为正统的旧局，同时在史料的范围及意义上也有扩充。既然是平等看待每一时代，平等看待每一阶层的历史，治史的问题及史料的范围便前所未有地扩大了。

首先谈胡适对旧史料观的批评。胡适在一九二三年的《〈国学季刊〉发刊宣言》中表达了他对清儒经书中心主义之不满：

> 他们脱不了“儒书一尊”的成见，故用全力治经学，而只用余力去治他书。①
>
> 三百年的心思才力，始终不曾跳出这个狭小的圈子外去！②

他们排斥“异端”，他们得着一部《一切经音义》，只认得

①② 《胡适文存》，第二辑，台北：远东出版社，1990 年，第 4 页。

他有保存古韵书古词典的用处；他们拿着一部子书，也只认得他有旁证经文古义的功用。他们只向那几部儒书里兜圈子；兜来兜去，始终脱不了一个“陋”字！[1]

胡适也指出受清儒影响的学者有“古董家的习气”，也就是不管任何学问，皆注意最古的东西，而忽略其余：

> 近来颇有人注意戏曲和小说了；但他们的注意仍不能脱离古董家的习气。他们只看得起宋人的小说，而不知道在历史的眼光里，一本石印小字的《平妖传》和一部精刻的残本《五代史平话》有同样的价值……[2]

在一九二八年九月所写的《治学的方法与材料》中，胡适批评清儒的史料观，认为这三百年间的学术“方法虽是科学的，材料却始终是文字的”，“故这三百年的学术，也只不过是文字的学术”[3]，是“纸上的学问，纸上的工夫”，“文字的材料有限，钻来钻去，总不出这故纸堆的范围，故三百年的中国学术的最大成绩，不过是两大部《皇清经解》而已”[4]。纸上的材料只足以形成一种内循环——“纸上的材料本只适宜于校勘训诂一类的纸上工作，稍稍逾越这个范围，便要闹笑话了”[5]。

---

①② 《胡适文存》，第二辑，台北：远东出版社，1990 年，第 6、9 页。

③④⑤ 《胡适文存》，第三辑，台北：远东出版社，1990 年，第 111、115、120 页。

最有意思的是，对他们形成最大挑战的是西洋汉学家如高本汉(K. Klas Benhard，1889—1978)。这恐怕是因为西洋汉学家所治的问题常与乾嘉诸儒相似，而以不通中国之人竟能在几年之间胜过三百年汉学家之成就，使得他们大为惊叹。胡适便说高本汉“有西洋的音韵学原理作工具，又很充分地运用方言的材料，用广东的方言作底子，用日本的汉音吴音作参证”。用了几年工夫便可以推倒顾炎武(一六一三至一六八二)以来三百年的中国学者的“纸上工夫”[①]。他的结论是学者向来所认为纸上才能解决的学问，如今都要“跳在故纸堆外去研究了”[②]。

接着谈傅斯年。傅斯年的史语所工作《旨趣》，与胡适《治学的方法与材料》对史料的看法几乎是一样的，这两篇文章看不出有互相影响的痕迹。傅斯年在这篇文章中表达对局限于纸上的文字史料的不满，故主张要“上穷碧落下黄泉，动手动脚找材料”。他提到“一种学问能扩张他研究的材料便进步，不能的便退步”。[③] 要无限扩大史料，故说“能利用各地各时的直接材料，大如地方志书，小如私人的日记，远如石器时代的发掘，近如某个洋行的贸易册”[④]，“近代史学所达到的范域，自地质学以至目下新闻纸”[⑤]。

傅氏更直接地表示说要“改了‘读书就是学问’的风气”[⑥]，

---

①② 《胡适文存》，第三辑，台北：远东出版社，1990年，第120—121、121页。

③④⑤⑥ 《傅斯年全集》，第四册，台北：联经出版事业公司，1980年，第1305、1304、1301、1314页。

又说“西洋人作学问不是去读书，是动手动脚到处寻找新材料，随时扩大旧范围”。他说“如神祇崇拜、歌谣、民俗、各地各时雕刻文式之差别，中国人把他们忽略了千百年，还是欧洲人开头为规模的注意。零星注意，中国向来有的”。[①] 他甚至宣称“我们不是读书的人”[②]这大概是他那一代人对史料问题最决绝的一句话。

顾颉刚并未多讨论史料问题。不过，他于一九二五年已经公开说“凡是真实的学问，都是不受制于时代的古今、阶级的尊卑、价格的贵贱、应用的好坏的”，“是一律平等的”，“在我们的眼光里，只见到各个的古物、史料、风俗物品和歌谣都是一件东西”。[③] 所以他于一九二七年为中山大学图书馆所计划搜集的东西广及十六类，其中有许多是旧经史家决未想见的。[④]

至于李济，他是一个考古学家。他在一九二八年十二月演讲《中国最新发现之新史料》时，强调“就历史这学问的立场而论，不与古董客一样，材料不在完整大个，大小是同等价值的”。[⑤] 李济发现清代虽是古学最发达的时代，可是如果以现代学术的眼光去看，许多方面比宋儒还落后。他在几十年

①② 《傅斯年全集》，第四册，台北：联经出版事业公司，1980 年，第 1306、1312 页。

③ 顾潮：《顾颉刚年谱》，北京：中国社会科学出版社，1993 年，第 119 页。

④ 顾潮：《顾颉刚年谱》，北京：中国社会科学出版社，1993 年，第 141 页。这批东西包括经史子集及丛书、档案、地方志、家族志、社会事件之记载、个人生活之记载、账簿、中国汉族以外各民族之文籍、基督教会出版之书籍及译本书、宗教及迷信书、民众文学书、旧艺术书、教育书、古存简籍、著述稿本、实物图像。

⑤ 李济：《中国最近发现之新史料》，台北《“国立”中山大学语言历史学研究所周刊》，第五集五十七、五十八期，1928 年，第 3 页。

后曾以北宋吕大临(一〇四〇至一〇九二)《考古图》(一〇九二)的记载与清末端方(一八六一至一九一一)的《陶斋吉金录》(一九〇八)这两部金石学的里程碑著作相比，发现就铜器的出土地一项而言，前者远比后者详细。八百年来的士大夫似乎变得愈来愈不了解出土地是研究青铜器的重要材料。吕大临所定下的一些研究吉金的基本规则逐步被忽弃，只剩下最学究味的工作，对实物的研究被题跋所取代，客观地了解被古董趣味的欣赏所凌驾。①

当以上这些新学者提出种种不满时，其实也在批评同时代的旧学者，因为后者与清代学者的心态基本上没有太大的不同，依然牢守几种旧观点：第一是经书中心主义；第二是对文字史料的过度迷恋，忽略实物，即使在面对实物时，也贵鼎彝而忽略日常使用的器具，对铭文题记的重视也代替了对实物的研究，而且往往注意文字学的研究而非历史学的研究；第三是沉迷于搜求宋版书。

新旧史料眼光之扞格，造成了一些隔膜与冲突。首先我要以和本文没有直接关系的一则事例开始。顾颉刚于一九二七年抱着十六大类史料的目标出发前往各地购书时，他发现整个图书界基本上仍笼罩在以六经三史为中心的史料观中，全中国的书商与旧藏书楼“正统派的气息”极重。② 所以，他想

---

① 李济：《中国古器物学的新基础》，收入《李济考古学论文选集》，北京：文物出版社，1990年，第60—61页。

② 顾颉刚语，见顾潮：《顾颉刚年谱》，北京：中国社会科学出版社，1993年，第165页。

买的与书商们所提供的，形成极讽刺的对比：

> 就是我志在为图书馆购书，而他们则只懂得正统派的藏书。他们心目中以为可藏的只有这几部，所以送来的书重复太多，一也。我所要的材料，他们以为不应买，所以不肯(实在也不会)替我去搜集，使得我不能完全达到我的计划，二也。①

在图书市场上所遇到的新旧眼光之矛盾，同样也出现在档案的买卖以及考古发掘中。以下我便想以傅斯年创所初期主持的两件最重要、影响最深远的工作为例，从细微之处勾勒出两代人史料眼光之不同及更迭的情形。有意思的是这两件事发生在一九二八年、一九二九年，只比顾颉刚为中山大学搜集史料的时间稍晚一点而已。

二、明清档案

史语所初创时，傅斯年搜集史料的方式及眼光便引起同时代人相当的注意。② 傅氏是以集团的力量到处寻找材料，这一点，在此前当然也有，譬如北大国学门便有这类活动，但大体而言，在当时中国并不普遍。史语所创所之初便派出三

---

① 顾颉刚语，见顾潮：《顾颉刚年谱》，北京：中国社会科学出版社，1993年，第143—144页。

② 钱穆：《师友杂忆》，台北：东大图书公司，1983年，第146页。

支队伍，进行云南人类学知识初步调查、泉州调查、川边人类学调查[①]，但实际成就不大。明清内阁大库档案及殷墟发掘则是当时较为成功的两件大事。

有关史语所购买明清内阁大库档案的过程，已有许多相关的论述做过巨细靡遗的考论[②]，所以此处不拟再花笔墨讲述整个故事。为了说明新旧两代史料观的不同，此处只对相关处扼要地加以叙述。

一九〇八年冬，光绪皇帝及慈禧太后相继去世，宣统嗣位，醇亲王监国，令大臣于内阁大库中检取清初摄政典礼之旧档而不得，故上奏说库档无用，请求准予焚毁，并且得到准许。海宁章梫（一八六〇至一九四九）偶于库书中得到宋人玉牒残页，影照以呈张之洞（一八三七至一九〇九），张之洞遂持之请教罗振玉（一八六六至一九四〇）。罗振玉表示这即是《宋史·艺文志》所提到的文献。罗氏认为内阁大库是明代文渊阁故址，则其中藏书必多，请张之洞询问其阁僚，果然发现有文渊阁所藏残破旧书。“乡人（罗振玉）乃以文渊阁书目进，且告文襄，宜归部保存，备将来贮之图书馆。文襄以为然。乃委员检查，且命乡人时往相助。乡人于庭中见红本高

① 这三支队伍的相关史料在史语所公文档案中。

② 如徐中舒（1898—1991）：《内阁档案之由来及其整理》，收入《明清史料》甲编首本，台北：台湾“中研院”历史语言研究所，1972 年再版，第 1—14 页；《再述内阁大库档案之由来及其整理》，《中央研究院历史语言研究所集刊》，第三本四分册（1933 年），第 538—571 页。刘铮云：《史语所明实录校勘与内阁大库明清档案的整理》（两岸古籍整理学术研讨会，1996 年）。

若丘阜，结束整齐。既询知为奏毁物，大骇。亟言于文襄，谓是皆重要史料，不当毁弃。遂与会稽司长任丘宗梓山树楠谋，装为八千麻袋移贮部中，已又移贮南学敬一亭”[①]。此中最可注意者，以张之洞这样的硕学大僚，又是《书目答问》的作者，对此等史料之价值并不能了解，所以并不能察知准备毁弃的高若丘阜的红本是重要史料。这其实相当准确地反映了清代儒者的知识观及价值观。

由于这批档案是比较残破不完整的，所以被移置午门，无人看管。在张之洞建议不要将之毁弃之后，有不少官员或因职务或因私人理由陆续前来察看。官员自然不是学者，所以他们不一定用史料的观念来看待这堆档案，但他们之中不乏有浓厚学术兴趣的学士大夫，即使如此，来来往往的人都只注意夹杂在其中的宋版书或宋版残页[②]，退而求其次，也是明版书。所以一旦发现在这堆档案中找不到上述东西时，便认为它的价值已尽，可以任意处置了。清季最有名的藏书家之一傅增湘(一八七二至一九四九)前来踏勘之后，便因再三

---

① 甘孺：《永丰乡人行年录》，南京：江苏人民出版社，1980年，第32—34页。

② 宋版书的价值是多方面的。在学术上，清代嘉道年间的版本大家黄丕烈(1763—1825)、顾千里(1766—1835)的话可以作为一代表。黄氏认为书愈旧愈佳，即最先刻者为佳，说明刻不如元刻，元刻不如宋刻。顾千里甚至说宋本书无字处亦好。论其市场价值，则在明末即以页论价，汲古主人毛晋(1599—1659)便曾榜于门曰：“有以宋刻本至者，门内主人计页酬钱，每页出二百，有以旧钞本至者，每页出四十。”抗战前浙江图书馆收宋刻《名臣碑传琬琰集》，是建本，乃所谓宋本之最下者，每页价达银元五枚(张舜徽：《中国古书版本研究》，收入《中国古籍研究丛刊》，台北：粹文堂书局，第36—38页)。

搜寻不再发现宋版书之后，认为它已经毫无价值。[①] 总之，他们视书本文献之价值高过一切，所以对于档案，尤其是残破的档案，还不能敏感到其学术重要性。最后这堆档案被卖到纸厂做“还魂纸”。

真正能以较具现代史学之眼光审视这一批档案的，仍是在近代史料学中极具关键地位的罗振玉。他从纸行手上抢救了这一批档案，并且从中择取了一些比较重要的，刊成《史料丛刊初编》。[②] 但是，当这批档案辗转卖到另一位当时中国有数的大藏书家李盛铎（一八五九至一九三七）之手时，李氏所最留心的，仍是想从中找出宋版书。前有傅增湘，后有李盛铎，可以看出清代学者的注意力被价值昂贵的宋版书所盘踞

① 李光涛（1897—1984）：《明清档案存真选辑》（台北：台湾“中研院”历史语言研究所，1959 年）的《序》说：“及至傅增湘氏来长教部，他本是富有藏书的名人，所以他很关心这八千麻袋，以为麻袋里定有好的宋版书‘海内孤本’。有一天，他就发一个命令，第一次先搬了二十个麻袋到教部西花厅倒在地上试行检查。……前后两次检查的所获，大概是贺表、黄绫封、题本、奏本，题本以小刑名案子居多。至于宋版书，有是有的，或则破烂的半本，或是撕破的几张……也有清初的黄榜，也有实录的稿本，还有朝鲜的贺正表，也是其中之一宝。而他们对于这些发现比较，最感兴趣的，便是宋版书。于是傅氏更要大举整理了。……那时整理的方法，据原来参加这项工作后来又充当历史语言研究所整理档案工作的工友佟荣说，当初这些东西从麻袋里倒出来的情形大概都是整大捆的居多，这样的自然也用不着什么整理，只需将一捆捆的提出来堆在一起便算了事。最奇怪的，就是当时整理的工友也不知道是奉到什么人的命令，大家都一致认真的在尘埃和乱纸中拼命的去找宋版书。当然，工友们也不是版本家，宋版不宋版全无分别，但是只要能够找出书册一本，便会现金交易，立时赏以铜元四十大枚（等于银元二角），其余的乱纸自然也就视同废纸了。”（第 1—2 页）

② 按，《史料丛刊初编》的《天聪朝奏疏册》系转录而来，非内阁大库原档，见李光涛：《序》，《明清档案存真选辑》，台北：台湾“中研院”历史语言研究所，1959 年，第 6 页。

的情形。

当李盛铎透露要卖出这批档案时，史语所很快地在陈寅恪(一八九〇至一九六九)的主导下进行购买。在洽购的过程中，民族主义的情绪是一个重要的力量。当时满铁及哈佛燕京社皆挟有巨资，而史语所的经费则非常困难，陈寅恪在给傅斯年信促请中央研究院买下时，便屡屡说出重话。譬如说：

> 观燕京与哈佛之中国学院经费颇充裕，若此项档案归于一外国教会之手，国史之责，托于洋人，以旧式感情言之，国耻也。①

从史语所与李盛铎往复商洽的过程中，亦可以再度看出不同学术眼光之间的更迭。当交易将定未定之际，李盛铎表现出他所挂念不置的，仍然是将来万一在这八千个麻袋中继续发现宋版残页，仍应归他。② 在这个关键性时刻，陈寅恪在一九二九年三月十日写信给傅斯年，从其中可以看出新一代史学家所看重的是完全不同的东西。陈寅恪说：

> 此档案中宋版书成册者，大约在历(历)史博物馆时为教育部人所窃，归罗再归李以后，则尚无有意的偷窃。……又我辈重在档案中之史料，与彼辈异趣，我以为宝，彼以为无用之物也。

---

① 1928年3月2日函，在“史语所公文档案”(以下简称“公文档”)元字第四号卷中。

② 见陈寅恪1928年12月27日致蔡元培、杨铨、傅斯年函中，在同前号卷中。

> 这封信中“我辈重在档案中之史料，与彼辈异趣，我以为宝，彼以为无用之物”等句，最能点出两代学者眼光之差距。[①]

陈、傅这一辈新学者重视档案有两层原因：第一，与他们在欧洲，尤其是德国所受重视历史档案的熏陶有关。兰克便以大量使用教廷的外交档案著称。当他们在德国时，编辑档案史料出版的工作始终大量进行着，尤其是德国中古史的相关档案。[②] 傅斯年本人的藏书中便有这一类的书籍。他们极度强调第一手史料。傅氏在《旨趣》中这一方面的话很多。陈寅恪在一封给傅氏的信中也说：

> 盖历史语言之研究，第一步工作在搜求材料，而第一等之原料为最要。[③]

第二是他们幼年时代受晚清革命宣传影响，认为清代官书实录经过历朝改窜，极不可信，所以他们寄极大希望于这一批档案，甚至在心理上假设会有石破天惊的新发现。一九二八年九月，傅斯年致蔡元培院长要求购买档案的信中充分透露出这一份心情：

---

① 张之洞、傅增湘、李盛铎等人当然不是严格意义上的史学家，但在他们的时代中，严格意义上的史学家并不多。

② 当时德国出版档案情形，见 James Thompson，*A History of Historical Writing*（New York：Macmillan Press，1942），Vol. 2，pp. 166 – 168。

③ 1928 年 12 月 17 日，在“公文档”元字第四号卷中。

午间与适之先生及陈寅恪兄餐，谈及七千袋明清档案事。……其中无尽宝藏。盖明清历史，私家记载究竟见闻有限，官书则历朝改换，全靠不住，政治实情，全在此档案中也。且明末清初，言多忌讳，官书不信，私人揣测失实，而神、光诸宗时代御虏诸政，《明史》均阙。此后《明史》改修，《清史》编纂，此为第一种有价值之材料。[①]

因为他们一致认为“此后《明史》改修，《清史》编纂，此为第一种有价值之材料”，所以当后来耗费大量人力整理这批档案而无石破天惊的新发现时，傅斯年会有所感叹，李济遂询以：“难道先生希望在这批档案内找出满清没有入关的证据吗?”[②]

三、殷墟发掘

囤放在午门的明清旧档，几十年间曾有大大小小的学者官员前往看过，但都只想在这破纸堆中发现宋版书，而未将眼光放在档案上面。殷墟也是这样，这一个废墟因为出甲骨

① 1928年9月11日函，在“公文档”元字第四号卷中。

② 李济：《傅孟真先生领导的历史语言研究所》，《感旧录》，台北：传记文学出版社，1967年，第82—83页。

而著名，在史语所从事发掘之前的几十年，也不时有人前往勘查，但是眼光之所注都在有字的甲骨。想从午门的烂纸堆中发现宋版的人，自然发觉宝库已空，应该送进纸厂做“还魂纸”；而对于想要看到档案的人，则认为这一堆破纸正是“宝贝”。想在殷墟这一块遗址中找有字甲骨或青铜器物的人，在经过几次探勘后亦觉“宝库已空”，但史语所的学者想求的是文字以外的知识，所以认为它还有无尽宝藏。这两种史学眼光呈现一种鲜明的对照。此下，我想以不同人不同时期前往殷墟的不同着重之点，看他们所代表的不同学术眼光。

讲殷墟，罗振玉又是不可不提的人物。他对殷墟的认识其实是一步一步地成长。殷墟卜骨出于光绪己亥年(一八九九)，十年后，也就是宣统元年(一九〇九)，罗振玉才从河南古董商人口中知道它的出土地是安阳县西五里之小屯而非汤阴。罗氏又从刻辞中得到殷代十几个帝王的名谥，乃恍然悟出这批卜骨是殷王朝之遗物。[①] 隔年，他派遣祝继先、秋良臣两人大索于洹水之阳，一岁之间，得到两万片卜骨。“汰其赝作，得尤异者三千余。”[②]又隔年(一九一一)，他派弟子赴河南访殷墟遗物。此行除卜骨外，“凡得古兽骨骼齿角及犀象、雕器、石磬雕戈之属各若干事，皆精巧绝伦，几与彝器刻镂同，古良工遗制也”[③]。四年后(一九一五)罗振玉决定亲赴安

①②③ 甘孺：《永丰乡人行年录》，南京：江苏人民出版社，1980 年，第 38、39、41—42 页。

阳踏勘。[1] 他到了现场一看，感叹“宝藏几空”[2]。

罗振玉几次派人前往殷墟大索的主要目标，仍是甲骨。他还得到了一些零星古器物，“叹得睹三千年前良工手迹”[3]。他很能在有字甲骨之外注意到实物。可是因为他的眼光只到此为止，所以在他亲自踏勘，确定“宝藏几空”后就出版了《殷墟古器物图录》。此书之出版，有告一总结的意思。

十一年后，当傅斯年派董作宾(一八九五至一九六三)前往安阳时，董先生似乎也仍停留在前一阶段的学术眼光。

董作宾的教育背景中并无现代考古学的训练，所以他对殷墟的预期，与前一代史家罗振玉相近。一九二八年他到安阳后给傅斯年的报告信说，他在三十六个地方试掘十三天后，只发现一小部分甲骨。董先生认为在史语所财务困难重重之际，可以放弃这个计划了。

他主张放弃，是因为所存甲骨不多，这一想法与罗振玉的“宝藏几空”相近。这些喟叹曲折地反映出他们的史学眼光，以发现带字的甲骨或铜器为主，一旦不再发现这些东西，即认为没有再进一步工作的价值。

傅斯年给董作宾的回信相当值得注意，那是一种新史学眼光的展示。董先生悲观地说：“观以上情形，弟甚觉现在工作之无谓，不但每日获得之失望，使精神大受打击，且劳民伤财，亦大不值得。……试想发掘已卅六坑，而得甲骨文字

①②③ 甘孺：《永丰乡人行年录》，南京：江苏人民出版社，1980 年，第 55、62、62 页。

者，不过六七处，且有仅此三数片者，有为发掘数四之残坑者，有把握者不及全工五分之一，岂敢大胆做去?”[①]但傅斯年却乐观地答复：“连得两书一电，快愉无极，我们研究所弄到现在，只有我兄此一成绩。……但即如兄弟第二信所言，得一骨骼，得一骨场，此实宝贝，若所得一径尺有字大龟，乃未必是新知识也。此兄已可自解矣。我等此次工作目的，求文字其次，求得地下知识其上也。盖文字固极可贵，然文字未必包新知识。”[②]

对于抱持新史料眼光的学者，这空无所存的遗址其实是“观之令人眼忙”(详后)的宝库。傅斯年坚持有字的甲骨并不重要，重要的是地下整体的情形，他甚至慨叹：“不知罗振玉‘大获’时，地下情形如何，当时不知注意及此，损失大矣。”[③]

后来，傅斯年在回忆董作宾这一段工作时，仍强调以旧眼光——即以中国历来玩古董者之眼光论之——此处宝物已空，但以近代考古学眼光看，则仍是富于知识之地：

> 董君试掘十余日，知其地甲骨文字之储藏大体已为私掘者所尽，所余多属四下冲积之片，然人骨兽骨陶片杂器出土甚多。如以中国历来玩骨董者之眼光论之，已不复可以收拾。然以近代考古学之观

---

①③ 此信在“公文档”元字第23号卷中。

② 傅斯年：《历史语言研究所报告书第一期》，在“公文档”元字第198号卷中。

点论之，实尚为富于知识之地。[①]

董作宾迅即以殷墟工作超乎其能力为由谦辞领导人之职[②]，李济被派去负责殷墟的工作。以李济代董作宾之举其实也反映出两种学术眼光之更迭。李济与董作宾的看法完全不同，他在给傅斯年的信上说：

晏堂此次发掘，虽较罗振玉略高一筹，而对于地层一无记载，除甲骨文外，概视为副品，其所谓副品者，有唐磁，有汉简，有商周铜石器，有冲积期之牛角，有三门纪之蚌壳，观之令人眼忙。[③]

李济在给院长蔡元培及总干事杨铨(一八九三至一九三三)的信中，也说：

此次董君挖掘，仍袭古董商陈法，就地掘坑，直贯而下，惟检有字甲骨，其余皆视为副品。虽绘地图，亦太简略，且地层紊乱，一无记载。故就全体论之，虽略得甲骨文(约四百片)，并无科学价值。惟晏堂人极细心，且亦虚心，略加训练，可成一能

---

① 傅斯年致河南省政府信，引自《史语所发掘殷墟之经过》，《傅斯年全集》，第四册，台北：联经出版事业公司，1980年，第1326页。

② 《傅斯年全集》，第四册，台北：联经出版事业公司，1980年，第1326页。

③ 此信在“公文档”元字第25号卷中。

手，并极愿与济合作，斯诚一幸事。[①]

李济于一九二九年在安阳工作了两季之后，在该年十月间，突有河南博物馆馆长何日章派人带河南省教育厅之告示前来禁止中研院继续工作，并拟自行发掘。此事的导火线是一九二九年五月间，因为军事突兴，安阳驻军不知去向，县长亦逃，土匪并起，李济乃将发掘器物之一部分运往北平史语所。河南地方人士认为此举违反当初将古物留在河南的约定，故一面向研究院交涉，一面设法自行开掘。何日章（一八九三至一九七九），河南商城人，北京高等师范蒙学部毕业，自云曾问学于罗振玉。

李济于一九二九年十月二十一日报告傅斯年云，何日章拟来挖掘，他与董作宾已商量了应付之法，准备暂时停工回北平。他强调这并不是退，而是“以退为进”。他表示自己之所以这么有信心，是因为深知以何日章的史学眼光，所想找寻的必是字骨，而如果以字骨论，当时殷墟已“宝藏几空”了，李济说：“盖彼辈注意者只字骨头而已，若以此为目标，则小屯希望实少，至于瓦片兽骨，则彼等必无此胆量广为收集。以此计之，则彼等若三日不见字骨，必心忙，七日不见字骨，必收工。所患者，彼辈挖掘，又多乱几处地层耳。好在关于此种问题弟等心中已略有把握，多乱几处固自可惜，然实亦无法挽救。反之，若拒之使其不来，则我辈无此力量，彼却

---

① 此信在“公文档”元字第25号卷中。

有地方上之援助。……此次所得甲骨文字甚少，故弟等敢毅然决作此以退为进之打算也。”①

李济写信时冲突刚发生，等到何日章真正派人前来时，其工作实况所展现的学术眼光亦正如李济原先所推测的。可惜，我们没有何日章这一面的材料可用，未能稽考其史学观点。不过在中央大学出版的《史学杂志》中有一篇《“中央研究院”历史语言研究所傅斯年君来函》，对何日章这边的工作情况略有描述：“由彼之妻舅警察学校毕业轩君率领‘发掘’，无方法，无问题，公然声言是来找宝贝的。”“遇一墓葬，见头取头，见脚取脚，积而成之，不知谁为谁之头。其葬式之记载，更无论矣！……若地墓问题，更不知何解矣。又专以市场价值为价值。彼等初次到安阳，经介绍到吾等工作地参观三日，不言何为。见一白瓦片，大喜，谓若置开封，可值九十余元。近督责工作，亦以谁能找到出宝的地方，则分半价奖之为言。”②

傅斯年并未故意扭曲何日章这边的工作实况。从一九二九年十月二十一日河南教育厅机关报《河南教育日报》上的一条报道，我们可以看出找字骨确实是他们发掘的主要目标。该报载：“河南图书馆馆长何日章奉令拟定自掘办法十二条。”其中多牵涉到人员组织、待遇、经费等问题。不过也有几条

① 李函在“公文档”元字第152号卷中。

② 《“中央研究院”历史语言研究所傅斯年君来函》，《史学杂志》，1931年，第二卷四期，第1—2页。

记载工作重点。如第五条:“如有人报告甲骨所在地,因而掘获时得予二元以上至二十元以下之奖励金。”第十一条:“甲骨运至开封后,精装玻璃柜公开陈列。”第十二条:“聘请金石专家罗振玉莅汴考证出版。”而《河南省政府公函第三二一二号》中引何日章的话也说:“安阳地中所存之龟骨等器物,实为河南地方文明之表率,以中国国粹供中国人之研究则可,以河南地方文明之表率,尽移置于他方,则不可。如此请准将掘得器物,仍留在开封保存。”①

何日章的观点还表现在他所散发的传单及他所主持的河南博物馆中的陈设。在河南博物馆中,三皇五帝皆有塑像②,足见其对古代史事仍采信古态度。史语所当时并不主张疑古,不过对上古史事基本上采合理的批判重建态度。③ 傅氏本人与李云林争论《尧典》年代以致在火车上揎袖欲打的故事,可以印证此一思想趋向。④ 在何氏所发传单中,除声明他是罗振玉学生外,并对中国文字的历史演变发表了一段相当陈旧的话:

> 夫文字为民族精神之所赖以寄托,历史实国家文化之所由以表现,此义至显,寰宇皆同。而吾国

---

① 此件在“公文档”元字第141号卷中。

② 傅斯年:《史语所发掘殷墟之经过》,《傅斯年全集》,第四册,台北:联经出版事业公司,1980年,第1332页。

③ 当时史语所这方面的态度,请参考杜正胜:《从疑古到重建——傅斯年的史学革命及其与胡适、顾颉刚的关系》,《当代》,第116期(1995年12月),第10—29页。

④ 屈万里:《敬悼傅孟真先生》,收入《傅故校长哀挽录》,台北:台湾大学出版社,1951年,第15页。

为东方最古之邦，文化策源之地。观其文字制作之始，造端之闳大，包罗之广博，孳乳之繁多，年祀之邈远，绝非世界其他各国所能相提并论。尝溯庖牺画卦，仓颉作书，均在洪荒初辟之时。改易殊体，又更六十七代之赜。至于夏商，始粲然大备，象形指事，精谊发皇。吾人生隶楷迭变之后，读结绳以降之书，自非宿学专门，潜心冥索，无以辨其跟肘，启其鐍键。自史籀作大篆而古文杂，李斯作小篆而古文亡。魏晋以还，仅恃许氏一书以略窥文字之径。①

在谈到甲骨文出土时又说：

罗氏与海宁王国维，致力尤勤，纂述綦富，既据《项羽本纪》洹水南殷墟上之文，定其地为殷墟，命之曰殷墟书契，奇文异字，省释盈千，世系名号都邑迁徙之序，足补龙门之遗阙者，不一而足。字体之瑰琦诘屈，变化错综，日月风雷，鱼龙犬豕，以至名物制度，无论巨细繁简，无不神形具肖，理性兼存，可见六书之始，首在象形，所谓庖牺观象于天，观法于地，视鸟兽之迹，与地之宜，近取诸

① 何日章：《陈列安阳殷墟甲骨暨器物之感言》，此传单存在“公文档”元字第142号卷中。

身，远取诸物，及仓颉见鸟兽递嬗之迹，文理可相别异，始作书契。百工以乂，万品以察诸说，绝非穿凿附会之词，皆信而有征，昭然若揭。若不睹此史籀未作以前之真古文，何由知之。[①]

反观史语所这边，既然不是在寻找字骨，又认为已不太出字骨的殷墟是“观之令人眼忙”的富藏，那么他们在找什么？他们的新眼光是什么？吾人可以一语概括之，即他们想摆脱对文字史料的迷恋，求取一个“整体的观点”。

蔡元培为《安阳发掘报告》所写的序是这样说的，“古来研究文字者，每每注意在一字一字上，而少留意其系统性，考定器物者尤其是这样”。但中研院这几位新史学者“立足点是整个的”，“他们现在的古学有其他科学可资凭藉”。[②] 傅斯年也反复这样说“以殷墟为一整个问题，并不专注意甲骨等”[③]，李济强调的一样是“对于一切挖掘，都是求一个全体的知识，不是找零零碎碎的宝贝”。[④]

既然是“整体的观点”，则必涉及材料及工具两方面之扩充。所以傅斯年、李济当时的文字中，除一再宣示，一片土可以比一篇文字更有意义外，对于治史工具的扩充也再三致

① 何日章：《陈列安阳殷墟甲骨暨器物之感言》，此传单存在“公文档”元字第 142 号卷中。

② 《安阳发掘报告》，第一期，北平：“中研院”历史语言研究所，1929 年，第 1—3 页。

③ 《中央研究院历史语言研究所傅君来函》，第 2 页。

④ 李济：《现代考古学与殷墟发掘》，《安阳发掘报告》，第二期，北平：“中研院”历史语言研究所，1930 年，第 406 页。

意。工具不只是兰克学派所强调的纹章学、印章学、泉币学、古文字学、古文书学之类，如以《旨趣》中所言，近代史学的工具包括西方近代自然科学的全部。①

傅、李二人都批评前人考古的旧方法最根本的问题是过度局限于文字的材料。傅斯年在《考古学的新方法》中说：

> 中国人考古的旧方法，都是用文字做基本，就一物一物的研究。文字以外，所得的非常之少。外国人以世界文化眼光去观察，以人类文化作标准，故能得整个的文化意义。②

傅并强调，一九二八年他一开始派董作宾前往殷墟调查的目标便与前人不同：

> 盖所欲知者，为其地下情形，所最欲研究者，为其陶片战具工具之类，所最切搜集者，为其人骨兽骨。此皆前人所弃，绝无市场价值。至于所谓字骨，有若干人最置意者，乃反是同人所以为众庶重

---

① 《旨趣》中扼要地说是“利用自然科学供给我们的一切工具，整理一切可逢着的史料”。(《傅斯年全集》，第四册，台北：联经出版事业公司，1980 年，第 1301 页)譬如掘地，“没有科学资助的人一铲子下去，损坏了无数古事物，且正不知掘准了没有，如果先有几种必要科学的训练，可以一层一层的自然发现，不特得宝，并且得知当年入土的踪迹，这每每比所得物更是重大的智识。所以古史学在现在之需用测量本领及地质、气象常识，并不少于航海家”。见《傅斯年全集》，第四册，台北：联经出版事业公司，1980 年，第 1307 页。

② 《傅斯年全集》，第四册，台北：联经出版事业公司，1980 年，第 1341 页。

要问题之一，且挖之犹不如买之之廉也。[1]

他所标举的方法其实已涉及西方在二十世纪前二十年才大为流行的严密的地层学方法：

> 吾等每掘一坑，必先看其地层上下之全，并为每一物记其层次，及相互距离，此为考古学之根本工作。不如是，则器物时代皆已紊乱，殷唐不分，考古何云[2]？

至于殷墟，他指出从许多没有文字的，前人所绝不感兴趣的材料所能得到的古学知识。譬如人骨与陶，他说：

> 考古学上最难定的是绝对的时期。而殷墟是考古学上最好的标准时期，便于研究的人去比较：因为这个时期，是史前的一个最后时期，以这个时期的人骨做标准，去比较其他地方所发现的人骨，来定他们的时代先后，可以知道人类的演进是怎样；同时以殷墟发掘的陶器做标准，推出其他地方的陶器变更情形，及其时代关系，可以断定其时文化是怎么样。[3]

又如从猪骨及发镇等材料也可以推知历史状况："兽骨的

---

①②③ 《傅斯年全集》，第四册，台北：联经出版事业公司，1980 年，第 1317、1318—1319、1343 页。

种类，有野马、野鹿、牛、羊等等，猪骨很少，可以证明当年此地尚属游牧民族的地方。”“又发现商代的衣冠形式，以及发镇(为压头发用的)等项，可以证明当时‘衣裳之治’，当时的民族，决非断发民族”。[1] 此外，居室、兽骨皆可以揭示无限知识——“又如商、周生活状态，须先知其居室；商、周民族之人类学的意义，须先量其骨骼。兽骨何种，葬式何类，陶片与其他古代文化区有何关系，此皆前人所忽略，而为近代欧洲治史学古学者之重要问题。”[2]

李济与傅斯年一样，指出了现代中国学者对于考古学尚有一种很普遍的误会，以为“考古学不过是金石学的一个别名”。他说这种误会有两个来源：第一，因为缺少自然科学的观念。第二，以为古物本身自有不变的历史价值。“由第一种误会就发生一种人人都可考古的观念，由第二种误会就发生了那‘唯有有文字才有历史价值’的那种偏见。”[3]他说“土中情形”比文字的材料更能解答许多问题：

> 我们并没有期望得许多甲骨文字……就殷商文化全体说，有好些问题都是文字中所不能解决而就土中情形可以察得出的。[4]

在《现代考古学与殷墟发掘》一文中，李济反复声明耽溺

①② 《傅斯年全集》，第四册，台北：联经出版事业公司，1980 年，第 1344、1317 页。

③④ 李济：《现代考古学与殷墟发掘》，《安阳发掘报告》，第二期，北平：“中研院”历史语言研究所，1930 年，第 406、405、407 页。

于文字史料是过时的，并强调要得到“整个的知识”。而想得到整个的知识必须有三个前提：(一)一切自然科学的基本知识。(二)人类史的大节目。(三)一地方或一时期历史的专门研究。而傅斯年在史语所一再提倡的“集众研究”便在此显出其意义来——“这些资格也许不必全具于一人，却一个团体内，总要全代表出来”。[①] 他说：

> 我们拟定的工作秩序，有下列的重要题目：(一)殷商以来小屯村附近地形之变迁及其原因。(二)小屯村地面下文化层堆积状况。(三)殷墟范围。(四)殷商遗物。
>
> 而在这四项题目中，甲骨文只占第四类中的一小部分而已。[②]

傅斯年、李济所提倡的方法，对于当时中国的古代史学界是一个相当大的突破。当时最为人所重视的是王国维的二重证据法。二重证据法基本上是以地下史料印证文献记载，而史语所考古工作的方法及意趣显然已经超出了这个范围。新史学观念的说服力，可以拿史语所成立之后中国的档案及考古方面风起云涌的工作作为例证。譬如顾颉刚这位以辨古史而享大名的学者，便曾带团亲访殷墟，在一九三五年所写

①② 李济：《现代考古学与殷墟发掘》，《安阳发掘报告》，第二期，北平：“中研院”历史语言研究所，1930 年，第 406、406、408 页。

《战国秦汉间的造伪与辨伪》的《附言》中，他有感而发："以前中国的上古史材料只限于书本的记载……当然不知道史料可从地底下挖出来的。"[①]李、傅等人所提倡的观点对不少治金石文字的旧学者产生相当大的说服力，山东的王献唐便说：

> 从前治金石文字，其材料但能求之地上，不能求之地下，但能求诸文字经史方面，不能求诸社会学、生物学、地质学。故其效果，偏于臆度，而缺乏实验，偏于片断，而缺乏系统。此非古人聪明不及今人，实其凭借不及今人耳。晚近数年以还，国人治学，渐变前此虚矫之习，趋笃实，其代表此笃实学风，真正运用科学方法，整理新旧材料，不坠其人窠臼者，实以贵院为先导，此非献唐一人之私言也。[②]

但最有意思的例子还是何日章的考古队在田野上的表现了。

学术新典范取代旧典范的明显痕迹是旧典范的守护者也对新典范有样学样。何日章的考古队了解史语所正在进行的是一种全新的方法，所以也想模仿，却知其然而不能知其所以然——"……何氏中仅有一位号称古学家之关君，从未一履安阳工作之场。率其事者，乃其警官妻舅。无照相专人，仅

① 《古史辨》，第七册，第64页。

② 引自张书学等：《新发现的傅斯年书札辑录》，此信写于1930年9月13日。

雇一照相馆员学我等工作时照相，而不知其何谓。……陶片则一往弃置，见吾等收之，偶效吾等保留若干。”[①]何日章并抄了一些李济、傅斯年的方法论。他在一九三〇年元旦所发的传单《陈列安阳殷墟甲骨暨器物之感言》中是这样说的：

> 而又以当时发现之后，除文字有所发明外，其他贡献颇少。殊为考古学者之遗憾，爰本其职守，请教专家，作精密之设计，备详确之说明，分段兴工，重行发掘，匪第取其有记载之骨甲，且于其他器物之形状种类以及土质颜色、地层纹理、土中位置、距地深浅，莫不详为记录，设法影照，务期于古文字外能再有古文化之遗迹，供当代考古家之探讨。[②]

敏感的读者可以马上发现他是袭用一九二九年十一月十九日傅氏在河南演讲《考古学的新方法》的观点。先前在殷墟的田野上，因无文字参考，故只能有样学样。但一旦有了现成文字可抄时，便有了此宣言中的几种论点。[③]

在讨论过傅斯年等人所代表的新史料观点与旧史料观点

---

① 《“中研院”历史语言研究所傅斯年君来函》，第 2 页。

② 此传单收在史语所“公文档”元字第 142 号卷中。

③ 傅氏在给《史学杂志》的函中说：“然何君传单，直是欺语。彼见吾等工作之术，不得不抄袭若干方法论。然其在安阳在开封所作为者，则与此全不相干。”见《“中研院”历史语言研究所傅斯年君来函》，第 2 页。

之间的更迭后，我想以两点作结。

首先，傅斯年等人新史料观点基本上是从西方来的，它们之所以能很快得到知识界的信服，与当时整个中国的思想文化生态有关。新文化运动以后，知识分子对旧的传统失去信心，争趋新潮，新史料观的胜利与这一文化气氛息息相关。

第二，新史学观念之所以能够落实下来并逐渐开展，对史学界造成决定性的变化，与史语所这个新的学术建制，以及与这一派史学关系密切的机构、刊物有关。它们使得新史学观念有制度性的实践基地，对当时知识系统的转换造成关键性的作用。

在新史学观念的影响下，取得治学材料的方法产生了变化，传统"读书人"那种治学方式不再占支配性地位。傅斯年说"我们不是读书的人"，他们是带着仪器、锄头，"上穷碧落下黄泉，动手动脚找材料"的人。

附录：民初中央、地方与新旧学术观点之纠缠

学术上新旧观点之争，其实也涉及政治上中央与地方的争端，在安阳，中央代表着新，而地方代表着旧。

"中央研究院"是南方国民政府所设之国家最高学术机关，所以它的发展与北伐军的推进息息相关。傅斯年在史语所的工作《旨趣》中便有"稍过些时，北伐定功，破虏收京之后"要如何如何的话。[1]“中研院”所网罗的一批受过新学术训练的学者以及国民政府的文化人士随着北伐军的力量逐步伸入各地，在学术文化上也有以新学术眼光和地方保守人士的力量相抗的倾向。在双方的争持中，“中研院”与地方人士的着眼点不同。以殷墟的争执为例，“中研院”在各种来往文稿中一再强调的“是为了国家学术光荣”，是为了向国际学术人士宣达学术成果，河南地方人士强调的则是地方文化之荣光。[2]“中央”与“地方”在文化上存在着紧张。

安阳发掘团与何日章等河南人士的争执虽曾有两次相当程度地解决了，但是过了不久，旧问题仍再度爆发。它某种程度地证明了，河南当地的声音相当大(可惜我们看不到何日章及河南当地这一面的材料)，同时也证明当时中央的命令只是所谓“中央”而已，在河南当地并无多少力量。

当时中央与地方政治的变幻与学术事业之间密切的关系，可以从史语所公文档案中各种来往文稿的细微之处看出。当河南尚非国民政府所能直接控制之际，河南地方意识相当高，对中央的电令基本上采阳奉阴违的态度，所以蒋介石(一八八七至一九七五)的两度电令，及傅斯年亲往开封所达成的协议都不算数。地方政府对中央学术机构派来的研究人员也是威

① 《傅斯年全集》，第四册，台北：联经出版事业公司，1980年，第1311页。

② 《河南省政府公函第三二一二号》，在“公文档”元字第141号卷中。

风十足。①

当“中研院”与河南省冲突之际，在“中研院”这一边认为北伐已成功，全国已统一在南京的中央政府之下了，在河南当地的看法并不一样。从民国肇建以来，河南始终在北洋军阀手上，从未真正隶属于国民政府，安阳发掘争论发生的那段时间，河南基本上是冯玉祥(一八八二至一九四八)的势力范围，冯玉祥派下的人物才是河南真正的统治者，中央只是名义上的中央。“中研院”认为本身“为全国最高的学术研究机关”，负“中国学术大任”②，但在全国统一尚有名无实之时，河南当地人士并不认为有所谓“全国最高学术机关”。

“中研院”认为依照欧美各先进国之古物法令，古物是属于全国的，但当时中国并无古物保管法令。③ 而河南当地地方保护意识甚强，认为物出河南，应该留在河南陈列，以彰当地文化之光辉。“中研院”认为发掘的目标是为了研究，而不是为了陈列。蔡元培在致河南省政府函中说：“本院为全国最高学术研究机关，集著名考古之专家，为三代古都之发掘，

---

① 兹引一例。1929 年 10 月 23 日李济致傅斯年函：“今日休息，却受了一阵闷气，因为要向地方上的‘要人’表示好意，联络感情，所以同此边高级中学校长请了一桌客。请的时候为正午，等到两点半钟才到。这位县长是初次见面，却把我们的事——按，即在安阳发掘纠纷之事，一句也没说，只带了五个马弁，吃了一阵，扬扬而去，余今日乃知□□之尊也”。

② 1929 年 10 月 23 日傅致蔡元培、杨铨函。

③ 近代中国第一部古物保管法令颁行于安阳争执之后，于 1930 年 6 月 7 日由国民政府公布，1933 年 6 月 15 日施行。见卫聚贤：《附录》,《中国考古学史》，上海：商务印书馆，1927，第 287—289 页。

同此国土，同属国民，共致力于学术，何畛域之可分?”并表示发掘“系考古学上之要端，不只为地方文明之表率”。[1] 但是对河南当地而言，“同此国土”并无决定性的说服力。

正因为中央与地方认知差异如此之大，而且是学术夹杂着政治，所以一九二九年十月二十四日傅斯年致教育部蒋梦麟(一八八六至一九六四)部长函稿时说：“此事关系行政系统、吾国学术至大。”[2]行政系统与学术在这里已分不开了。李济于一九二九年十一月二十三日致董作宾函也足以令人感觉学术眼光的新、旧之分与中央、地方之争密不可分：“至于彼等挖法，实在可笑可恨之至。传闻彼等已得三墓葬，皆为见头挖头，见脚挖脚，十有八九，均捣碎了，无记载，无照相，无方向，挖完了不知到底是怎么回事。此等方法名之曰研究(张尚德说：双方都是研究)，而省政府提倡之，此真中华民族之羞也。”“总论此事有须注意者数点：(一)省府何以不遵国府令，国府对此事是否有追究……”[3]在一九二九年十一月时的河南，中央当然追究不了河南地方政府。

其实何日章在一九二九年十月前来禁止中研院发掘的时机，可以和蒋介石与冯玉祥关系之急遽恶化相对照。一九二九年十月十日，西北军将领宋哲元(一八八五至一九四〇)等二十七人通电反蒋，随后兵分三路，直指河南。十一日，蒋

---

① 蔡元培致河南省政府函，稿为史语所代拟，在“公文档”元字第141号卷中。

②③ 此信在“公文档”元字第141号卷中。

介石下令讨伐，蒋、冯战争爆发。[①] 大战一起，鹿死谁手尚难断定，而何日章便选在十月中旬前来安阳殷墟阻止“中研院”发掘。当时中央为了发掘事交涉的对象是省主席韩复榘(一八九〇至一九三八)。韩虽系冯玉祥的爱将，但蒋于一九二九年三月召韩至武汉，盛宴款待，赐以重金，使长期处在冯氏家长式权威统制之下的韩萌生异志。五月，韩在洛阳通电叛冯投蒋，蒋后来委以河南省主席一职。不过蒋调唐生智(一八九〇至一九七〇)到河南与冯玉祥作战后，要唐军留驻郑州，并且电令要监视韩复榘。唐心惧有朝一日被蒋吞并，遂与韩复榘、石友三(一八九一至一九四〇)共谋反蒋。所以当中研院与河南地方人士冲突发生之时，韩复榘与中央的关系也在变易不定之时。

来自南京方电令自然不易产生作用。以上诸节当可以说明何以傅斯年在一九二九年底于河南大学演讲，并与中州政学要员周旋再四，终于在一九三〇年初与河南省政府达成协议，但协议归协议，河南人照样前来发掘。中研院真正再度工作是一九三一年春天，也就是中原大战结束，冯玉祥的力量退出河南，而国民政府已直接控制河南之时。从公文档案也可以看出在此之后，中央政府、中央研究院与河南政府来往函电之间，地方对中央采全力配合之态势，连原来对中研院语多不逊的教育厅厅长李敬斋(一八八八至一九八七)也对

① 陈传海、徐有礼：《河南现代史》，郑州：河南大学出版社，1992 年，第 114—115 页。

史语所考古工作者极力配合。[1] 上面所道中央与河南地方政治之分合，及中央学术机构与地方文化人士之间的争执密切对应的程度，可以从下页这张对照表中看出。[2]

河南省大事	史语所发掘团与当地人士之冲突
一、一九二〇年起河南便陷入长期动乱。一九二二年冯玉祥任河南督军，但一部分地区（豫西、豫北）仍为吴佩孚所控制。 二、一九二二年十月吴、冯失和，冯军离豫他往，吴派人长豫。 三、一九二四年，直奉战争，直系败后，胡景翼、岳维峻相继主政。 四、一九二六年后，吴再度入主豫省。 五、一九二七年初北伐军入河南，冯军亦入。六月，国民政府任命冯为河南省主席。 六、一九二八年，北伐完成，冯名义上服从中央，但河南实际上为冯之地盘。 七、一九二九年，冯为编遣问题与南京决裂。五月，任护党救国西北军总司令，集兵西北与蒋抗，战争爆发。	一、一九二八年九月二十八日河南省同意史语所发掘。一九二八年冬间，董作宾在安阳工作。 二、一九二九年二月间，李济开始在安阳工作。 三、一九二九年八月安阳等地土匪起，史语所将一部分发掘物抢运北平，引起发掘团与当地人士抗议。 四、一九二九年十月间，何日章云奉河南省政府之命禁止中研院发掘。何日章获河南教育厅长李敬斋批准，自行发掘。 五、一九二九年十月间，傅斯年透过吴稚晖请蒋命令河南当地政府合作，国民政府文官处电令河南省主席韩复榘，未发生作用，何日章仍来发掘。

---

① 李敬斋 1931 年 9 月 24 日致傅斯年函，在“公文档”元字第 156 号卷中。1929 年 11 月李敬斋致教育部长段锡朋的信中说史语所请各方电援，“均嫌幼稚”。此信在“公文档”元字第 141 号卷中。

② 本表关于河南史事系根据沈松侨《中国现代化的区域研究，河南省，一八六〇——一九三七》（国科会专题研究成果报告，1988 年）与陈传海、徐有礼：《河南现代史》第三、四章及张钫《风雨漫漫四十年》，北京：中国文史出版社，1986 年编成。

续表

河南省大事	史语所发掘团与当地人士之冲突
八、一九三〇年三月，冯、阎、李集合反蒋。五月，中原大战爆发。此年十月间，刘峙为河南省主席。十二月中原大战结束，河南正式在南京政府掌握之下。不过因为豫省政局至为混乱，各地民团、土匪、军阀残余势力仍多，刘峙一开始能控制的多是政治交通要冲，安阳也是其一。刘峙长豫前后共五年。	六、一九二九年十一月二日李敬斋函中研院，云此次冲突系双方误会。 七、一九二九年十一月教育部长段锡朋致傅斯年信，表示事情已解决。 八、一九二九年十一月傅亲赴河南周旋，达成协议。 九、一九二九年十二月何日章发表第一份传单。 十、一九三〇年二月傅发表《史语所发掘殷墟之经过》一文。 十一、一九三〇年二月，何日章发表第二份传单。 十二、一九三〇年二月五日，郭宝钧函董作宾，表示河南地方人士仍想自行挖掘。史语所工作仍停顿。 十三、一九三一年春天，中原大战结束后，史语所才能顺利工作，一直到抗战爆发。

北伐成功后，国民政府要将它的影响力尽其可能地伸到每一个角落，这是近代“国家建构”的重要一环。但中国经过晚清以来的督抚分权、军阀割据，地方力量在相当程度上是独立的。现在，代表全国的政府要将统治权扩张到此地，对习于晚清以来政治社会情势的人民而言，是一件不能习惯的事。名义上已经统一全国的国民政府与各个地方仍充满紧张。

国民政府派人到各地去，想支配原先带有浓厚地方色彩的事务，自然引起相当大的矛盾，尤其当中央的军事政治力量尚无法完全控制时，中央来的命令或文件表面上或许会得到地方尊崇，但实际上地方另有一套。而安阳的冲突便是众多这类矛盾中的一个。

除了安阳的争执外，北伐后文化领域中还有几件相似的事例：第一是一九二九年十二月间政府收取《清史稿》之事，第二是保存唐塑运动之事，第三是教育部收取国学书局之事。这些争论都发生在北伐以后的几年间，由于材料的限制，此处只能就所知者略加陈述。

国民政府于一九二九年十二月决定检校《清史稿》。此事之提议人是故宫博物院院长，但背后的促动人或可能是着少将军服、于北伐后到清华大学担任校长的罗家伦(一八九七至一九六九)[①]，而其提议检校《清史稿》，代表“国家建构”过程中中央对历史诠释权的掌握。《清史稿》基本上原是由一群清遗民所修，其中固有不少错误[②]，但是新兴国民政府的中央大员想要加以检校的理由是其中有袒护清朝政府污蔑国民革命的话。故宫博物院检举的十九条中有七条是：一曰反革命也。二曰藐视先烈也。三曰不奉民国正朔也。四曰例书伪谥也；

① 傅振伦：《清史稿的查禁与清史的重修》，《傅振伦文录类选》，北京：学苑出版社，1994年，第88页。

② 此可参考傅振伦的两篇长文《清史稿之评论》(上)(下)，《傅振伦文录类选》，北京：学苑出版社，1994年，第93—146页。

五曰称扬遗老鼓励复辟也；六曰反对汉族也；七曰为满清讳也。[①] 以上几点是国民政府所不能忍受的。在军阀割据的时代，旧军阀中有不少对清廷尚存怀念之心，所以《清史稿》在一九二七年北伐军攻占长江各省时便在北京先印。未及发行完毕，北伐告成。当北伐军到达北京时，金梁(一八七八至一九六二)早已带着四百部跑到沈阳。整个事件即反映了中央的力量准备大举伸入原先被军阀保护的一些文化思想范围中。

南京国学书局及甪直镇唐塑的保护问题，一个是由清季地方政府遗留下来的摇摇欲坠的文化机构，一个是在地方政府力量下无人理睬的古迹，它们一如殷墟，原本是"河南省内弃置三十年从不过问"[②]者，但当中央的力量介入接管时，则马上发生中央与地方相互争持的情形。

所谓南京政府教育部没收江苏省政府所属国学书局一事，其过程是这样的：南京的国学书局原名江南书局，是曾国藩(一八一一至一八七二)任两江总督时所创设，专司校刊经史。到了清季，因为新学兴起，该局逐渐没落，先后多次改易名称，而书局营运也始终处于"不绝若线"的状态。不过该书局始终隶属于江苏地方政府。

北伐成功后，国民政府定都南京。因为书局难以为继，该局负责人遂于一九二八年上书南京大学院，希望由地方改

---

① 朱师辙：《清史述闻》(香港：太平书局，1963)中所载《故宫博物院呈请严禁〈清史稿〉发行文》，第419—421页。

② 《傅斯年全集》，第四册，台北：联经出版事业公司，1980年，第1317页。

隶中央。蔡元培批准了此事。由大学院改组的教育部也在一九二九年九月二十日正式行文表示接受。但此事迅即被地方人士解释为是新兴的中央政府介入地方文化事业。江苏人士呈文曰："惟苏省地方人士，均以前清数十年经营之事业，及民国以来省方十余年维持之历史，所系于人心及观瞻者甚巨，断不容自省政府时代任其放弃。……应请仍旧移归省方，俾得发扬而光大之，以为一省文化之基础 。"[①]与这个书局有过密切关系的中央大学教授柳诒徵则将此事件解释为"上级机关擅夺下级机关所相沿治理之事"。[②]

至于引起中央党国大佬与江苏地方古物保存分会争执的杨惠之塑像保护工作，也几乎与安阳纠纷及检校《清史稿》等事同时，涉及的是同一批中央党国要员，如张继（一八八二至一九四七）、蔡元培等；而反对的陈佩忍也曾于一九二二年在中央大学的前身东南大学教书，他曾经是辛亥革命的参与者，但北伐后并未在国民政府中担任高职。

角直镇杨惠之塑像的"再发现"，与史学家顾颉刚有分不开的关系。依顾氏于一九二三年年底在《小说月报》上所写的几篇文章看来，一九一八年他在江苏吴县东南甪直镇的一次旅游中，便惊诧于保圣寺的唐塑精神弥漫，但是一九二三年重游时，却发现这里因无人理睬，四年之内竟变得"地下满积着瓦砾，大佛座身之后几乎全坍塌了！我最不能忘的题壁罗

---

①② 柳诒徵：《论文化事业之争执》，《史学杂志》，1930 年第二卷一期，第 6、7 页。

汉，因为塑在东北角里，也连着倒得全无踪影了”[①]。他照了照片，发起保存运动，向各处接洽。运动了一年，却未能奏效，乃作《记杨惠之塑罗汉像》一文投《努力周报》，引起了高梦旦（一八七〇至一九三六）、任鸿隽（一八八六至一九六一）的注意，立刻函请江苏教育厅长蒋竹庄派员拆卸保存。但镇上人士知道此事后，由沈伯安等自己集款将杨惠之塑像真迹三尊，及虽经修饰而尚未失神的二尊拆下，安置在陆龟蒙祠中，并想捐钱造一公园安顿之。[②]又过了五年（一九二八），叶恭绰（一八八一至一九六八）游角直，发现该寺已于数月前倾圮，其余存留者亦毁颓，故分函蔡元培、张继、谭延闿（一八八〇至一九三〇）、李石曾（一八八一至一九七三）、易培基（一八八〇至一九三七）、于右任（一八七九至一九六四）、胡汉民（一八七九至一九三六）、钮永建（一八七〇至一九六五）、叶楚伧（一八八七至一九四六）等宣传保护，并得到蔡元培答应协助，由大学院拨款一万元作为保存唐塑之经费。叶恭绰接着组织“唐塑保存会”。此事因为有中央要员介入，很快地形成中央与地方人士之矛盾。一九二八年十月，古物保存会江苏分会出面议决此事，由当地人士沈伯安主办。该会主席陈佩忍则表示，古物之保存，自应归入分会之范围，不须另设机构（“唐塑保存会”）。支持唐塑保存会的陈彬龢则怒骂：“杨惠之塑像之弃于角直，为樵夫、牧童所不顾，盖亦久矣！”

---

①② 顾颉刚：《杨惠之的塑像》（二），《小说月报》，第十五卷一号（1918 年），第 20 页。

陈氏又说当唐塑会进行保存之前，江苏分会对唐塑丝毫未有任何具体之计划，以至有人“欲加保存，则十目视之，十手指之”，“矧苏省需保存之古物犹伙，今江苏分会何独不予注意，而惟干涉别人已加进行之事”。[①]

保护唐塑的争执中，除涉及中央大员与地方人士之争执外，也涉及两种古物保存观点的不同。沈伯安系该地小学校长，他想将保圣寺的寺址变成小学校园，故反对修庙，但主张拆卸保存五尊罗汉。而新派人物则认为合理的保存方法是原地原式修建，留下整体的遗迹以保存历史意味。

在这次争执中，叶恭绰及他所致函的当道，都是北伐成功的国民政府中较为关心文化的中央大员，而出面支持大学院的亦是中央机构，则唐塑保存会虽不似“中央研究院”之为中央机构，但其性质、意味皆颇相近，后来教育部下令组成的保管委员会，基本上也是以全国性人物为主组成，没有将地方人士纳入。

以上事件，是当时文化、社会、政治转换的集中反映，是晚清以来地方督抚分权，以及社会、政治动荡之总反响，是新兴的中央在“国家建构”过程中接管地方事务而与地方人士较劲的例子。其实，中央及地方的军政领袖根本不会太过在意学术上的事。以殷墟争执为例，当时河南局势混乱，民疲兵困，加上中原大战之前的种种纵横捭阖，军政大员中，

---

① 陈彬龢：《保存唐塑运动之经过——杨惠之算是倒楣》，《国立中山大学语言历史学研究所周刊》，1929年第六集70期，第16—17页。

大概除了以搜集唐代碑刻拓片闻名的千唐志斋主人张钫(一八八六至一九六六)之外，不会有人真正关心这种争执。但是中央与地方分裂是一个事实，地方上的文化人士便可以运用这一个事实与中央来的、一样是手无寸铁的学术机构周旋下去。即使“中央”函电交加，但是一旦中央不是真正能够控制时，这种周旋便无已时。①

从以上事例不难看出新、旧学术之间的更迭也涉及当时政治、社会的复杂纠葛。而前面所整理出来的这些新与旧、中央与地方，以及北伐与中国近代新学术等方面的问题，似乎同时也反映了近代学术发展与晚清以来社会政治之矛盾的密切关系。

本文原发表于《新史学》，第八卷二期(1997 年 6 月)，第 93—132 页。

① 有意思的是投稿者也知道各种主要刊物的态度，如何日章从河南遥寄其传单至柳诒徵主持之《史学杂志》，因知其一向反对新文化与新学术也。而陈彬龢亦知将其抗议江苏地方文化人士有关杨惠之塑像的文章投到《中山大学语言历史研究所周刊》，因为知道它是倡导新学术的刊物。“中央大学”中文系教授一向为反对、批评新文化运动之大本营，吴宓之《学衡》固不论矣，柳氏及其学生对傅斯年及史语所一贯采取批评态度。史语所的考古事业受其讽刺(柳诒徵在《论文化事业之争执》中说：“正不必炫鬻骨董，求人间未见之书而读之也。”见该文，第 7 页)，傅氏本人的《周颂说》及《东北史纲》也受其挞伐。

钱穆与民国学风

清末民初以来，新学迭兴，变法、革命、新文化运动，以科学整理国故的运动，各种政治上的新主义，一波接着一波铺天盖地席卷而至。它们既牵涉政治、社会，也牵涉思想、学术、文化的变革。关于这些大变革本身，已经有很多研究，我们了解比较少的是，这些新学风如何吸引、调动地方上的读书人。

在这篇文章，我试着梳理三件事。第一，一九四九年以前钱穆(一八九五至一九九〇)的学思历程。第二，重建钱穆与晚清民国各种新学风的对话、辩证关系。第三，讨论这个对话辩证历程的学术思想史意义。在这对话辩证历程中隐然有一个主题：如何同时是中国的，又是现代的？想同时维持两者，是晚清以来读书人关心的一个重点，也是许多著述中一再出现的主旋律。

在讨论钱穆与时代学风相辩证的历程中，胡适是一个具有指标性质的人物。我们读钱穆许许多多的著作，都可以发现胡适始终是他批判的对象，而他的文化见解也给人一个鲜明的印象，即相对于晚清民初的新文化而言，他自始即是一位保守主义者。但是诚如钱穆晚年在自己的回忆录中所说的，“余亦岂关门独坐自成其一生乎。此亦时代造成，而余亦岂能背时代而为学者。”“余之治学，亦追随时风，而求加以明证实据，乃不免向时贤稍有谏诤，于古人稍作平反，如是而已。”[①]此文便是想把钱穆放在“时代”的脉络中，看他早年学术风格之形成与时代风气（尤其是胡适）的辩证关系，同时我将在文章的后半段花比较长的篇幅，讨论钱穆的学术历程所反映的一些近代学术文化的问题。

钱穆一生治学大概可以分为三个时期，第一是从江南无锡、苏州等地到北京之前，第二是燕大、北大时代，第三是抗战以后。第一期的治学以古文辞为主，最初是教小学，担任的多是国文方面的课程；第二期在北方，所治以学术考证为主，并逐步转入历史；第三期转向通史，讨论中西历史文化方面的大问题，并由考证转向心性义理之学的探索，到了一九四九年以后，则更着力于探讨中国传统历史文化之未来出路。

一、江南古镇中的新派人物

钱穆早年即是敏感于时局变化的人，日俄战争时，钱氏

① 钱穆：《师友杂忆》，台北：东大图书公司，1992 年，第 326、324 页。

积极回应当时的从军热[1]，辛亥革命之前，他也甚受感动，参与了学生军。在江南古镇中，他可以被视为得风气之先的新派人物，对戊戌以来的新风气与新事物特别关心，而且在当时也是以能“新”而为人所重视。

钱氏早岁即学英文，在地方上也以通英文为人所知，故有人向他请教英文。[2]当时一度流行之催眠术，钱氏也曾心向往之，但在实践后，得出静坐胜于催眠之结论；伍廷芳(一八四二至一九二二)倡洗冷水浴，钱氏亦仿行[3]《仁学》刊布之后，钱氏也是读者，且深受感动。

他早年受到重视的几本小书多是能以新说治旧学，而有超出前贤之处。严复(一八五四至一九二一)译的几部西方名著——《群学肄言》《穆勒名学》，是他当时熟读之书，而后来研究墨子、惠施、公孙龙，即得益于《穆勒名学》之助。他自言治墨子时，初读孙诒让(一八四八至一九〇八)《墨子闲诂》而惊叹不已，但旋即发现用《穆勒名学》还可以有新的进境。[4]他的第一本著作《论语文解》，也是用《马氏文通》的文法观念来解析《论语》，因此得到时人之称誉。

此外，他对于当时学界流行的新书，也非常用心涉猎。如康有为(一八五八至一九二七)的《新学伪经考》、夏曾佑(一八六三至一九二四)的《中国历史教科书》以及晚清以来的

①②③④　钱穆：《师友杂忆》，台北：东大图书公司，1992 年，第 57、88、84—86、80 页。

种种子学名著。[1] 钱穆最初似对康有为等人所提倡的公羊春秋颇有心得，所以苏州老宿金松岑(一八七四至一九四七)一度介绍人来向他学公羊经学，而他读完夏曾佑的历史教科书之后，“一时学校同事闻余言三皇五帝有相传异名之说，闻所未闻”[2]。当《新青年》出刊后，钱氏“逐月看《新青年》”[3]。他对一九二三年开始的科学与人生观论战也极为注意。钱穆在《师友杂忆》中回忆他在《时事新报》的“学灯”所发表的文章时，漏了一篇，但这一篇短文却很能烛见他当时之意态。在科学与人生观论战中，钱穆发表了一篇名为《旁观者言》的文章，此文充分欣赏科学，而对张君劢(一八八七至一九六九)所代表的所谓“玄学派”有所批评，因为署名“穆”，故一直为人忽略。从这篇文章看来，当时钱穆对科学派并无保留意见，而且也赞成在科学之下，是可以有统一的人生观，并且说“科学家可以担当得下宋明理学的人格”。他只是不满意丁文江(一八八七至一九三六)等科学派并未明确说出“科学的人生观”究竟是什么，以及他们忽略了文学、艺术等精神层次的东西。[4] 由此可见钱穆当时之倾向新学。不过，《新青年》中的激烈议论给这位趋新的青年极大的震动，觉得不能再“新”下去了，所以马上“决心重温旧书”，并说这个决定使他“乃不为时代潮

---

①②③ 钱穆：《师友杂忆》，台北：东大图书公司，1992 年，第 75、79—80、102、75、81 页。

④ 张君劢与丁文江等著、汪孟邹编：《科学与人生观》，台北：问学出版社，1977 年，第 419—427 页。陈伟强学弟提醒我那是钱穆的文章，附此致谢。

流挟卷而去”。[1]

一个逐月读《新青年》的青年人，在深入了解最“新”的动向之后，突然回头重温旧书，而且庆幸自己“不为时代潮流挟卷而去”，背后有其深厚的文化资源，而这份资源是当时广义的“东南文化”。

钱穆是苏州附近江南文化的产儿，当地自有其深厚的文化传统，所谓“东南学术，另有渊源”[2]。而在民国初年，东南文化正是与北方新文化运动抗争的主力。晚清桐城文派的主要势力是在东南，姚鼐(一七三二至一八一五)一生主要的学术活动在南京，流风余绪，影响深远。所以在民初新派人眼中，南京是文化界旧势力的据点，辛亥革命时，南京久守不下，袁世凯(一八五九至一九一六)恢复尊孔读经时，南京等地倡行最力，复辟派主将张勋(一八五四至一九二三)辫子军的根据地也是南京，而新文化运动兴起之后，与新派人物对抗最有力的也是这个地区。一九二二年有《学衡》出来明火执仗地对胡适加以攻击，胡适(一八九一至一九六二)的《题学衡》诗说：

老梅说：
“《学衡》出来了，老胡怕不怕?”
老胡没有看见什么《学衡》，

① 钱穆：《师友杂忆》，台北：东大图书公司，1992 年，第 81 页。

② 陈平原：《传统书院的现代转型——以无锡国专为中心》，《现代中国》，第一辑(2001 年 6 月)，第 197—213 页。

只看一本《学骂》！[1]

这可以充分看出双方敌对之气氛。而当时对新兴学术批评最厉害的，也是“中央大学”柳诒徵（一八八〇至一九五六）、缪凤林（一八九九至一九五九）等人及他们所主办的文史刊物。

“东南学术”虽然“另有渊源”，但是在新文化影响下，当然也出现不满意旧格局的人，我们可以轻易地列出一长串的名单，大体而言，在江浙两省中，江苏较为持旧，而浙江较为趋新。像浙江杭州一师，在经过一师事件之后，已为全国向慕新学者所景仰[2]，浙江省内的学生纷纷投考一师，甚至在徽州的少年，不甘于旧学校束缚的，也都纷纷赶到杭州，想尝尝浙江一师里新思潮的滋味。胡适说他曾读过徽州学生憧憬杭州一师的日记，他记载“当日投考杭州一师被取的心理，真有‘出幽谷而迁乔木’的高兴”[3]。

江苏苏州、无锡一带的风气，似乎不像杭州那样。在太湖流域生长，而早年活动于苏州、无锡一带的钱穆，受这一带的文化传统熏陶甚厚。在文章一开头我提到过，钱穆早年

① 胡颂平：《胡适之先生年谱长编初稿》，第二册，台北：联经出版事业公司，1984年，第477页。

② 胡适就有这样的观察：“浙江一师自民国八年以后，忽然得着一种很可妒羡的盛名。社会上的新分子夸奖一师，说他是东南新思想的中心，社会的旧分子攻击一师，说他是危险思想的出产地。夸奖与攻击，无论是否正当，都帮助一师的名誉飞跃到很可妒羡的地位。”见胡颂平：《胡适之先生年谱长编初稿》，第二册，第535—536页。

③ 胡适：《一师毒案感言》，转引自胡颂平：《胡适之先生年谱长编初稿》，第二册，第536页。

专心致志的不是史学，而是国文，其基础是以桐城文派为主体，从韩柳古文到《古文辞类纂》等饱受新文化人物批判的书，他早年从思想到人生修养都受到这个文化传统的影响。[①] 此一进路与新文化派的宗旨有一个根本不同，它基本上是透过吟咏古人文章，逐步进入古人的心境，理解古人的心灵与境界，所求的是一种古今的时间连续感，这些传统对他而言是活的(living past)，故他显然反对站在外面加以“重估”或“评判”的态度。

除了东南文化之外，钱穆早年即深受梁启超(一八七三至一九二九)《中国不亡论》之感召，所以一生与晚清以来有志之士一样，以“救国保种”为第一义。[②] 但是“救国保种”的路要怎么走，他似乎认为路可以有许多条，新文化运动所走的不是他完全认可的路。他虽然是江南古镇中的新派人物，但他认为“新”可以有许多种，只是并不是《新青年》所倡导“不塞不流，不止不流”(韩愈语)——不破除旧的，则新的不可能实现——式的思维。从他《师友杂忆》笔下所记无锡一带的新风气、新学校、新事业看来，他对晚清以来当地有一种不寻常的活力相当自信，认为中国之所以不振是“世乱”，而不是传统历史文化的问题；认为在诗礼彬彬之社会，仍然可以出现新机，不必倒掉瓶子里全部的旧水，依然可以装入新水，在传统历史文化的生机之下，仍然可以创造出一种新文化。

---

① 如自我训练读每书必终篇，是受曾国藩家训之影响。见钱穆：《师友杂忆》，台北：东大图书公司，1992 年，第 78 页。

② 参见钱穆：《国学概论》，下篇，台北：台湾商务印书馆，1977 年，第 176 页。

我认为在钱穆前往北京跻身于新文化重镇之前，他对新文化运动与国家民族前途的看法，已经相当确定。在一九二八年《国学概论》的最后一章中，他反复地陈述如下几点，第一，他始终承认胡适等人在学术及文化上开新的地位，对于胡著《中国哲学史大纲》的细节虽有许多不满意(如《老子》年代问题，钱穆此时已确定其看法，认为是晚周伪书，不能像胡适所说的是儒家学术之源头)，但坚持该书的前驱之功无人能掩，其转移风气之力，犹如清初诸老，并且主张梁启超等人，在子学方面的工作，是跟着胡适走。[①] 在整体文化论点方面，他认为梁漱溟(一八九三至一九八八)、学衡派等都不可能与胡适对抗，他说梁漱溟的《东西文化及其哲学》是自我矛盾，说学衡派是“议论芜杂”，与新文化派旗鼓殊不相称。[②]此章最值得注意之一点，是文末结论对三民主义之阐发，尤其是坚决赞同戴季陶(一八九一至一九四九)对三民主义的阐释。戴氏痛论“中国国民自信力之消失”，在《孙文主义之哲学的基础》中，他说：

> “我们是中国人，我们现在要改革的是中国，如果中国的一切，直是毫无价值，中国的文化，在世界文化史上，毫无存在的意义。中国的民族，也没有创造文化的能力。那么中国人只好束手待毙，就

①② 钱穆:《国学概论》，下篇，台北：台湾商务印书馆，1977 年，第 143、165、169 页。

> 算完了，还要做什么革命呢？”[①]因为钱穆在一本讲国学概论的书中加入讨论三民主义的内容而被人诟病，但仔细观之，可以看出他渴望借戴说来巩固“吾民族文化之自信力”这一主张。

恢复民族自信力的宗旨与他过去深信不疑的《中国不亡论》相符合，而这也是他持以论断时代思潮之核心主张。到北京之前的钱穆，一方面是求新的，所以他欣赏胡适等人的前驱性工作，但同时又希望从历史文化中为中国前途寻找生机与出路，所以他反对抹杀传统历史文化的过激之论。这是他后来与新派人物合与分的线索。

二、由地方读书人登上全国舞台

钱穆始终注视北京学术圈，心中常有未能进入大学读书之憾。[②] 在新文化运动之后，北京成为全国学术文化的中心。北京虽然是清朝的帝都，但在中国历史上，帝都并不一定是学术文化中心。以清代来论，随着学风的推移先后出现了几个中心。清初，晚明遗老声势未衰，阳明心学余绪仍在，浙江是一个中心。在考证学兴盛的时代，苏州、扬州是中心。苏州以经学考证为主，而扬州则除考证之外，亦因盐商之财

---

① 钱穆：《国学概论》，下篇，台北：台湾商务印书馆，1977 年，第 179—181 页。

② 钱穆：《师友杂忆》，台北：东大图书公司，1992 年，第 75 页。

富以及交通便利，成为艺文、戏曲、饮食等文化之中心，当时有名的学者文人，每每有一段寓居扬州的经历。[①] 在乾隆修《四库全书》之后，北京成为学者辐辏之地，金石碑版之学群聚于此，故与苏、扬鼎足而三。清代后期，研治西北史地盛行之后，北京因与口外交通之便，而成为治西北史地之大本营。在太平天国起事之后，苏州没落，学士故家群移上海，上海跃居为另一个中心，同时因着变法革命，湖南、广东也隐然成为两个次中心。

北京因为是帝国行政中心之所在，各地精英川流不息于此，本来即有不可忽视之地位。但在新文化运动之前，北京的文化地位曾有一段顿挫。有一位敏感的观察者说，清朝末年"大家知道北京政府绝无希望。激烈点的，固然到南方去做革命，就是和平点的，也陆续离去北京。那时候的北京，几乎没有一个有知识有能力的人"[②]。

至于北大，在新文化运动之前，也不是一个思想学术的心脏地，当时虽已有章太炎弟子及若干桐城老宿执教于此，但是那时北大学生，"颇为社会所菲薄"，因为学生怀抱科举时代的思想，以大学为取得做官资格之机关，所以不欢迎专

---

① 如读孔尚任的年谱，即可知孔氏去扬州，是他一生中很重要的一段经历。而休宁戴震，到扬州之后，思想态度亦经历大变。

② 蔡元培：《关于不合作宣言》中引一位"和平期成会"的会员谈话，作于 1923 年 1 月 21 日，发表于《申报》1923 年 1 月 25 日。转引自《蔡孑民先生言行录》，济南：山东人民出版社，1998 年，第 21 页。

任教员，而喜欢行政司法界官吏之兼任者，倚为将来之奥援。[①] 沈尹默(一八八三至一九七一)甚至说有一天汤尔和(一八七八至一九四〇)对他说，听说沈步洲(一八八八至一九三二)要蔡元培(一八六八至一九四〇)来掌北大，汤对沈氏说，“你看沈步洲这个人荒唐不荒唐，他要蔡先生来当北京大学校长。你看北大还能办吗？内部乱糟糟，简直无从办起”[②]。

由以上两端皆可看出在新文化运动之前，北京及北大并不具有思想学术上的领航资格，所谓“北派”“北大派”，或北京学圈皆要等到一九一七年蔡元培出长北大之后，陈独秀(一八七九至一九四二)、胡适等新人加入，才逐渐形成思想、学术的新中心。陈独秀后来虽然转移到上海，但陈氏是把左派政治思想带往南方，在学术方面影响不大，而胡适在新文化运动之后，不断有著作问世，像《中国哲学史大纲》瞬间再版，《尝试集》在两年内卖了一万部，加上他所领导的“整理国故运动”，明火执仗地提倡一种新的治学风格，使得胡适很快成为北大派的中心，同时也是全国新学术建制的核心。胡适迅即受到全国各方的瞩目，新派人物围着他打转，而不满他的人在各处极口谩骂[③]，举国对胡适羡妒交加，处处留意他的新

① 黄世晖记、蔡元培自述：《蔡孑民》，《蔡孑民先生言行录》，第13页。

② 沈尹默：《我和北大》，陈平原、郑勇合编：《追忆蔡元培》，北京：中国广播电视出版社，1997年，第136页。

③ 譬如邓之诚(1887—1960)每对人说城里有个胡适，专好“胡说”，而且见到书上有胡适的序就是撕下来。见何炳棣：《读史阅世六十年》，台北：允晨文化实业股份有限公司，2004年，第333页。关于此事，记载甚多，此处仅列一个出处。

作，而又时时想修正胡适这个或那个论点。譬如当时南方一个年轻词学家夏承焘(一九〇〇至一九八六)，他几乎随时都在观察胡适的一言一动，一面赞叹，一面揣想，但同时又发现这个错误，那个不妥，想要商榷，却又逡巡不前。[①] 民初日记中这类史料简直不胜枚举，充分反映了一种面对一代学术权威的复杂心情。[②]

这些不胜枚举的个案告诉我们，胡适在举国新旧读书人心中的位置，不管赞同他或反对他，都不能绕过他。除了认为“胡适”是“胡说”这样激烈态度的人，一般人是拿他作为一个权威，令人觉得莫测高深，是否得到这位权威的认可也非常重要。[③]

钱穆也在艳羡胡适及北大派的行伍中。自一九一二年起，钱穆担任十年半的小学教员，一个没有高等学历，基本上靠着自学，而又聪慧异常的江南青年，在新文化的声势震天，而新式的学术建制已经逐渐定型之时，对于北京大学的一切自然随时保持注意，对于北大的动态及胡适的言论，也尽可能地跟。前面已经提到过他按月读《新青年》的事了。北大招

---

① 夏承焘：《天风阁学词日记》，杭州：浙江古籍出版社，1992 年，第 25、31、59、62、67、94、104、122、130、156、177 页。

② 譬如当时与胡适气味较合的金毓黻(1887—1962)，其日记中也透露类似的情形。金毓黻著、金毓黻文集编辑整理组校点：《静晤室日记》，第一册，沈阳：辽沈书社，1993 年，第 27、29、41、50、60 页。

③ 值得注意的是，这个自由主义者所形成的松散团体，也有其排他性。这大概也是古往今来学派所不能免的。他们形成一些不言而喻的标准，判断一个学人的价值与好坏。

生广告也引起他的注意，广告上说投考者必须先读章学诚(一七三八至一八〇一)的《文史通义》，故钱氏求其书而读之，甚至形诸梦寐——梦见自己发现了时人所不知的章氏未刊遗稿，这样的梦境多少反映了他极力求胜之意志。钱氏还因为知道夏曾佑的《中国历史教科书》是北大的教本，故勤读夏著，因而发现了书中许多的错误。[①]

当时胡适提倡白话文及杜威(John Dewey，1859—1952)的实验主义教育，一九一九年，担任小学校长的钱穆便亲自在校内试验杜威的教育方法及白话文是否能实行于小学中。[②]一九二〇年三月，胡适发表了《中学国文的教授》，提出(一)暂定一个中学国文的理想标准，使人人能用国语(白话)自由发表思想——作文、演说、谈话——都能明白通畅，没有文法上的错误。(二)人人能看平易的古文书籍，如二十四史、《资治通鉴》之类。(三)人人能作文法通顺的古文。(四)人人有懂得一点古文文学的机会。文末说“我这篇《中学国文的教授》，完全是理想的。但我希望现在和将来的中学教育家肯给我一个试验的机会，使我这个理想的计划随时得用试验来证明哪一部分可行，哪一部分不可行，哪一部分应该修正”[③]。而钱穆便在后宅镇的初级小学付诸实验。[④]

对于北大派的学术活动，钱穆也非常注意。在厦门集美

---

①②④ 钱穆：《师友杂忆》，台北：东大图书公司，1992年，第75、92、92页。

③ 胡适：《胡适文存》，第一集，台北：远东图书公司，1953年，第218—233页。

学校时，他已注意到甫出版的《古史辨》第一册[①]，在苏州省立中学任教时，他注意到当时北平、上海各大报纸杂志，皆竞谈先秦诸子，尤以墨学为焦点，故当时钱氏亦"一意草为《先秦诸子系年》一书"[②]，而最初之篇章即以《墨子》为主，并得到顾颉刚(一八九三至一九八〇)的赏识。

当时许多人认为在胡适这位大权威那里一定有我们所不知道的东西，所以对胡适可以不满，但不能忽视，熊十力(一八八五至一九六八)每逢周日派学生到胡适的聚会上听谈论，而自己决不前往，即可以如是理解。钱穆与胡适在苏州中学的第一次见面也说明了这种心态。在胡适那一次演讲中，钱穆迫不及待地问胡适两种与自己正在从事先秦诸子系年研究有关的书籍，并对胡适的不知感到诧异与失望。[③]

有意思的是钱穆对胡适的一些猜测，也都透露出羡妒交加的情绪。胡适的一些未必有意识的举动，钱穆都以相当曲折的方式加以理解。在这一次见面时，胡适因未携带自己的刮胡刀而坚持不肯留宿，让钱穆觉察到一种新知识领袖的傲慢，而即将分手之际，胡适匆匆撕下日记一页写了自己的地址给钱穆，后来胡适也未曾主动联系，令钱穆感到相当失望。[④]失望其实正是看重的表现。

钱穆从一个中学教师，最后进入大学，先成为燕大的讲师，接着在北大与新派领袖分庭抗礼，这主要是因为他的几

---

①②③④　钱穆：《师友杂忆》，台北：东大图书公司，1992年，第110、126、127、127页。

种杰出著作能“预流”，在“预流”之余，又能以坚实的学术证据提出更上一层的见解。

前面已经提到，他之所以得到顾颉刚的欣赏是因《先秦诸子系年》的草稿[①]，诸子学正是当时学术界的主流问题，而钱氏又能独持异见，驾而上之。钱氏靠《刘向歆父子年谱》，在燕大一炮而红，即是因为此书扣紧晚清以来今古文之争这个主流问题。钱氏初得《新学伪经考》一书（一九一九）之后，便已长期酝酿，而最后能凌越时流之争执，得到坚强的结论。此文一出，各校以今文经学为主的经学史课为之停开。[②]

钱穆在北大以讲授中国近三百年学术史而声誉鹊起，这与他早年即随时潮注意王夫之（一六一九至一六九二）、颜元（一六三五至一七〇四）、李塨（一六五九至一七三三）有关，但更重要的是预梁启超《中国近三百年学术史》之流，而又能驾而越之。

“预流”的好处是使他很快地在全国的主流学界得到很高的地位，但预流的同时，是被主流论述所导引。《师友杂忆》是这样回忆的：“余本好宋明理学家言，而不喜清代乾嘉诸儒之为学。”但因他是以“预流”而得到主流的肯定，故“人又疑余喜治乾嘉学，则又一无可奈何之事矣”。[③]

钱穆最初得到胡适的欣赏，便是因为“预流”之作，《胡适

---

①②③ 钱穆：《师友杂忆》，台北：东大图书公司，1992年，第128、140、137页。

的日记》一九三〇年十月二十八日提到读钱穆的《刘向歆父子年谱》，说“钱穆为一大著作，见解与体例都好”。而且说顾颉刚的《五德终始说下的政治与历史》成于读此年谱之后，殊不可晓。不久之后胡适在北大讲授经学今、古文的问题时，从课堂讲义看来他显然已转而接受钱穆的观点。[①]

我们因为钱穆后来终生对胡适的批评，所以经常忽略了钱氏当时希望得到胡适的认可之情。胡适在当时是研究先秦诸子的权威，在同一条路上努力十年以上的钱穆显然认为胡适一定通晓所有相关学问，而渴望得到他的承认。

我们之所以能有机会讨论这个问题完全是拜新史料之所赐，使得埋藏七八十年的一段曲折可以重见天日。在《胡适秘藏书信及遗稿》中有钱穆的四通信，它们开始于一九三〇年夏，结束于一九三一年夏，其中第一通是钱穆要求胡氏为其考证先秦诸子之书（即后来之《先秦诸子系年》）作序推介。从这封信的内容可以推知，胡适先是为丁文江之弟丁文治可能补考向钱穆关心，钱穆回答说“其令弟丁文治已以平日积分，酌定等第，可免补考”，接着说“拙著《诸子系年》于诸子生卒出处及晚周先秦史事，自谓颇有董理，有清一代考史记、订纪年、辨诸子，不下数十百家，自谓此书颇堪以判群纷而定一是……幸先生终赐卒读，并世治诸子，精考核，非先生无以定吾书，倘蒙赐以一序并为介绍于北平学术机关，为之刊

① 胡适：《胡适的日记》，台北：远流出版公司，1989—1990年，二十、三、三十一条记上讲到康有为时，说康“实不能自圆其说”。

印，当不仅为穆一人之私幸也……”[1]胡适日记中并未提及此事，而《先秦诸子系年》序亦未写，后来该书出版颇费周折，先是拟列入清华丛书，而审查未获通过，最后才由上海商务印书馆于一九三五年出版。在此信之后，钱穆还寄过刚出版的《惠施公孙龙》(出版于一九三一年八月)给胡适，并谓此书“超昔贤以上，倘荷卒读，详赐诲正，大所盼幸”[2]。从以上四封信可以看出，钱穆一度也是胡适周日雅谈的座上客人，但他们的关系显然很快地起了变化。

先说情绪上的原因。钱穆归纳他与胡适的交往，用了一个古典说：“颜斶见齐王，王曰斶前，斶曰王前，终不前。”[3]胡适这位名震全国的学者未能积极回应钱穆，或许不以为意，日记上也全未提及，但对一个自负的青年造成了心理的屈辱，这种屈辱感在他们第一次见面时已经发生了，现在为一篇序文再度涌现。胡、钱对于先秦诸子，尤其老孔先后的问题之重大歧见，恐怕是双方关系生变重要的导火线。老子时代早于孔子是胡适自《中国哲学史大纲》以来非常自负的观点，而钱穆很早即撰有《老子辨伪》(一九二三)，并主张老在孔后。[4]《先秦诸子系年》中，仍坚持孔子在前，牵一发动全身。因为

---

① 耿云志主编：《胡适遗稿及秘藏书信》，第四十册，合肥：黄山书社，1994 年，第 241—242 页。按，此信末有钱穆苏州地址，可推知写于 1931 年夏钱氏返苏省亲之前不久。

② 耿云志主编：《胡适遗稿及秘藏书信》，第四十册，合肥：黄山书社，1994 年，第 249—259 页。

③ 钱穆：《师友杂忆》，台北：东大图书公司，1992 的，第 128 页。

④ 钱穆：《国学概论》，上篇，台北：台湾商务印书馆，1977 年，第 51—52 页。

他主张先秦诸子，其渊源皆起于儒，始于孔子，老子不得在孔子之前[①]，故这一差异不只是谁先谁后的问题，而是关系到儒家在古代思想乃至于整个中国思想之地位的问题。胡适发现钱穆始终反对他[②]，《胡适的日记》一九三一年三月二十二日条写着，读了《诸子系年考辨》的草稿，其中老子年代移后是一个要点，两人在当天为此有所争辩。[③] 钱穆于一九三〇年在《燕京学报》第八期发表《关于〈老子〉成书年代之一种考察》一文，胡适随即公开发表《与钱穆先生论老子问题书》(《清华周刊》一九三一年三一卷九、一〇期)。从以上迹象看来，两人在这个问题上是无法调和的，这也说明了为什么胡适迟迟不肯为《系年》一书写序了。[④]

胡适这位新汉学的领袖，对钱穆既欣赏又排斥，欣赏其能与我同治考据，且能更深一层，解决诸多问题。[⑤] 但是过此以往，则不一定能相容，而且钱穆的论点不只是与胡适、傅

---

① 钱穆：《先秦诸子系年》，《跋》，香港：香港大学出版社，1956 年，第 621 页。

② 胡适：《胡适的日记》，台北：远流出版公司，1989—1990 年，二十、三、十七条记道："读《燕京学报》第八期中钱穆先生的《关于〈老子〉成书年代之一种考察》写一长信给他。留稿。"

③ 胡适：《胡适的日记》，台北：远流出版公司，1989—1990 年，二十、三、二十条。

④ 1932 年春，钱穆又刊《再论老子成书年代》于《北大哲学论丛》。

⑤ 如胡适之推重钱穆讲先秦诸子，胡适、傅斯年之欣赏其《刘向歆父子年谱》，胡并告以彼写《先秦哲学史》时之所以无诸子之历史背景是因当时"君之《刘向歆父子年谱》未出，一时误于今文家言，遂不敢信用《左传》"。钱穆：《师友杂忆》，台北：东大图书公司，1992 年，第 144 页。而傅斯年当史语所有外宾来时，邀钱氏入宴，并介绍其为《年谱》一文之作者(钱穆：《师友杂忆》，台北：东大图书公司，1992 年，第 146 页)。《胡适的日记》二十三年二月二十五日条亦记胡适邀钱穆与将往牛津任教的 Mr. Hughes 吃饭。

斯年(一八九六至一九五〇)、顾颉刚等不相容，与当时新派的整体治学风气也有不少扞格。对于中国古代历史文化之整体评价[①]，对于《说儒》之批评[②]，对于疑古，主张“事有可疑，不专在古，古亦多无可疑者”[③]，对于治学是否一定要用新材料[④]，对于治史是否重通史之态度[⑤]，对于中国政治制度史之有无价值[⑥]，乃至于对文史是否可分为两途，皆持异见。[⑦]

吾人可以想象钱穆当时在北大与胡适等新派学者之间的奋斗之苦况，钱穆说：

> 余自入北大，即如入了一是非场中。
>
> 大凡余在当时北大上课，几如登辩论场。上述老子孔子两氏不过其主要之例而已。闻有北大同事之夫人们前来余课室旁听，亦去适之讲堂旁听，退

---

① 钱穆说：“适之为文，昌言中国文化只有太监、姨太太、女子裹小脚、麻雀牌、鸦片等诸项。心史为文驳斥，不稍假借。”见钱穆：《师友杂忆》，台北：东大图书公司，1992年，第154页。

② 钱穆：《驳胡适之〈说儒〉》，《中国学术思想史论丛》，第二册，台北：东大图书公司，1977年，第373—382页。

③ 钱穆：《师友杂忆》，台北：东大图书公司，1992年，第142页。

④ 钱穆回忆写道：“又有人来书云，君不通龟甲文，奈何腼颜讲上古史。”钱穆：《师友杂忆》，台北：东大图书公司，1992年，第142页。

⑤ 钱穆提到傅斯年“彼似主先治断代史，不主张讲通史”。钱穆：《师友杂忆》，第146页。

⑥ 陈受颐受傅斯年影响，“大意谓中国秦以下政治，只是君主专制。今改民国，以前政治制度可勿再究”。钱穆：《师友杂忆》，台北：东大图书公司，1992年，第147页。

⑦ 钱穆认为“当时学术界凡主张开新风气者，于文学则偏重元明以下，史学则偏重先秦以上，文史两途已相悬绝。其在文学上，对白话文新文学以外，可以扫荡不理。而对史学，则先秦以下，不能存而不论，但亦急切难有新成就”。钱穆：《师友杂忆》，台北：东大图书公司，1992年，第147页。

后相传说以为谈资。

又有一学生告余，彼系一新学生，旧同学皆告彼，当用心听适之师与师两人课。乃两师讲堂所言正相反，不知两师曾面相讨论可归一是否？①

敌意的加重，使得钱穆对胡适及其学圈有着种种的恶意猜测，两人之间原本薄弱的信任感便逐渐瓦解。②

钱穆与胡适学派最大的决裂点恐怕还是在一个老问题上，即对传统历史文化究竟应该同情地理解还是采取决绝的批判态度。在这一个关键点上，当时北京学圈中新汉学的主流人物，其实也分成两派。如钱穆等人，治学的方法与态度虽与胡适相近，可以笼统归在新汉学的旗帜下，但他们对传统文化的评价不同，仍与胡适有所区隔。

一派是以胡适、傅斯年、顾颉刚等人为主，一派是同样重考据、讲实学，但对传统历史文化之价值仍抱不同程度之同情者。钱穆在北京主要是与第二圈人交往，如陈寅恪（一八九〇至一九六九）、汤用彤（一八九三至一九六四）、陈垣（一

① 钱穆：《师友杂忆》，台北：东大图书公司，1992 年，第 143、145、143 页。

② 如钱穆向胡适借《求仁录》，适之亲自领他到保险箱取出，“邀余同往，或恐余携书去有不慎，又不便坦言故尔”。其猜测或许不误，但亦可见其间信任基础之薄弱。钱穆：《师友杂忆》，台北：东大图书公司，1992 年，第 164 页。按，胡适借给钱穆的《求仁录》显然只是两卷残本，见《中国近三百年学术史》中所引。《求仁录辑要》实际上足本有十卷，见《四库存目丛书》子部。

八八〇至一九七一)、马衡(一八八一至一九五五)、吴承仕(一八八四至一九三九)、萧公权(一八九七至一九八一)、杨树达(一八八五至一九五六)、余嘉锡(一八八四至一九五五)、蒙文通等。此外，与他交往的还有一群对心性之学或旧文化有所同情理解的人，如熊十力、林宰平(一八七八至一九六一)、梁漱溟。[①]

三、“新学生”与“旧学生”

梅光迪(一八九〇——九四五)的《评提倡新文化者》有一段观察，他说“民国以来功名之权操于群众，而群众之知识愈薄者，其权愈大。今之中小学生即昔之君主卿相也”[②]。“听众”是讨论此期思想学术不能不注意之新问题，“学生”成为选择思潮走向的主体。由钱穆在北方所吸引之听众，可以看出当时学生间“新”“旧”划分之实况。当时北京主流学圈吸引的是新学生，而钱穆所吸引的是他所谓的“旧学生”，这与他们的史学特色有关。当时“新学生”所向往的是批判的、怀疑的、西方的、为学术而学术的、专题式的研究，而钱穆所吸引的是对传统抱一定程度之同情，对于历史研究并不持只为知识而知识之态度，他们强调史学的社会功能，渴切对重大的政

---

① 钱穆与蒙文通初见，即与汤用彤共三人畅谈历一通宵又一上午，至少 20 个小时。见钱穆：《师友杂忆》，台北：东大图书公司，1992 年，第 155 页。

② 罗岗、陈春艳编：《梅光迪文录》，沈阳：辽宁教育出版社，2001 年，第 4 页。

治社会问题有所论断，对未来的发展能指示方向。以上两种方向大抵代表当时新派与传统派史学之分野[①]，他们各有支持的听众。

钱穆所吸引的，正是一群对“为学问而学问”“无所为而为”的治学态度感到不耐烦，渴求从历史文化的研究中获得对现实指引的人。这样的人相当多，一九二八年四月十九日《民国日报·觉悟》刊载常乃的《再论整理国故与介绍欧化》，他抱怨说：“可是他（胡适）整理国故的结果，给予了中国现代的国民以何种影响呢？将一部《红楼梦》考证清楚，不过证明《红楼梦》是记述曹雪芹一家的私事而已。知道了《红楼梦》是曹氏的家乘，试问对于二十世纪中国人有何大用处？……固然‘无所为而为’的治学精神也未尝没有道理，但那是承平之世的勾当，在乱世的学者应该抱‘为人生而研学’的态度才是。固然考证了一件小小的事情给国人训练明辩的论理思想也未为不是，但其影响总未免太小了。”[②]常氏的文章显示部分青年对胡适的治学态度早已感到不耐，青年中逐渐出现分裂，一群倾向于胡适，一群希望别寻出路，这也反映在北大的课堂上。

当时北大教师或由小课堂换大课堂，或由大课堂换小课堂，“学生以此为教师作评价，教师亦无如之何”[③]。即代表学

① 详见王汎森：《价值与事实的分离？——民国的新史学及其批评考》，《中国近代思想与学术的系谱》，台北：联经出版事业公司，2003 年，第 377—462 页。

② 《民国日报·觉悟》，1928 年 4 月 19 日。

③ 钱穆：《师友杂忆》，台北：东大图书公司，1992 年，第 148 页。

生们在选择思潮的方向。在一九三一年间，胡适的课堂上总是有两三百人①，钱穆所教授的“中国制度史”，原先是被系方拒绝，但学生日益增多。② 开授“中国通史”时，其特色是由一人讲授，“通贯全史”③，“而尤要者，在凭各代当时人之意见，陈述有关各项之得失”④，不取新派对古代历史文化所持批判否定的态度，开授之时，修课及旁听者“每一堂常近三百人，坐立皆满”，而且有学生连听六年。⑤更重要的是，钱穆的讲授对当时人们所关心的国家前途问题能提出某种解答，如在北师大兼课时，“及登堂，听众特多，系主任亦在窗外徘徊”。其中有一重要处是学生在课堂上所关心的是“中国封建社会系秦前结束，抑秦后开始，又或秦前秦后一体直下无变”⑥。敏感的读者将会发现这是“中国社会史问题论战”所激发出来的。由于这个论战所提出的问题不只关涉历史，而且关涉未来政治革命所取的路向，所以当时人认为具有极高的现实迫切性。在新派史学看来，觉得此等问题空泛笼统，与纯学术无关，所以不大理睬。梁漱溟即以此问题询问胡适，认为以胡适这样的文史大师，面对时人感到极为迫切之问题，竟未有所表

① 见《胡适的日记》，台北：远流出版公司，1989—1990 年，1931 年二月十日、二月十七日、三月十日、八月二十八日条。

②④⑤⑥ 钱穆：《师友杂忆》，台北：东大图书公司，1992 年，第 148、150、151、152 页。

③ 钱穆回忆当时的情况说：“时国民政府令中国通史为大学必修课，北大虽亦遵令办理，但谓通史非急速可讲，须各家治断代史专门史稍有成绩，乃可会合成通史。”钱穆：《师友杂忆》，台北：东大图书公司，1992 年，第 149 页。

示，感到大惑不解。[1] 在钱穆之前讲授此课的几位先生似无法满足学生的渴望[2]，而钱穆所授，“今幸两堂过，学生竟不发此问，并闻对先生深致满意”[3]。钱氏之所以得以过关，乃是因为对时代所关心的问题提出一种解答，而他后来的学术取径，即由纯学术探讨愈来愈转向梳理史学与国家民族的未来发展。

四、史学的社会功能

钱穆在燕大一年（一九三〇），在北大七年，他的几部大著作多成于此时，钱氏晚年回忆此期之治学，说他本好宋明理学家言而不喜乾嘉考证，但是为了追随“时风”，却给人一种“喜治乾嘉”的印象。[4]《师友杂忆》中有一段记张君劢（一八八七至一九六九）责备他说：“君何必从胡适之作考据之学？”[5]高去寻（一九〇九至一九九一）先生也曾告诉我，傅斯年骂钱穆治考据成名而专骂考据。这几段坦直的回忆意味甚深，应该分两层了解。首先，它们说明钱穆当时治学“追随时风”，而同时代人则认为他追随胡适治学之风，这个时风，也就是当时流行的新汉学。钱氏之所以得到顾颉刚之接引，得

---

① 梁漱溟：《敬以请教胡适之先生》，收入《胡适论学近著》，《附录》，上海：商务印书馆，1935年，第456页。

② 钱穆写道：“某君所答，听者不满，争论不已，终至哄堂而散。某君遂决不再来。别请某君，复如是，仍哄堂而散。某君遂亦决不来。”见钱穆：《师友杂忆》，台北：东大图书公司，1992年，第152页。

③④⑤ 钱穆：《师友杂忆》，台北：东大图书公司，1992年，第152、137、324、160页。

到学术主流人物之重视[1]，成为学界瞩目之焦点，皆因他“预”此主流，但他私心中对此并不满意。第二层，他说自己“求加以明证实据，乃不免向时贤稍有谏诤”，是他所得的结论与胡适等人不同。[2] 但是如果以“范畴逻辑”看，正反两方仍在同一个范畴中。他之所以能进入北大，而又能与胡适等人分庭抗礼，其原因皆在于此。而他之所以与胡适等人分道扬镳，甚至抗战胜利后未再得北大聘函回北方，其原因亦在此。

抗战以后，钱氏治学风格进入第三期，照他的说法，是“因遭时风之变”，转向史学[3]，故写了《国史大纲》，接着更转入心性义理及禅宗之学以及文化史研究。

从“九一八”事变以后一直到抗战爆发，因为时局的挑战，使得所有学问是否能“致用”，是否能因应时代之需求，成为一个重要考量，史学的社会功能，史家积极的社会角色，成为时人关注的主题。学问是否能关联呼应现实，是否能指出大方向(不管这个方向是什么)，是否有一套大叙述来回应时代困局，成为一个新的标准。而如果以此标准，则钱穆与左派史学属于正面，而胡适等人所提倡的新汉学，他们所坚持的批判态度，及奉持“展缓判断”而迟迟不肯下大结论的精神，反而成为一种负担。

---

① 钱穆也得到包括胡适的推重。例如他的回忆里提到别人对他说：“适之尊君有加。有人问适之有关先秦诸子事，适之云可问君，莫再问彼。”钱穆：《师友杂忆》，台北：东大图书公司，1992 年，第 143 页。

②③ 钱穆：《师友杂忆》，台北：东大图书公司，1992 年，第 324、327 页。

在抗战时期，整个民族面临着生死存亡之关键，这个时候相当要紧的任务是说服全民族，何以这个民族的历史文化有价值、有意义，应该为它的生死存亡而奋斗。过度批判民族历史文化的学术取向，不能指示国家民族未来正面发展的史学，在现实上要让位给反对的阵营，而钱穆的《国史大纲》正是在这种大环境之下应运而出。

抗战时期，整个学术文化界面临着重整。学术社群的核心与边陲之位移与地域转移有密切关系，知识分子大规模的地理迁移，也使得原先的学术核心与边陲地域出现大洗牌，离开北京，新汉学权威的笼罩压力不再像以前那样大。第二次世界大战爆发后知识界评价中西文化之优劣，也出现松动的现象。战前西方文化是衡量中国文化优劣的唯一一把标尺，而大战爆发后，英、美处处失利，中西文明成了两把标尺。当时意大利法西斯、德国纳粹，对近代以来中国人所崇奉之英、法民主政治多方抨击，它使一些人憬悟：即使在近代西方，仍多壁垒相持，西方文化，不是全然可以师法。[①] 罗庸（一九〇〇至一九五九）有这样的观察："第二次世界大战爆发，英、美处处失利，国人愈自信吾之所有者，殆非欧西之所能及，因之本位文化之说盛极一时。"[②]第二，左派势力大兴，西南联大师生已出现尊美与尊苏之对抗，而重庆中央政府之外，另有趋向延安者，钱穆自谓在"国内纷呶，已有与国

---

① 钱穆：《师友杂忆》，台北：东大图书公司，1992 年，第 324 页。

② 罗庸讲授、李觐高笔记：《习坎庸言》，1998 年，第 139 页。

外混一难辨之势”的情况下，却独未见阐发中国四五千年历史传统文化之精义者，所以决心解决“中国历史文化传统之一大问题”①，决心“此后治学，似当先于国家民族文化大体有所认识，有所把捉，始能由源寻委，由本达末。于各种学问有入门，有出路”②。

钱穆最初并无撰写中国通史的计划，最多只想模仿赵翼（一七二七至一八一四）的《廿二史札记》，“就所知各造长篇畅论之”，但是时代的需求在此不在彼。陈梦家（一九一一至一九六六）提醒钱穆他原先的计划乃“为一己学术地位计”，“但先生未为全国大学青年计，亦未为时代急迫需要计。先成一教科书，国内受益者其数岂可衡量”③。当时北方学风重专题研究而不重通史，故写教科书是不被鼓励的，但诚如陈梦家所说，如果史学是要呼应时代困局，则学术撰述的风格应该不同，钱氏乃决心脱离“为学术而学术”的旧辙，决心要从史学中求得“历史智识”，作为指引社会政治未来之发展，而《国史大纲》的《引论》一出，迅速吸引各方注意，也正反映时人内心之渴望。《国史大纲》的《引论》发表于报刊时，“一时议者哄然”，陈寅恪许之为大文章，而钱氏回忆当时在联大讲授的情形是“课室中多校外旁听生，争坐满室。余需登学生课桌上踏桌而过，始得上讲台”，而《国史大纲》出版后，有人整书

①②③　钱穆：《师友杂忆》，台北：东大图书公司，1992 年，第 145、191 页。

抄传，且“滞留北平学人，读此书倍增国家民族之感”[1]，正好印证了时代的精神焦虑。而当时新汉学并未针对时局有相应的作为，他们对史学知识的性质及史学与社会现实之认知上与钱氏有别，故《国史大纲》一出，“闻毛子水将作一文批驳”，而出版之后，傅斯年对此书之意见是“向不读钱某书之一字”。[2]

抗战时期，钱穆开始对中西历史文化之特质做黑格尔式的大论断，他概括性地比较中西文化，指出它们各自的独特性，以及中国历史文化何以优于西方文化，并主张中国应该走自己的道路，譬如在《中国文化史导论》中说，中国不应追逐西方走向商业国家或工业国家的路，应该以发展宽广的“大型农业国”为其目标，“然人类生活终必以农业为主”，“苟使今日之农业国家，而亦与新科学、新工业相配合，而又为一大型农国，则仍可保持其安足之感，而领导当前之世界和平者，亦必此等国家是赖”。[3]

在同时代，左派史学也因能与现实发生密切关联，并为未来指出明确方向，而比一九二〇年代吸引更多青年。离开北京这个新汉学的基地，学术的核心与边陲有了微妙的重整，原来居于核心地位的新汉学，虽然仍在建制性的学术机构中占有主流的地位，但是对于青年及一般群众的实际影响而言，则要让位给居于边陲的史家们。

此时的“新学生”指的是向往马克思主义的青年，而在“新

---

①② 钱穆：《师友杂忆》，台北：东大图书公司，1992 年，第 201—202 页。

③ 钱穆：《中国文化史导论》，《弁言》，台北：正中书局，1965 年，第 4 页。

学生”眼中，新文化运动以后之“新学生”，与欣慕传统文化的人都是“旧学生”了。

此时已经不只是对中国文化的褒抑问题，同时还包括应该做“中国人”还是做“世界人”的问题，是学生应安心读书，还是前往延安参加革命的问题，是应该维持中国之主体，还是以苏联为师的问题。①

教师在课室中所面临的压力也愈来愈大。钱穆对此发展非常不满。上课与否由学生操纵，学校事务亦由学生操纵，“不闹事，即落伍，为可耻”，钱氏在抗战时一反过去专意学术——“凡属时局国事之种种集会与演讲，余皆谢不往”，转而积极评论国事，刊于报纸杂志，“学生亦遂不以世外人视余”，但因为其反共态度鲜明，所以闻一多(一八九九至一九四六)公然在报章写文章骂他“冥顽不灵”，而凡联大“左”倾教授无不视之为公敌。为了避免卷入国共争议及学校师生风潮，在抗战胜利后，钱穆自誓从此不赴京沪平津等四处学校授课②，而流转于昆明五华书院、云南大学、无锡江南大学，但他都免不了“新学生”的挑战。他的遭遇与北京学圈中的一批自由派学者(如胡适)的遭遇愈来愈像了。

这个时候有许多人都苦恼地发现在国共斗争中自己成了

---

① 钱穆为此与冯友兰的争论，见钱穆：《师友杂忆》，台北：东大图书公司，1992 年，第 226、233 页。

② 以上分见钱穆：《师友杂忆》，台北：东大图书公司，1992 年，第 241、225、229、232、229—230 页。

"第三种人"，自由派知识分子储安平(一九〇九至一九六六)便直截地表达这种苦恼[1]，而钱穆发现自己也是另一意义下的第三种人，既不是胡适、傅斯年的新汉学主流，也不是左派学者，是两边都不喜欢的第三种人。

在抗战时期，钱穆与蒋介石(一八八七至一九七五)逐渐接近。抗战时，侍从室出面支持过一些学术文化活动，像马一浮(一八八三至一九六七)的讲学，贺麟(一九〇二至一九九二)、冯友兰(一八九五至一九九〇)的哲学会出版活动等。[2] 当时蒋介石提倡宋明理学，钱穆的学术意趣与此相符，故两人渐有机会接近。一九四九年后，钱穆更积极致力于"从历史文化中寻找民族的出路"。他说："余对国家民族前途素抱坚定之乐观，只望国人能一回顾，则四千年来历史文化传统朗在目前。"[3]

这一段话大概可以总结他此后一切著作的基本方向。

五、一些值得思考的问题

前面花了许多篇幅讨论钱穆与胡适的合与分，它是为了帮助我们了解钱穆思想的特质及他与一九二〇年代的各种新

---

① 储安平致傅斯年信，见王汎森、杜正胜编：《傅斯年文物资料选辑》，台北：傅斯年先生百龄纪念筹备会，1995年，第228—229页。

② 见冯友兰：《三松堂自叙》，收入《三松堂全集》，第一册，郑州：河南人民出版社，1985年，第105页。

③ 钱穆：《师友杂忆》，台北：东大图书公司，1992年，第257页。

思潮的异同。钱穆显然不是为了进入当时学术最高的殿堂而刻意“预流”。新文化运动以后，“科学”的锐猛之势，横扫千军，胡适指出考证学合乎近代科学的精神，他所提倡的以科学整理国故的学风逐渐形成一种强势论述，是当时新的“价值层级”[或是用波迪厄(Pierre Bourdieu)的话 hierarchies of significance]的最高层，与先秦诸子有关的考证或其他种种“客观之学”则是主流。在这个“价值层级”的下位则是带有主观色彩的心性义理之学。这个新价值层级挟现代学术建制的帮助，取得了庞大的说服力与压迫力，它吸引、调动各地的学术人才，向它所标榜的学风靠拢，并默默进行具有排他性的筛选。钱穆这个远在江南的读书人也接触到这个新学风，并受到它的吸引，向带有“科学性”的新考证学靠近。

但是，他之所以被新学风所吸引，还有思想上的积极理由，而此积极理由便是前面所讨论过的，他对戊戌以来的新学所抱持的态度与守旧派并不完全一样。他非但不是一开始便对新学视而不见或完全排斥，而且根本同意“将来中国的科学化与民治化是无可疑的”①。他对新风气抱有一定程度的欣赏，但同时也有所批判。欣赏其能开一代新风气，而且这些新风气在他看来大多有正面意义。

前面提到，新文化运动以后胡适的一言一行为全国各地读书人所注意，远在江南的钱穆，也在仔细地推敲着。他对胡适

---

① 钱穆：《国学概论》，下篇，台北：台湾商务印书馆，1977 年，第 168 页。

参与领导的几件大事相当欣赏，对于新文化运动，他说“故文学革命的运动，实乃人生思想道德革命的运动，言其成效，亦以改换社会人生观念与提出新思想新道德之讨论，为此次文学革命莫大之成绩”。至于胡适所提倡的实验主义，钱氏认为那是自严复以来，“能为有主张的介绍，与国人以切实的影响者，惟胡氏之实验主义而已”，并认为在新文化运动进行的过程中凡有功于社会者，皆是能深入而不背离实验主义者，而凡是有流弊者，皆因不了解实验主义所致。对于胡适的《中国哲学史大纲》，钱穆评道：“要之其书足以指示学者以一种明确新鲜之方法，则其功亦非细矣。”对胡适所提倡的先秦诸子学研究，他说：“然清儒尊孔崇经之风，实自三人（章太炎、梁启超、胡适）之说而变，学术思想之途，因此而广。”对于古史辨，他说：“而破弃陈说，驳击旧传，确有见地。”对于胡适在科学与人生观论战中主张以科学的人生观“做人类人生观的最低限度的一致”，钱穆认为：“此所谓最低限度的一致者，自有根据，未易推倒。”①

厘清钱穆对上述新思潮的看法，有助于了解他在近代文化保守思想家中所居的地位，尤其是他与一九二〇年代初的所谓“东方文化派”的关系。

（一）钱穆与“东方文化派”

第一次世界大战结束之后，梁启超访问欧洲回来后出版

① 以上引文见钱穆：《国学概论》，下篇，台北：台湾商务印书馆，1977年，第154、157、143、144、149、174页。

了《欧游心影录》，宣称欧洲自启蒙运动以来的文化已濒临破产，书中《科学万能之梦》一篇，对迷信科学者给予有力的针砭，并引法国哲人之语，认为欧洲正寄望东方文化的复兴来解救西方。[①] 对新文化运动以来被压抑得透不过气来的文化保守派而言，梁氏的言论不啻是新福音，故一九二〇年代初出现了一股被笼统地称为“东方文化派”的思潮，章士钊（一八八一至一九七三）的《甲寅杂志》、梁漱溟（一八九三至一九八八）的《东西文化及其哲学》、张君劢等在“科学与人生观论战”中的言论，乃至远在南方的《学衡》都是。

从表面上看来，钱穆的言论与他们颇为相似，都对极端反传统主义表示不满，都希望对固有的历史文化保持一定的温情与敬意，但是在根本之处也有所出入：第一，前面已经说过了，他对晚清以来的新学有所肯定，而东方文化派则往往是“新文化运动”的反命题，从反对新文化运动为出发点来形塑自己的文化论述。第二，钱穆非但不排斥科学与民主，而且还积极地加以提倡。东方文化派不能说是反科学，但往往在字里行间透露出菲薄科学的意味，钱穆在《国学概论》中综括出中国历代思想的特色，认为先秦诸子是“阶级之觉醒”、魏晋清谈为“个人之发现”、宋明理学为“大我之寻证”，接着主张“则自此以往，学术思想之所趋，夫亦曰‘民族精神之发扬，与物质科学之认识’是已，此二者，盖非背道而驰，不可

① 梁启超：《欧游心影录》，台北：中华书局，1976 年，第 10—12 页。

并进之说也。至于融通会合，发挥光大，以蔚成一时代之学风，则正有俟乎今后之努力耳”①，则他对“物质科学”所抱持的积极态度可知矣。而且他主张民族文化与物质科学可以互相融会。在这方面，他与东方文化派的文化论述有所出入。

钱穆认为东方文化派在形塑其文化观点时，从出发点就深受他们所反对的新文化运动的影响而不自知——他们的思维深处不自觉地接受了陈独秀等人的论点，认为东方是精神的、道德的，西方是物质的、科学的，并由此出发点来构思中国文化未来的道路。他以梁漱溟为例说，梁氏主张中国文化与西方文化根本不同，尤其是说，假使西方文化不和中国接触，中国即使再走一千年，也断不会产生科学及民主，这“完全受陈独秀独断论之遗毒，殊无历史上细密的证据”②。钱氏批评梁漱溟的调整中国文化须全盘吸收西方文化并加以改造之说，是自相矛盾。此矛盾即出自他用来形塑其文化体系的最根本出发点是陈独秀式的。在论及学衡派时，除了说此派“议论芜杂，旗鼓殊不相称”之外，他隐约地认为《学衡》也受到陈独秀独断论的影响而不自知，故一味强调中国立国的根基是道德的，而与西方古典时代的人文主义相通（如孔子与亚里士多德相通）③，强调有两个“西方”，真正值得学习的是古典的西方，而不是近代的西方，人们应该自觉地以西方古典时代的人文主义来矫正近代西方的功利主义思想。

---

①②③ 钱穆：《国学概论》，下篇，台北：台湾商务印书馆，1977 年，第 189、167、169—170 页。

那么钱穆的观点是什么？他认为中国的历史文化不是反科学的、反物质的，他不相信东西文化是“精神”“物质”之分，认为中国文化“其受病所在，特在局部，在一时，不能若是其笼统以为说也”。认为戴季陶在诠释三民主义时，主张阐发传统文化并与现代民主、科学接榫是一条正确的道路。钱穆认为综合梁启超、梁漱溟与胡适、吴稚晖(一八六五至一九五三)两派，而加上革命的活力，才是比较健全的主张。[①] 我们今天会认为以上论旨是一种老生常谈，但是在新文化运动之后，尤其是在一九二〇年代，它却是一种相当独特的论点。

后来，钱穆曾写过《中国文化与科学》一文，这篇文章应是一九五八年他从香港到台湾的系列演讲之一，虽然时间较晚，但其中论点与早年一贯，而且阐发得比较详细，从中可以看出所谓“民族精神之发扬，与物质科学之认识”所指为何。钱穆认为中国文化本来不轻视物质，不排斥科学，而且重视工商业。中国心性文明中的“格心”之学与西方科学家的精神是相通的。

他说：“近人常说，西方是物质文明，东方是精神文明，此一分辨，实不恰当。”中国思想上有两种态度：“主实验”与“确认不可知”，与西方现代科学精神相当接近，“中国人之思想态度及其道德精神，实与西方现代科学精神较相近，实更近于西方宗教哲学之与其现代科学之距离”。故只能说东西两

① 钱穆：《国学概论》，下篇，台北：台湾商务印书馆，1977 年，第 187—189 页。

种科学之胜场不同，西方之胜场属于自然界，中国属于人文界。“故西方现代科学传入中国，正于中国传统文化有相得益彰之妙，而并有水乳交融之趣。格物之学与格心之学相会通，现代科学与中国传统道德精神相会通，正是中国学术界此下应努力向往之一境。”①

钱氏的意思是，东西文化只在近两三百年的发展重心有所不同，中国固有文化与西方科学不但不矛盾，而且可以有水乳交融之趣。他相信只要经过努力，旧文化内部的活力可以顺利地与西方科学文化进行有机的嫁接。个别具体地改变旧文化是必要的，但不是从外部全盘毁弃旧有的然后才能移植新的。这一态度与新文化派之“不塞不行，不止不流”相反，与东方文化派先承认东西文化的根本差异，再谋求下一个阶段的新路向亦不同，留心钱穆的基本态度，才能了解他为何从晚清以来一直到民国时期始终是新文化的敏感接受者，但同时又是传统历史文化的笃信者。

从本文一开始我便谈到，中国何以不亡，为何不亡，是青年钱穆与当时一般人所共同关心的根本问题。不过大家提出的解答有所不同，胡适派主张文化的根本改造，左派则主张社会的根本改造，而钱穆则是在无所不在的“改造”声浪之外独树一帜，认为恢复“民族自信力”才是根本之途，这是钱穆在一九二〇年代革命浪潮高涨时期所确定的方向，借着《国

---

① 钱穆：《中国文化与科学》，台北：进学书局，1970年，第69—81页。

学概论》中讨论孙中山(一八六六至一九二五)及戴季陶派对三民主义的诠释时特别提出来的。戴季陶(一八九一至一九四九)是当时国民党右派的代表，他主张以中国固有文化为基础去阐释三民主义，很快地成为新文化派、国民党左派及共产青年的眼中钉，但正是这一种结合固有文化、科学、民主、革命的四位一体的主张吸引了钱穆。

钱穆对胡适及新文化派的批判是到处可见的，这与他一贯主张恢复“民族自信力”有关。他曾经说：

> 舍吾中华民族自身之意识，则一切皆无可言者。①

这里便得谈他与胡适及新文化派根本不可能调和之处。在前文中，我已经大致追寻钱穆与胡适在互为辩证的历程中的种种分歧点了，随着时代局势的变化，这些学术思想的分歧蕴含愈来愈强烈的现实意义。

这些分歧点，大致可以分成三部分。第一是属于个别学术论点的，本文一开始即引用钱穆的一段话，他说自己是在“追随时风”之余，“而求加以明证实据，乃不免向时贤稍有谏诤，于古人稍作平反，如是而已”。所以两人在个别论点上有所差异，尤其是胡适太过疑古，太过菲薄固有文化的部分。我不能缕举两人在具体问题上的相异，此处仅举他到北京之

---

① 钱穆：《国学概论》，下篇，台北：台湾商务印书馆，1977 年，第 179 页。

前对胡适的《中国哲学史大纲》的评论。他说胡氏此书“似出急就，尚未能十分自达其主张”，如论先秦学术起源，根据诗经，分说五种人生观，但这五种人生观是任何时期皆有的。又“独于老子前叙述时代背景，此下各家背景转变处，不复详述，无以见各家思想递变之所以然”，并指出书中孔老先后的见解根本错误，又认为其他应改正之处尚多。[①] 对于这些具体问题的不同意见，也往往成为个人关系恶化的导火线。第二是除了具体问题之外，钱穆即使是在学术考证时期，也仍不忘情于心性义理之学的阐发，把他的《中国近三百年学术史》与梁启超、胡适的相关著作相比较，即可以见到他时时仍不忘抉发这一部分的内容。第三是在一些更为根本的历史文化问题上，双方的主张是大有不同的，钱穆认为中国文化有需改进之处，但并无全盘毁弃之必要，他要人们思考一个根本问题：“吾历古相传之文化，为吾先民之所郑重宝爱以相授受者，固犹有可以兴国而保种之效乎？抑将沉沦不复，求自存于天地之间者，惟舍此而他图乎？”[②]他的答案自然是前者。

（二）“保守”或“守旧”

钱穆认为传统是有生机的过去（living past），而胡适派倾向认为那是不再具有活力的“历史”（history）。主张 living past

---

①② 钱穆：《国学概论》，下篇，台北：台湾商务印务馆，1977 年，第 142—143、176 页。

者，对过去的历史文化持同情的理解的态度，持一种内部理解的观点，或是用陈寅恪的话说，是"与立说之古人，处于同一境界，而对于其持论所以不得不如是之苦心孤诣，表一种之同情"[①]。持"历史"的态度者，是由外部加以批判，或全盘重新估定的态度。

正因为钱穆等保守主义者，对晚清以来的新文化的态度是如此复杂，凸显了近代所谓"文化保守主义"者与"守旧派"的不同。保守主义是有意识的，经过反思之后的保守，而守旧派通常是无意识的保守，所以在此处我想区分有意识的保守主义与无意识的守旧主义。常乃德的《中国思想小史》中已略微点出，在新文化运动时期，无意识的守旧只是知其然而不知其所以然，甚至说不出一个反对新文化运动的理由。[②] 卡尔·曼海姆(Karl Mannheim)的《保守主义》(Conservatism)一书，对这两者的不同也有相当多的讨论。所谓守旧主义者，是只想照旧方式往下走的人，在晚清，是那些发誓不用任何洋物者[③]，或像曹元弼(一八六七至一九五三)，认为一八九四年以降所有讲求新学以救弊者，皆属心术不正之徒。[④] 或是坚

---

① 陈寅恪：《中国哲学史审查报告》，收入《陈寅恪先生论文集》，台北：九思出版社，1977 年，第 1361 页。

② 常乃德：《中国思想小史》，上海：上海古籍出版社，2005 年，第 139 页。

③ 贺瑞麟：《清麓遗语》，卷二，第 29 页。此处转引自史革新：《晚清理学研究》，台北：文津出版社，1994 年，第 166 页。

④ 唐屹轩：《无锡国专与传统书院的转型》，台北：政治大学历史研究所硕士论文，2005 年，第 176 页。

决拥护专制，反对共和立宪，或坚决反西学，反新兴学堂者。在新文化运动时代，是像办《国故》的张煊、薛祥绥等人的主张。而保守主义者是经过有意识的反思之后回过头来保守传统历史文化的主干。

我先前在一篇讨论蒙文通(一八九四至一九六八)的历史观的文章中，曾提到批判前的尊孔与批判后的尊孔是不一样的。[1] 钱穆、蒙文通、汤用彤(一八九三至一九六四)乃至学衡派、东方文化派等一大群士人，都不是守旧主义者，他们都受到现代学术文化的洗礼，相当程度地熟悉近代西方文明，甚至受到新文化运动微妙的激荡，再回过头来看传统历史文化，而有意识地保留某些成分。表面看来，其尊孔、尊传统的言论似乎是相近的，但真正的内容已经大为改变了。经过一次又一次激烈的变动与挑战，保守主义者并不将过去一切视为当然，所有先前视为当然的东西，皆要再一次反思与论证，才能被相信或再被提出来。而且每经一次震动后，翻新旧的内容，加入新的表述，为了保卫，为了对抗，有时还会提出原先属于边缘、被敌视的成分，甚至虚构许多原来可能没有的内容，使得它们看似原来早就已经保存在那里的样子。

经过新文化运动洗礼之后，一切都变得不一样了。文化保守主义者所发掘、认识、建构(甚至虚构)的历史文化系谱

---

① 王汎森:《从经学向史学的过渡——廖平与蒙文通的例子》,《历史研究》, 2005 年第 2 期(2005 年 4 月), 第 73—74 页。

也不再与它们原来的面目一样，往往带有与他们辩证对话的“强势论述”的烙印。为了提出一个新体系来保守，往往各开一条新的旧路，有些是反模仿西方的现代性当作古代历史文化已有之精髓——即固有历史文化的精要部分是以西方的尺度来度量，来发掘，甚至虚构的。更多的时候是在不断的竞争中，重新定义自己，修剪、增添、复制、依时代情境形塑出某些未必原来属于传统文化的特质。为了保守传统，他们创造了各式各样的传统。

钱穆早年的学术路径绝非孤例，而是许多文化保守主义者共同的轨迹。他们与前一代的守旧派不同，他们最初每每在各地积极响应新学，而且他们常常是因对新学有所了解而被看重，或是援用新学治旧学，而比前人胜出一筹。不过，他们往往认为“新”的路不是只有一条，“新”可以是在肯定历史文化的活力的前提下进行。但新文化运动以后之“新”则以“不塞不行，不止不流”为“新”之前提。在抉择的关键时刻，钱穆等人选择的是前者，而他在江南古镇中所见晚清以来之新气象，也说明他为何坚决认为不必全盘倒掉“旧”的才能加入“新”的。

(三)地方文化与主流文化

在晚清以来新文化势力排山倒海而来之际，各地仍保有具有地方特色的文化，与新文化形成两个层次，一个是主流文化，一个是地方文化。譬如河南地区是以道光时代李棠阶

(一七九八至一八六五)所留下的理学文化为主[①]，东南文化也“自有渊源”，广义的桐城文派在江南影响很深，桐城文派兼义理、考据、辞章，在思想上大致以宋代理学为主，深入阐发风俗人心与社会政治文化的关联。虽然在晚清民初受到批评，但是它的流风余韵早已沁入基层。“东南文化”固然不止桐城一支，但它无疑是基础最厚的一部分。我们目前对晚清民国各地地方文化的了解还不够深入，但是我们读各种诗文集，都可以发现各地常有围绕几个读书人形成地方文化社群的现象，这种多元的地方文化的特色，是中国思想史上始终存在的现象。

主流文化在变，地方文化也在调动、变化。地方文化与主流文化之间的关系非常复杂，常常存在互相对流或双向建构的现象，但在思想转变的时代，则主流文化往往以强势的姿态压倒地方文化，并尽量使之一元化。

在晚清民初，有几种新兴力量使得地方文化的声音变得愈来愈沙哑。强势的新传播媒介所建构的庞大信息网，往往把一种主流声音带到各个角落，压倒了多元的在地声音，而由小学到大学的新学校体系，也使得知识养成愈趋同质化，别择人才的管道趋于一致。新学校体系相对统一的课程与教材，取代了书院或其他学习团体，相对松散和多元的课程与读本，由小学→中学→大学一级挨着一级向上上升的制度，

---

① 参考王锡彤：《抑斋日记》，开封：河南大学出版社，2001 年，第 44 页。

取代了没有明显年级划分，随着对古代文献不同程度的素养，随时有出口的形式。学生出路与学历高低密切结合，自学成才的路子基本上断了。新学校通过政府注册而得到经费补助，而未被纳入这个系统者，必须忍受经费不稳定之苦。在国民政府北伐成功之后，中央化、标准化、一元化的趋势更为强劲。而在教材课程等方面，是否合乎政府的标准，乃能否得到批准立案的关键要素之一。原先以多元和松散的方式存在的各种学问团体往往难以生存。①

新文化运动的威势，使得“民主”与“科学”思想成为一种压倒性的新标准，同时它又挟着教育体制的帮助，使北京、上海等核心学圈的势力很快笼罩全国，逐渐掩盖了在地的声音，成为转动全国知识的主轴。它将传统的知识性质与传授形式全面重组，牵涉的层面相当复杂而广泛。首先，是“成功的阶梯”(ladder of success)变了。废除科举之后，“成功的阶梯”多元化了，读书人可以选择成为各种专业人士，不必再牢守四书五经及应试做官一路。不过，新教育体制由小学以迄大学(再加上出国留学)逐级确定之后，上下之差，核心与边陲之别重新树立起来，从某种意义而言，它形成了另一种垄断，不在这个建制体系中逐级而上的人，很难获得发言权，套一句章士钊的话：“现在不去欧洲留学，真没有发言的余地。”②过去那种在私塾、书院等比较松散的体系中学习，靠着

---

① 王锡彤说：“学堂渐兴，旧学校不能存。”见《抑斋日记》，第110页。

② 朱执信：《学术的良心》，《朱执信集》，北京：中华书局，1979年，第660页。

几篇文章，便能平流进取的情形，或是在地方士人圈中靠着各种活动成为地方精英的情况，逐渐让位给新的“成功的阶梯”。传授与学习的形式也变了。一位宿儒旁边围绕着一群读书人，形成紧密小团体的旧形式，被课堂上教师与学生依课程与教科书传授的方式取代了，生活与学习之间的关系也变得淡薄起来。所学习的知识比科举时代更多样、更谨严，是否合乎“科学性”成为一道严格的标准。

从地方上杀出来的人物，可以做顽强的抵抗，也可以不予理会，但也可以靠呼应北京的主流文化而上升到全国的舞台，如钱穆的中学同学刘半农(一八九一至一九三四)、四川的吴虞(一八七二至一九四九)等，但从本文可以看出，钱穆早年所走的路是一方面“预其流”，一方面又驾乎其上，终于到了北大。然而在钱穆由“预流”而逐渐上升的过程中，他原先珍视的一部分学问却受到无形的压抑，成了时人所说的“君何为从胡适治考据学”。

不过，从新文化运动以后一直到抗战期间，士人世界始终存在着对新教育体制不满的声音，唐文治(一八六五至一九五四)、熊十力(一八八五至一九六八)、钱穆等人皆向往书院，并对新式大学提出种种的批评。① 唐文治说“古之学校所以造人才，今之学校所以害子弟”，“欲救学生，先救人心”，即是一种相当常见的声音。②他们抱怨学术过度专业化，抱怨

---

①② 钱穆:《师友杂忆》，台北：东大图书公司，1992年，第131—132页。

学问与人格、职业与生活分裂成不相干的两部分。抱怨学校培养专业人，而不是有教养的人，抱怨大学是功利主义的、庸俗的，退化成为职业学校，而忽略了成为一个时代的精神领导。①

唐文治的无锡国学专修馆，章太炎的国学讲习会，马一浮(一八八三至一九六七)的复性书院，梁漱溟在北碚的勉仁书院，都代表着一批不满现代学术建制的人，希望以其他方式传授另一种知识。

(四)一代学风的形成

钱穆与胡适的辩证历程有助于我们检讨一代学风的形成。前面我已多次提到即使是"预其流"而驾乎其上，但在外人的印象中，钱穆还是"君何为从胡适治考据学"，也就是说即使他与新派有种种的不同，但是整体看来，他还是广义的新考据学风的一员。

西学传入中国至少是两方面的，首先是一套科学化、客观化的知识内容迅速取代以四书五经为主体的旧学，另一方面它也带来一套标准、分类，形成另一种辨识高低、优劣的体系，形成一套新的识别系统(signalling system)，它衡量并赏罚优劣，促使人们接受它、模仿它，尽力向它靠拢(一直到今

① 这种情形与德国近代 Mandarin 对大学的感觉是一样的，参考 Fritz K. Ringer, *The Decline of the German Mandarins*, Hanover: University Press of New England, 1990, p. 99, 102–103, 167, 184, 256, 258。

天仍然如此，譬如SCI、SSCI、AHCI，对非西方国家学术界所发挥的作用)，形成一种新的学术风气，在学问上如此，在其他许许多多方面，也无不如此。

一代学风的形成，与一种学术内在的精严性或是否更趋近所谓“真理”不一定呈正比关系，而与当时的社会文化环境或权力关系分不开。新的“价值层级”的出现吸引各地的读书人向它集中、靠拢，关心相近的问题，或以相近的方式处理问题。它不但吸引人们在“典范”下解决相关的问题(problem - solving)，同时也吸引人们在新的“价值层级”所张起的大伞下各施聪明竞争、对抗。并且为了竞争、对抗而以最大的热情与最快的速度，发掘材料，解决问题，传递学术信息。竞争者之间要进行区隔，但竞争的结果往往使得人们愈来愈相像，在动态的、竞争的情况下，尽管各家存在各种或大或小的差异，但总体而言，他们其实都是在一个新“价值层级”所树立的标准下努力地工作着，形成一部声音有点嘈杂的大合唱，形成史家笔下的一代学风。

钱穆与胡适的对话、竞争，尽管在具体的学术内容上往往南辕北辙，但他被吸引到新考据学这个大伞下工作，以致他原先对桐城文派及心性义理之学的嗜好，反而被摆在比较次要的地位，一直到他与这个学圈决裂之后，心性义理之学才又回过来成为主体。个人学术风格的改变，与整个时代的学风关系是如此的密切。

(五)“文化的”或“文明的”

从晚清以来，中国的士人世界逐渐出现两条路，借用康德的说法，是“文化”(culture)与“文明”(civilization)之矛盾。德国从十八世纪中叶已经出现这两种分野，康德在一七八四年的一篇文章提出一个观察。他提到“文明”时是指精微的社会形式、熟练的礼仪、对世俗知识圆熟的掌握，而“文化”是真正的精神性、有教养的智慧。

依照诺贝特·埃利亚斯(Nobert Elias，1897—1990)的归纳，“文明”与“文化”的分野在英法不甚明显，在德国则两者之间的紧张始终存在。埃利亚斯说，十八世纪以来，德国的“文明”是指繁文缛节的、追求名誉的，“文化”强调真正的“德行”；“文明”是宫廷贵族的、讲法语的、按照法国模式的，“文化”是属于中等阶层、知识分子、讲德语的；“文明”是表面礼貌的，“文化”是真诚坦率的；“文明”表现了殖民和扩张的倾向，“文化”则表现出民族的差异、一个民族的自我觉醒与群体特性。在当时的德国，横在中等阶层知识分子与贵族上流社会之间的那一道墙很高，那些出身于市民阶层的青年的理想、趣味以及他们效法的模式几乎都与宫廷格格不入。[①]“文明”与“文化”这两个概念并不完全适合近代中国，但我只

---

① 以上归纳自 Nobert Elias，The Civilizing Process vol. 1：The History of Manners (NY. Urizen，1939)，Ch. 1。我用了王佩莉与袁志英的中译本《文明的进程》，北京：生活·读书·新知三联书店，1998—1999，第一部分的译文。

想比较粗松地借用它们来梳理出晚清以来思想文化的两条路。

以晚清以来的中国而言，如果以“文明”和“文化”来分，则由梁启超到胡适代表的是“文明”的思维，梁氏在晚清积极鼓吹“文明”及“文明史”[①]，它的特征是认为所有人类文明只有一个阶梯，各个国家都在同一个阶梯上攀爬，并有清楚的进步落后之分，而且处处以西方先进国家的标准来衡量本国的一切事物。但章太炎等人却认为“文明”是一个坏名词，“文明为极盛之野蛮”[②]，各个国家的文化特质不同，所以人类不是只有一个阶梯，而是有许多个阶梯。胡适与早期的梁启超的思想内容很不同，但是在以西方“文明”作为“全盘重估”历史文化的标准以及学习的对象这一点，两人的思维模式比较接近——西方现代“文明”的标准，也就是人类共同的标准。另一派强调的是“文化”，认为各个文化皆有其特质，阶梯不是只有一个，评量的标准也不是单一的，所以时时强调本土文化的独立价值，认为中国文化土壤所蕴育的生命力尚未中断，不应以“文明”的态度从外部加以评断、批判，或是把历史文化当成“检视”“研究”的物件。

从钱穆与晚清以来新文化复杂的辩证关系，我认为“文明”与“文化”的区分是一对非常有用的概念，但是它必须有中间态或混合态，钱穆及一大群文化保守主义者属之。

---

① 梁启超：《新史学》，《饮冰室文集》，第四册，台北：中华书局，1983 年，第 1—32 页。

② 章太炎：《驳神我宪政说》，收入汤志钧编：《章太炎政论选集》，北京：中华书局，1977 年，第 406 页。

六、结论

本文一开始即试着将钱穆庞大的思想学术体系加以分期，主要集中在探讨一九四九年以前他与新学风对话、辩证的历程。

(一)本文首先厘清一般的误解：以为钱穆自始至终对清末民初以来的新思潮，对民国学术界巨子胡适等，采取排斥的态度。事实上，钱穆的成学过程中，大量吸收了新学风的质素，同时也密切地与主流论述进行对话、辩证。他之所以从江南的一个读书人上升到全国舞台，即因他能“预其流”，与主流论述辩证与对话。在对话、辩证的过程中，他早年在心性义理方面的怀抱渐渐隐而不彰，成为一位知名的考证学者，而且因为钱穆对清末民初以来的新学并不排斥，而是主张适当地吸收，并嫁接到传统文化的根干之上，所以与所谓“东方文化派”有着根本的歧异。

(二)民国时期北京学术圈由三种力量组成，第一是新汉学，这是与胡适最为密切的一环；第二是精擅考证，而对传统历史文化仍抱同情者，如陈寅恪、钱穆、汤用彤等；第三是当时持心性义理之学者，如熊十力、林宰平。从钱穆的《师友杂忆》中可以看出他愈来愈亲近于第二、三者，而与第一圈愈来愈疏远，终致决裂，未再获聘回到北大。本文借此说明一代学风之离合以及钱穆与当时新汉学领导者们在最根本的文化问题上的分歧。他坚持固有文化只是一时受痛而不可全盘毁弃。随着“九一八”事变、对日抗战等民族存亡大事之刺激，这些分歧愈来愈具有现实的社会政治意义，也愈来愈不可能调和，终致决裂。

（三）在说明钱穆与清末民初新学风的复杂关系，以及他对西方民主与物质科学的真正态度之后，本文进一步讨论他在当时所谓保守主义思想家中所占的特殊地位，以及他的主张何以与一九二〇年代的所谓“东方文化派”有所不同。这当然也可以解释为何当时他能欣赏胡适及新文化运动的某些主张。而钱穆的文化态度，其实是民国学坛中相当活跃的一大群学者，如陈寅恪、汤用彤、蒙文通等的共相，只是具体表现有一些差异而已。

（四）本文也由钱穆这位带有浓厚东南文化色彩、长期在江南研究教书的读书人，与民国学术主流之间的对话、辩证历程，讨论几个问题：第一，新的主流学风与地方文化之间的关系。在现代传播媒介及新学校体系的帮助之下，新学风如何逐步压倒地方上多元文化的声音。第二，本文也讨论了一批文化保守主义者对新学校的强烈批判，而离开北大之后的钱穆，在意趣上也与这股批判之风再度合流，参与书院、讲会的活动。第三，本文借着这个实例，讨论一代学风的形成：在一个价值典范下自由竞争，也是形成一代学风的过程中不可忽视的因素。在动态的构成中，调动着各地聪明才智之士，各出智巧，向它靠拢，最后形成一部嘈杂的大合唱。

第四，本文也借用了康德（Immanuel Kant，1723—1804）以来的“文明”与“文化”之分别，讨论中国近代思想中的两派，同时也指出，像钱穆这样的文化保守主义者，不可完全归到其中任何一方。

（五）回顾钱穆早期的学术思想变化，除了与一代学风有关，也有与时代变局相辩证、相对话的关系。故一九二八年以后的社会史论战、一九三一年的“九一八”事变及一九三七年的对日战争，是三个关键时刻。“九一八”事变及对日抗战这两个重大历史事件，使得学术如何呼应现实变得愈来愈迫切，也逼使人们对当时的主流学风进行更深刻的反省，转向思考历史文化的大问题。在追求客观的“学问”与引导国民对国家、民族的基本“信念”之间，天平愈来愈倾向“信念”，故《国史大纲》一开始即强调，“凡读本书请先具下列诸信念”①。

从钱氏治学的轨迹看，一九二八年、一九三一年以后明显转向史学，一九三七年以后，先则转向通史式的，带有通论色彩的大叙述，后来则因感到民族心灵之空虚而更深地转向心性义理之学的阐述。

尤其值得注意的是抗战时期，他刻意要提出中国文化在世界文化中之特殊性，至此，钱氏似已脱离旧辙，要以一个新的体系来对抗新文化运动以来的体系。决裂之后的钱穆，再度成为荒野中的英雄，他逐渐脱离考证，转向心性义理之

---

① 钱穆：《国史大纲》，上册，台北：台湾商务印书馆，1984年，第1页。

学，转向历史文化的大论述，希望从传统历史文化中寻得一种通解，并为现实指出一个确当的方向。

本文根据作者二〇〇五年在香港浸会大学历史系的公开演讲稿发展而成；原发表于《燕京学报》，新21期(2006年11月)，第253—287页。

重访钱穆的《中国近三百年学术史》

“中国近三百年学术史”是一个非常光辉的学术领域，梁启超(一八七三至一九二九)、胡适(一八九一至一九六二)、钱穆(一八九五至一九九〇)都曾围绕这个主题，做了各式各样引人入胜的研究。这使我想起本雅明(Walter Benjamin，1892—1940)在《历史哲学论纲》一文中，借用了保罗·克利(Paul Klee)的一幅画《新天使》(Angle Novus)阐释他对历史的看法：“历史天使的脸望向过去，身体前进到未来。”[①]当然，历史书写中存在着相对稳定的部分，但我们却不能不承认，历史研究确实带有本雅明所说的这个特色：每一代人“身体前进到未来”时，他们对所讲的过去选材叙述并不一定相同。如清代嘉庆年间形成的《儒林传稿》，其中所选的人物与近百年

① Walter Benjamin，Hannah Arendt ed.，Illuminations (New York：Schocken Books，2007)，p. 257. 中译参考本雅明：《历史哲学论纲》，收入汉娜·鄂兰特编：《启迪：本雅明文选》，张旭东等译，北京：生活·读书·新知三联书店，2008年，第270页。

学者所关注的就有许多不同，在当时的标准中被认为是最精彩、最有代表性的人物是高愈、谢文洊、应撝谦、严衍、潘天成、曹本荣、薛凤祚、陈厚耀、沈彤、朱鹤龄、刘源渌、范镐鼎、徐文靖、李光波、孔兴燮。[①] 但这些学者大多不再出现在后来的学术史中，或是不再被当成那么重要的学术人物了。

晚清思潮动荡甚大，外国思想资源涌入、内在社会政治环境的大变等，都使得“新天使”的脸所看到的近三百年思想有所变化。特别是经过晚清的变法、革命思潮洗礼之后，学者所关注的重点及人物，每每与先前有所不同，而这一波又一波的冲击与“近三百年学术史”这个学域的形成是有密切关系的。以《国粹学报》《国粹丛书》为例，当时至少有几种现实关怀深刻地影响到“国粹运动”的参与者对近三百年思想学术的取舍。他们重视的是：第一，与“君学”相反的“民学”，重视“细民”“下”的思想。第二，批判专制制度，以及与它关系密切的“利禄之学”。第三，强调比较接近现代科学精神的“客观征实”之学。第四，重视任何能与近代西方民主思想合拍的传统思想质素，其中有些是带有创新性、异端性、解放性的。第五，带有西方近代功利主义意味的思想家。第六，关注经世致用议题者。

在这些新标准之下，被突出的是李贽（一五二七至一六〇二）、顾炎武（一六一三至一六八二）、黄宗羲（一六一〇至一

① 阮元(1764—1849)：《儒林传稿》，《续修四库全书》，第537册，上海：上海古籍出版社，1997年，第620—621页。

六九五）、王夫之（一六一九至一六九二）、颜元（一六三五至一七〇四）、李塨（一六五九至一七三三）、戴震（一七二四至一七七七）、章学诚（一七三八至一八〇一）、汪中（一七四五至一七九四）、包世臣（一七七五至一八五五）等人物。即使在刊刻书籍时，背后也每每有上面提到的关怀。譬如邓实（一八七七至一九五一）在戴震《孟子字义疏证》《原善》合刻本的跋语中说："其解理字也，以为理出于欲，情得其平，是为循理，与西国民主之制公好恶于民，而倡人类平等之说相合。"①刘师培（一八八四至一九一九）跋包世臣《说储》云："其说多出于昆山顾氏，行之于今，颇与泰西宪政之制相合。"②邓实也认为《湖隐外史》一书实可称为"民史"，"世每谓中国无民史，此非其一邪"③。又认为邓牧（一二四七至一三〇六）的《伯牙琴》："黄梨洲著《明夷待访录》，其《原君》《原臣》二篇，斥君权，排专制，为千古之创议，然其说原出于先生《君道》《吏道》二篇"④，都是这方面的例子。

我们可以说，在形成"中国近三百年学术史"的系谱时，晚清以来的时局与思潮起了重要的作用，人们做了很多筛选，

---

① 邓实：《〈孟子字义疏证〉〈原善〉合刻引》，转引自王波编：《邓实集》（出版中）。

② 刘师培：《〈说储〉跋》，收入《小倦游阁集·说储》，合肥：黄山书社，1991 年，第 199 页。

③ 邓实：《〈湖隐外史〉跋》，转引自叶绍袁编、冀勤辑校：《午梦堂集》，下，北京：中华书局，1998 年，第 1080 页。

④ 邓实：《邓牧〈伯牙琴集〉跋》，《国粹学报》，第三年 11 号（总第 36 期），1907 年 12 月 24 日，第 6 页。

使得他们笔下清代儒者"全神堂"的人物与地位大幅改变了。

一、"中国近三百年学术史"领域的形成

对于"中国近三百年学术史"这个领域有过影响的人物很多，章太炎(一八六九至一九三六)、刘师培等都是，但就钱穆的《中国近三百年学术史》而论，起比较直接影响作用的是梁启超(一八七三至一九二九)的《论中国学术思想变迁之大势》以及《中国近三百年学术史》。梁启超的《论中国学术思想变迁之大势》曾分期刊于《新民丛报》，他认为清儒饶有科学的精神。在这个阶段，胡适显然受到梁启超启发，故跟着主张清儒体现科学精神。① 但是即使在这个阶段，梁启超对清代学术的看法也有多面性。梁启超一方面说清儒"饶有科学精神"，同时也说"本朝考据学之支离破碎，汩殁性灵，此吾侪十年来所排斥不遗余力者也"②。

这与梁氏的学术倾向有关。梁启超早年对于学术的态度比较倾向其师康有为，强调今文经学和宋明理学，尤其是王阳明这一脉。所以，他一方面肯定清儒的治学方法，但同时也痛骂清代二百年来之学问"皆牛鬼蛇神"。③ 可是在新文化运

① 胡适在《四十自述》中反复强调自己早年受到梁启超很大的影响。见胡适：《四十自述》，台北：远东图书公司，1959 年，第 50—54 页。

② 梁启超：《论中国学术思想变迁之大势》，台北：中华书局，1977 年，第 87 页。

③ 梁启超：《新民说》，台北：中华书局，1978 年，第 126 页。

动后，因胡适（一八九一至一九六二）提倡以科学精神“整理国故”，并得到四方景从，梁氏也随即跟上。胡适在一九二一年五月的日记中评论《清代学术概论》说：“此次付印，另加惠栋一章，戴氏后学一章，章炳麟一章，此原稿所无。此外，如毛西河一节，略有褒辞，袁枚一节全删，姚际恒与崔适的加入，皆是我的意见。”①一九二二年十二月，胡适在日记中又认为梁启超在一九二〇年出版《清代学术概论》是受其影响，他说：“其实任公对于清代学术的见解，本没有定见。他在《论私德》篇中，痛诋汉学，有云：‘夫宋明之学，曷尝无缺点之可指摘？顾吾独不许卤莽灭裂之汉学家容其喙也。彼汉学则何所谓学？……吾见夫本朝二百年来学者之所学，皆牛鬼蛇神类耳！’……任公编集时，不删此文，而独删去《中国学术思想变迁之大势》之第八章。近来因为我们把汉学抬出来，他就也引他那已删之文来自夸了。”②也就是说胡适先受到梁启超的启发，后来梁启超这一个本来视清代考证学为“牛鬼蛇神”的人，反过来受胡适的影响，写成《清代学术概论》，并开课讲授《中国近三百年学术史》。③

在五四运动之后，“以科学整理国故”之风大畅，“历史的

①② 曹伯言整理：《胡适日记全集》，第三册，台北：联经出版事业公司，2004 年，第 18、433—434 页。

③ 吴稚晖（1865—1953）便观察到梁启超反过来受到胡适影响，他在《箴洋八股化之理学》中讲梁启超：“受了胡适之《中国哲学史大纲》的影响，忽发整理国故的兴会。先做什么《清代学术概论》，什么《中国历史研究法》，都还要得。”见吴敬恒：《吴敬恒选集（哲学）》，台北：文星书店，1967 年，第 133 页。

天使”身体到了五四，但他面向过去的脸，所看到的是不大一样的场景。此时一批不同的学术人物登上舞台，从胡适与梁启超的书中便能看出这一点。梁启超强调经世致用，现实的、实践的，所以颜元(一六三五至一七〇四)、李塨(一六五九至一七三三)出现在他的视野之内；他强调与西方民主自由比较相近的价值，所以黄宗羲等人也在内。又因为强调科学精神，故讲王锡阐(一六二八至一六八二)、梅文鼎(一六三三至一七二一)，以及比较重视客观精神考证文献的胡渭(一六三三至一七一四)、阎若璩(一六三六至一七〇四)等人，尤其是在《中国近三百年学术史》中用了四章的篇幅讲“清代学者整理旧学之总成绩”。

二、梁启超与钱穆

一九三一年，钱穆先生在北大历史系任教，是其在大学讲授历史课程之开始，依钱先生回忆，他所开授的课，一为中国上古史，一为秦汉史，皆是由学校所指定的必修课，另一门选修课由他自定，决定开“中国近三百年学术史”。他说：“此一课程，梁任公曾在清华研究所已开过，其讲义余曾在杂志上读之，任公卒后，某书肆印此书，梁家以此书乃任公未定稿，版权所属，不准书肆发行。”后来他终于在北京的东安市场的非正式管道中买到一部，“余因与任公意见相异，故新开此课程，自编讲义”[①]。钱穆对梁启超书中反复强调的两个重点并不同意：第一点是清学是对宋明理学的反动，第二是清学是客观征实之学，近于科学。[②] 钱穆说：“余本好宋明理学家言，而不喜清代乾嘉诸儒之为学。及余在大学任教，专谈学术，少涉人事，几乎绝无宋明书院精神。人又疑余喜治乾嘉学，则又一无可奈何之事矣。”[③]所以，钱穆的这本书虽然承继了梁启超“中国近三百年学术史”的题目，但它的宗旨其实是有出入的。借用余英时先生的话说，钱穆在动手撰写《中国近三百年学术史》时便已将“体”或“框架”确立下来。[④] 在“体”确认下来之后，钱穆所选取的人物与思想潮流便与梁启超有所不同。

梁启超《中国近三百年学术史》一书的第一部分是对明末清初大儒的阐发：黄宗羲(一六一〇至一六九五)、顾炎武(一六一三至一六八二)、阎若璩、王船山(一六一九至一六九

① 钱穆：《八十忆双亲 · 师友杂忆合刊》，台北：东大图书公司，1986 年，第 141 页。按：钱先生此处回忆有所出入。梁任公于 1923 年 9 月间于清华学校讲授“中国近三百年学术史”课程，其时清华尚未设立大学部与研究院；1926 年 7 月上海民志书局出版《中国近三百年学术史》一书，尚在任公生前。参看赵灿鹏：《梁启超〈中国近三百年学术史〉成书问题辨析》，《社会科学研究》，2015 年第 4 期，第 188—191 页。

② 梁启超在《清代学术概论》，台北：中华书局，1987 年中揭“反动说”：“‘清代思潮’果为何物耶，简单言之，则对于宋明理学之一大反动，而以‘复古’为其职志者也。其动机及其内容，皆与‘文艺复兴’绝相类。”(第 3 页)又说：“一言以蔽之，曰用科学的研究法而已，试细读王氏父子之著述，最表现此等精神。”(第 33 页)

③ 钱穆：《师友杂忆》，台北：东大图书公司，1992 年，第 137 页。

④ 余英时先生为《国史大纲》写的导论，见《〈国史大纲〉发微——从内在结构到外在影响》，《古今论衡》，第 29 期(2016 年 12 月)，第 4—16 页。

二)、朱舜水(一六〇〇至一六八二)。接下来是史学：万斯同(一六三八至一七〇二)、全祖望(一六六八至一七四一)；程朱学派：张履祥(一六一一至一六七四)、陆世仪(一六一一至一六七二)、陆陇其(一六三〇至一六九二)、王懋竑(一六六八至一七四一)；实践主义：颜元、李塨；科学之曙光：王锡阐、梅文鼎。这些安排有两个重点，即清学是"厌倦主观的冥想而倾向于客观的考察""排斥理论提倡实践"。梁任公书的第二个主体是"清代学者整理旧学之总成绩"(第一三至一六章)，这个部分应该是受到"整理国故运动"的影响，故以科学的客观精神为主体，一方面说清代学术为科学的，一方面突出清代学者整理旧学的成绩。从目前梁书的样子看，钱穆云"梁家以此书乃任公未定稿"，恐怕是事实。[①] 方诸于《清代学术概论》，后者主旨明确，线索贯串，一气呵成，则《中国近三百年学术史》显然并未完全定稿。

与梁书相比，钱书有一些不同的安排。书中的安排、取材、所选人物虽与梁启超有所重叠，但是重点却有不同。他的整个主脉是清学与宋明理学的发展是不可切断的，它对宋明理学有修正、有反动，但更有抹不掉的底色，如钱穆自己

① 钱穆：《师友杂忆》，台北：东大图书公司，1992 年，第 141 页。杨树达(1885—1956)在日记中也提到 1930 年，他接受林志钧之托检校此书，似可说明其为未定之稿。见氏著：《积微翁回忆录》，上海：上海古籍出版社，1986 年，第 53—54 页。

说："余本好宋明理学家言，而不喜清代乾嘉诸儒之为学。"①故钱穆反对梁任公近三百年学术史一开始的标题"反动与先驱"。用余英时先生在《清代思想史的一个新解释》中所说的，"反动论"好像认为"反"即可以"反"出一部清代学术史来。②另外，钱穆对梁氏所说的清儒"厌倦主观的冥想而倾向于客观的观察"，也并不完全同意。这里的"主观冥想"显然是指宋明理学，而他认为如果说"厌倦"宋明理学是启动清学最主要的动力，显然不合乎史实。梁启超认为，清学与宋学不大有关系，钱穆则注意到，即使在考证学最盛时，清代理学仍有其活力，应当正面陈述。尤其在晚清，宋代理学的流衍及复兴发挥了很大的现实作用。

钱穆在《中国近三百年学术史》的《引论》中是这样说的："治近代学术者当何自始？曰：必始于宋。何以当始于宋？曰：近世揭橥汉学之名以与宋学敌，不知宋学，则无以平汉宋之是非。且言汉学渊源者，必溯诸晚明诸遗老，然其时如夏峰、梨洲、二曲、船山、桴亭、亭林、蒿菴、习斋，一世魁儒耆硕，靡不寝馈于宋学。继此而降，如恕谷、望溪、穆堂、

---

① 钱穆：《师友杂忆》，台北：东大图书公司，1992 年，第 137 页。钱穆在《宋明理学概述》的《序》中有一段话扼要地讲述其对宋学、清学态度之发展："宋明之语录、清代之考据，为姚、曾古文者率加鄙薄，余初亦鄙薄之，久乃深好之。所读书益多，遂知治史学"，"其得力最深者莫如宋明儒"。见氏著：《宋明理学概述》，台北：学生书局，1977 年，第 2 页。

② 余英时：《清代思想史的一个新解释》，《历史与思想》，台北：联经出版事业公司，1976 年，第 125—126 页。

谢山乃至慎修诸人，皆于宋学有甚深契诣。而时已及乾隆。汉学之名，始稍稍起。”[1]接着，他从唐宋一路讲下来，讲清学开山三大儒——黄宗羲、顾炎武、王夫之等人，此后在讲清代中晚期思想时，也指理学在当时像是泡在水中的咖啡，虽然看不到咖啡粉，但时时可见其色彩。此外，在处理清代的朴学时，钱穆认为他们不只是在“整理”旧学，还有思想的面向。

可能因为上述的倾向，所以钱穆撰写《中国近三百年学术史》时，在有意无意之间也产生了一个有趣的现象，即他的书虽以“学术史”为名，但多讲思想，且对若干清代考据学大家像王念孙之流竟而完全未加着墨。

三、仿佛寻宝之历程

我个人在阅读《师友杂忆》与《中国近三百年学术史》的撰写过程中有关的段落时，常常有一种兴奋感，即这是一个观点不断翻新与史料不断扩充的过程，每每受其牵引，仿佛参与寻宝的过程。钱穆回忆说，当时的北平一如书海，在以科学整理国故的运动之后，于新学术观点的烛照之下，若干历史人物受到人们前所未有的重视，搜罗罕见文本的风气很盛。《师友杂忆》中所提到的，举凡陈确（一六〇四至一六七七）的《大学辨》，潘平格（一六一〇至一六七七）的《求仁录》《章实

---

① 钱穆：《中国近三百年学术史》，台北：台湾商务印书馆，1966 年，第 1 页。

斋遗书》家传本及戴震的《孟子私淑录》，顾祖禹(一六三一至一六九二)，《读史方舆纪要》嘉庆刊本，雷学淇的《竹书纪年义证》、《三朝北盟会编》半部抄本等①，其得书经过莫不动人心弦，后人读来宛如阅读侦探小说。所以钱穆的《中国近三百年学术史》虽不特别提倡新得史料，但史料的扩充却是此书的一个重要特质。以潘平格的《求仁录》一书为例，梁启超只能从唐鉴(一七七八至一八六一)《清学案小识》的引文中转引，而钱穆已能读到原书，两者之间便有莫大的差异。正因为材料获得的难易程度不同，故梁启超书中对《求仁录》只是一笔带过，而钱穆就认为《求仁录》跟理学、心学的发展以及清初的思想界有很重要的关系。

在铺陈内容时，钱穆似乎比较少用外部评断的视角，而多是平心静气地涵泳原典，并将其中最重要的部分做一番钩玄提要的功夫作为引文，使得读者披览之后，可以把握一家思想之要旨。同时，他也把可进一步发掘的问题放入双行夹注中。在多次披览之后，我感觉到书中涉及了许多曲折的学术问题，对于这些问题，钱穆都曾仔细思考过才行诸文字，故用语特别简当，而指涉却相当深远。所以我觉得凡阅读这一部书的读者，应该采取“循环往复”的态度，也就是先通读一遍，从事某种专题的研究之后，再回去仔细玩味《中国近三百年学术史》中相关的章节或段落。

---

① 钱穆：《师友杂忆》，台北：东大图书公司，1992年，第142、160—165页。

在这里随举一例：《中国近三百年学术史》第十二章“曾涤生”中有一段话说：“清儒考证之学，盛起于吴、皖，而流衍于全国，独湖、湘之间被其风最稀。”[①]大多数人在读《中国近三百年学术史》这一章时，对这几句话很可能会一阅而过，可是如果比较集中地研究清代湖湘地区的思想、学术之后，便会发现在清代考证学势力如日中天之时，各大区域之间有一个“重心转移”的进程。如果将当时考证学的圈子分成三级，则第一级地区以江苏、浙江、安徽为主，第二级以山东、河南、河北、山西为主，第三级则是后来的福建、广西等地。而湖南、湖北在考证学盛时，几乎没有什么代表性人物。如果翻查《皇清经解》与参考《皇清经解提要》等书，可以发现清代经学名人中，就很少或几乎找不到湖南、湖北的学者。[②] 再看梁启超《中国近三百年学术史》第六章《清代经学之建设》所列的几个表——“亭林学友表”“初期经学家表”，亦无一湖北人，且几乎没有湖南人。经此一番探究，则知“清儒考证之学，盛起于吴、皖，而流衍于全国，独湖、湘之间被其风最稀”一段所指为何了。但道咸之后，学风大变，湖、湘成为新思想的发源地，湖南唐鉴等人在北京所形成的理学团体，对后来历史的发展占有关键性的地位。

此外，我觉得钱穆对重要思想家言论的把握，以及他们如何影响时人及他们与论敌之间观点的出入，也是书中讨论

---

① 钱穆：《中国近三百年学术史》，台北：台湾商务印书馆，1966 年，第 575 页。

② 沈豫撰、赵灿鹏校注：《皇清经解提要》，北京：华夏出版社，2014 年。

的核心。正是受传统学案的影响，所以他的书也是采学案式、纲目体的写法。因为钱穆对传统古籍掌握深入，且非常用心体会，所以在上述几方面都写得非常好。但作为一个后代读者，我比较注意的是：受他人影响的人，在被影响的同时，其实对他自己而言，也是一次扩充与创造。所以，我觉得钱穆在讲影响时，忽略了被影响的人本身其实也在主动扩充、创造自己。

四、清代学术史的“史料革命”

前面提到，在读《中国近三百年学术史》时，读者处处感到一种史料“出土”的兴奋与趣味，但近年以来，随着清代文献大出，尤其是几部大型材料书的出现，如《四库存目丛书》《四库禁毁丛书》《四库未收书辑刊》《清代诗文集汇编》《稀见清代四部丛刊》《晚清四部丛刊》《民国学术丛刊》等，乃至于各种电子文献资料库，使许多原先只能在图书馆抄录的罕见书以及大量稿抄本，都不难寓目，造成了另一种形式的明清“史料革命”。

以潘平格《求仁录》为例，前面提到，当梁启超写《中国近三百年学术史》时，尚未能见到《求仁录》原书，故只能从唐鉴的《清学案小识》中转引，而钱穆写《中国近三百年学术史》时，则因偶然机缘得以直接读到《求仁录》。但是在《四库存目丛书》中，则有卷帙更富的本子。《四库存目丛书》中的《求仁录辑要》共有十卷，而钱书中摘述的只有第一、第二卷。钱先生可能因为只见《求仁录》第一、第二卷，故书中的阐发仍然有限，在辨清学脉方面，所重视的多在"破"的一面，忽略其"立"的一面，故对于潘氏如何建立一套积极救世哲学，使得原来有关个人修养的材料，多变成治国平天下的概念，突然具有新的意义，他显然未多加注意。[①]

关于史料限制这一点，此处再以清初的汪绂与江永为例。汪、江二人是同一时代、同一地域的朱子学代表人物。《中国近三百年学术史》中提到清代徽歙间讲学渊源，远自无锡之东林有汪知默、陈二典、汪佑、吴曰慎、施璜讲朱子之学于紫阳书院，又因汪学圣问学于东林之高世泰，实为徽州朱学正流，江永、汪绂皆为其余波。"故江浙之间学者多从姚江出，而皖南则一遵旧统，以述朱为正。惟汪(绂)尚义解，其后少传人，江(永)尚考核，而其学遂大。"[②]钱穆在这一段的双行夹注中说："汪双池年谱有与江慎修书三通，及江复书两首，可证两家治学之歧趋。"[③]钱先生非常敏感地点出，汪、江论学不合。他们两人往复争论的这几封书信，即收在《善余堂文集》中。[④] 我直觉以为江、汪这件公案，钱先生把握非常真切，不过钱先生似未读过卷帙浩繁的《汪双池遗书》，故讲到汪氏

---

①②③ 钱穆：《中国近三百年学术史》，台北：台湾商务印书馆，1966年，第204、309—310、300页。

④ 林胜彩点校、钟彩钧校订：《善余堂文集》，台北：台湾"中研院"中国文哲研究所，2013年。

的部分比较简略。这部遗书收藏的地方不多，但史语所傅斯年图书馆即有一部二十八种本，可供进一步考索。①

以上两个例子是为了说明，在这个“史料革命”之下，对于重估钱穆的《中国近三百年学术史》可以产生莫大的作用。我曾与学生一起将《清代诗文集汇编》等丛书中的稀见之书标出，其数目达到一个难以想象的比例，这一情形几乎出现在前述的每一部大型丛刊中，值得我们注意。

五、余论

《中国近三百年学术史》是一部八十多年的书了，在这么长的时间内，思想史的写法已有相当大的变化。

至今为止思想史的写作方式中有比较明显的两派，一是个人派，一是思潮派。前者着重个人及授受源流，认为个别思想家可以产生重大的思想或现实影响，后者则比较重视整体思潮的变化。钱穆似乎比较属于前者，而这也是从两部《学案》，或《儒林宗派》等方面以来的传统。后来的学术史或思想史，则偏向写一片又一片的思想场景，一次又一次的思潮变化，个别人物在其中有地位，但不单只是孤独地站立在舞台上，这也使得思想史或学术史的解释变得更为复杂。

---

① 另有浙刻《双池遗书》八种，光绪二十一年至二十二年刊，较多见收藏。

此外，我个人认为钱穆《中国近三百年学术史》的解释是复调的，是两个以上色彩的学术史发展，而梁启超受到科学整理国故运动之风潮的影响，比较从单一方向去综理清代学术。最近一二十年来，人们比较不那么坚持认为晚清以来思想殿堂只有一个基调，而那个基调是科学的、客观的、革命的，所以学术界回过头去重看近三百年学术思想时，可以有一些新的方向与解释。在这个时候重新阅读钱穆的《中国近三百年学术史》，相信读者可能会产生不同的领会。

钱穆对“中国近三百年学术史”这个题目，是不断思考发展的。抗战期间，他受托重编《清儒学案》，其书虽已遗失，但有《序目》留存，或可略窥钱穆对清代理学发展之看法。此外，贺麟在《当代中国哲学》中批评钱穆的《中国近三百年学术史》没有章太炎一章，当时章太炎虽仍在世，但其学问却已可盖棺论定。后来，《中国学术思想史论丛》第八册便收录多篇有关清代学术思想的论述，其中包括《太炎论学述》。

最后，我要再度以“新天使”来说明，读者与钱穆《中国近三百年学术史》的关系。不同时期的学者从各种不同角度阅读钱书时，仿佛是“新天使”移动的脚步。譬如杨树达日记里说：“阅钱宾四(穆)《中国近三百年学术史》。‘注重实践’，‘严夷夏之防’，所见甚正。文亦足达其所见，佳书也。”①钱书在抗战前夕写成，日本入侵之势已在眼前。杨树达读此书时在一九四三年，此时“历史天使”的身体前进到了抗日战争，但他的脸望向过去、望向钱穆的《中国近三百年学术史》时，所看到的重点是“注重实践”“严夷夏之防”，与之前之后的读者有所不同。我个人相信未来不同时代的读者，也都将在这本书中看出不同的重点与意义来。

本文原为台湾商务印书馆新版钱穆的《中国近三百年学术史》所撰写之《导论》。

① 杨树达：《积微翁回忆录》，第82页。余英时先生引此条并评论说：“杨树达特别指出‘文亦足达其所见’这一点，是有眼光的，因为钱先生在此书中每写一家必尽量揣摩其文体、文气而仿效之，所以引文与行文之间往往如一气呵成，不着剪接之迹，但读者若不留意或对文字缺乏敏感，则往往不易看得出来。《中国近三百年学术史》特‘严夷夏之防’，正是因为这部书在抗战前夕写成的。这时中国又面临另一次‘亡国’的危机。”见余英时：《一生为故国招魂》，《犹记风吹水上鳞》，台北：三民书局，1991年，第26页。此外，也有学者认为钱穆的《中国近三百年学术史》远远不如梁启超的《中国近三百年学术史》。见汪荣祖：《钱穆论清学史评述》，《台大历史学报》第26期(2000年2月)，第99—119页。

近代史家的研究风格与内在紧张

在文章一开始，我想粗略地将民国时代比较活跃的史学家区分为五群：第一是带有传统色彩的史学家；第二是新史家，以胡适(一八九一至一九六二)、傅斯年(一八九六至一九五〇)及他们所领导的机构、受其学风影响的团体与个人为代表；第三是左派史家；第四是一批留学西方，但与第二派学问风格不尽相同的史学家；第五是直接或间接受当时日本史学影响者，由于当时日本学界早已吸收了兰克史学、实证主义史学等西方史学流派，所以中国学者往往从日本、中译或介绍式文字中得到影响。

在以上五派中，最有影响的是两派，一派是新史学，在思想界可与之略分庭抗礼者则是左翼史学。前者可谓现代中国的“历史主义”学派，后者可谓新“历史哲学”学派。新史学的特色是将历史中的事与物通通“历史化”(historicize)、相对化，将所有物事放在历史脉络中。无限扩充史料，打破圣道王功，追求客观真理，持“发生学—历史性”观点，主张变动的、变化的历史观，打破静止不动或归于不变的原点式的历史观念。这一派史学与新文化运动桴鼓相应，其影响所及，不局限于历史学，事实上对整个人文学皆产生改变，而且深刻地改变伦理、道德，乃至深层的意识与世界观。至于左翼史学是指一九二〇年代后期慢慢崛起的一群史学家，他们以历史哲学来驾驭历史事实，代表人物如郭沫若(一八九二至一九七八)、翦伯赞(一八九八至一九六八)、侯外庐(一九〇三至一九八七)等。在北伐之后，历经中国社会性质、中国社会史论战等几次论战，左派史学的力量在一般思想界愈来愈大，逐渐支配了当时青年学子的历史观。在他们看来，如何看待历史，其实也就是解释未来革命道路的问题。[①] 这些左派史家在当时的学术界处于较为边缘的地位，但在现实政治上所产生的影响却非常巨大，而且到了后来，他们的著作与观点的吸引力愈来愈大，后面一两代年轻人的历史解释与历史研究，都慢慢地跟着他们走了。[②]

本文所突出讨论的五种特质，基本上是以第二派人物为主，但是并不以他们为限。一方面是因为表现上述研究风格的并不仅限于他们，而且如果我们仅以学问风格之新旧或其他相对性的特质来分，也很难对这个时代的学术风格做一个恰当的掌握。譬如王国维(一八七七至一九二七)，他兼具传

---

① 参考周子东等编著:《三十年代中国社会性质论战》，上海：上海知识出版社，1987年；陈峰:《民国史学的转折：中国社会史论战研究(1927—1937)》，济南：山东大学出版社，2010年。

② 相关研究甚众，较新的研究如张剑平:《中国马克思主义史学研究》，北京：人民出版社，2009年。

统的心态与新学术的洗礼，接触西方心理学等近代学科非常之早，学术思维往往相当新，如认为薛丁山、薛仁贵故事可能与弑父情结有关即是。[①] 即使是以传统史家自期的钱穆(一八九五至一九九〇)，他的学问与思维中仍有许多西方的质素。[②] 受到西方训练的史家中，也有不全以“问题式研究”为主，而偏向纵论大趋势与大脉络的，如雷海宗(一九〇二至一九六二)、齐思和(一九〇七至一九八〇)等。[③] 即使是在胡适、

---

① 王国维很多的著作都与现代西方美学、哲学、心理学有关，中国最早三本心理学概论的书，都是王国维或编译或撰写，在1900年至1910年间出版的，所以他对这些学问相当熟悉。在《胡适日记全集》里曾提到，王国维跟他讨论薛丁山与薛仁贵的故事，问道这是不是弑父情结？余英时先生从这一点看出，王国维想事情是很现代的，他很充分运用很多现代西方的学问。其实如果偶尔读读他的著作中对古代历史所做的严肃考证，便可以感觉到他受的哲学训练在这里面起了作用。参看余英时：《从〈日记〉看胡适的一生》，收入胡适著、曹作言整理：《胡适日记全集》，第一册，台北：联经出版事业公司，2004年，第17—18页。

② 即便文化立场较为保守的学者，如柳诒徵(1880—1956)，也曾去日本做过考察；又比如钱穆虽然没有出国读书，但是经由当时新式学报刊物的介绍，阅读了很多翻译的西方史学、哲学方面的书。

③ 雷海宗虽然著作不多，也没有很多时间好好地发展学术，但他的学问特色是关心古往今来的大问题，就特定的历史事实(particular facts)、特定的问题去下手。他关心撰写的题目，在当时所谓的历史考证学派里面很难看得到，如论中国皇帝制度的成立、传统中国家族制度、中国无兵的文化，这些题目都非常大，也代表当时历史学界的另外一种风格。因为受《西方的没落》的作者史宾格勒(Oswald Arnold Gottfried Spengler，1880—1936)影响很大，雷海宗论中国历史，认为其他古文明都已走完生老病死的过程，西方很多古老文明都只有一个周期，只有中国有两个周期，到了抗战时期，第二周期快要结束了，如果抗战胜利的话，可能就要进入第三个周期。这种论题在上面提到的新史家里就绝对看不到。又如雷海宗有一篇文章讲中国历史上南北轻重的变化，我们知道这是钱穆《国史大纲》中最为精彩的两章，当时很多人在谈论这个问题，雷海宗却只用了几页，从另一个角度讲。他从历代地方的建置，比如秦代的郡，南方有多少个、北方有多少个，比如说隋代的什么，南方有多少个、北方有多少个，他将这些数目稍微统计一下得到一个结论，南方已经慢慢超过北方，因为南方那些建置的数目愈来愈多，原本都是在北方，到了隋唐安史之乱以后，到了宋朝以后，那些大的建置，都是南方的愈来愈多、北方的愈来愈少。这个也是关心大问题、看大变化的一种方式，他虽然没有像钱穆那样做很仔细的论证，但也是一种可行的办法。

傅斯年等人领导的新史学阵营中，也有留学法国的学者如凌纯声（一九〇二至一九八一），他们的治学风格、兴趣与自己的同事都有所出入[①]，这是要先说明的。

一、近代史家的若干研究风格

（一）由经学到史学

近代史家的风格有一个很重要的转变，即是由经学到史学过程的转变。[②] 传统的知识体系以经学为主体，并不是说所有的学问都是经学，而是说用来涵括所有学问的最高指导标准，其实是以经学为主。然而在民国以后，这个标准逐渐让位于史学。当时许多有名的人文社会学者或多或少与史学有关。相对而言，经学慢慢地没落了。因此这里面有一个风格上的转变，经学所留下来的遗产慢慢地被史学所吸收转化，一个看起来似乎全新的历史命题，或是一个新的表述的方式，

---

① 凌纯声和李宗侗（1895—1974）都是留学法国的。法国训练出来的史家的风格，跟其他史家并不相同，通常比较具有人类学的以及民俗学的兴味，喜欢处理富含想象力的问题或传说、神秘的信仰等议题。从李宗侗的《中国古代社会新研》《希腊罗马古代社会研究》，及像徐炳昶（1888—1976）的《中国古史的传说时代》，以及凌纯声先生的著作，都可以看得出来。但是，不管是哪一派史学家，他们的研究、他们的社群都已经慢慢跟传统史家有所不同。他们对话的社群不断地扩大，也与传统倾向孤立思考问题跟看待问题的方式不同，对话不局限于中国境内的、少数几个学者，扩及日本的、西方的汉学圈等。因此他们所关心的问题也就不能只在内部打圈子，逐渐受到外面的影响或是挑战，更为多元也更复杂。

② 但是这并不是说经学没有人研究了，事实上民国时期尚有大量的经学著作，但是无论如何它们已经不是时代的主流。

事实上原来都有晚清经学的背景。①

一九二〇年代到一九三〇年代出现了几本书，对于当时知识界的震动是非常大的。这几本书都提倡中国上古时代是多元的、多种族的，在传统的经学思维里面不可能产生这种想法。在传统经学里面一定是尧、舜、禹、汤、文、武、周公，从黄帝以来一系相传下来，可是在一九二〇年代，尤其是后期开始，慢慢地出现主张古代中国是多区域、多种族，文明多元的声音在经历晚清的政局动荡以后，有作为的经学家不断地改组自己的经学系统，想要用这种方式来维持古代经学与古代圣人的威信。廖平提出了一个说法，认为古代的经典显然有两个系统，而这两个系统看起来又非常不能相容。他指出这两个系统都出自孔子，只是一个是早年、另一个是晚年提出的。廖平觉得这样还不够，又说孔子早年的弟子是从河南、河北来的，晚年的弟子大多是从山东邹鲁这边来的。所以，廖平在无形之中将古代的经学遗产多元化，原来还有地域东西、时代早晚的分别。他虽然将这些遗产都归结至孔子一人身上，但事实上已经指出古代的文献、古代的史书中有两个系统，一个是西边燕、赵等地，一个是东边山东齐、

---

① 钱穆以《刘向歆父子年谱》成名，即是以史学研究方式解决晚清经学遗留问题之典范，他认为："治经终不能不通史，即清儒主张今文经学，龚定庵、魏默深为先起大师，此两人亦既就史以论经矣。而康长素廖季平，其所持论，益侵入历史范围。故旁通于史以治经"，"经学上之问题，同时即为史学上之问题，自春秋以下，历战国，经秦迄汉，全据历史记载，就于史学立场，而为经学显真是"。见钱穆：《两汉经学今古文平议》，《自序》，台北：东大图书公司，1989 年，第 3 页。

鲁一带。这两个系统本来串联不起来，但他利用这个方式把它们串联起来。然而在廖平的学生眼中，便发现这两个系统都跟孔子没有关系，古代学问本来就存在两种不同的系统。蒙氏就发现，这两种学问系统的不同，不但是地理上的，还是种族上的。因为他已经没有廖平那种一切要尊孔、尊圣的思考模式，所以他并未将这些不同的系统都归到孔子身上。事实上廖平已经把传统经学一元的系统打破了，只因廖平是经学家，还要勉强地把这些东西放到孔子身上；而他的学生就不如此，蒙文通是一位史学家，史学家乃从种族和地理的差异来思考这些问题。对我们来说，可能会觉得这是一个很简单的想法，但是对于长期在经学一元系统下成长的学者来说，这却是很不容易的转变。打开这个缺口，把旧的系统粉碎掉的是一个经学家，而他的学生进而用地理与种族差异的角度来进行解释。蒙氏后来发现《天问》里面叙述古代历史跟这两个系统又不相同，所以最后提出三系统说。以上只是一个很简单的描述，当然转变的过程还要复杂得多。①

如果我们注意到现今考古学的研究，会发现这一主张已经逐渐被证实，古代中国的确可能有三个系统。当然可以分得更多，张光直（一九三一至二〇〇一）先生便分成六大区域②；而苏秉琦（一九〇九至一九九七）提出“区系类型”“满天

① 参看王汎森：《从经学向史学的过渡——廖平与蒙文通的例子》，《近代中国的史家与史学》，香港：三联书店〔香港〕有限公司，2008 年，第 109—156 页。

② 参看张光直著、印群译：《古代中国考古学》，沈阳：辽宁教育出版社，2002 年。

星斗”的说法。[①] 无论如何，已经没有人再坚持华夏一元中心、一线相承的想法，蒙文通就是处在学术从经学转变至史学的过程中，用史学的角度回头去看经学的遗产，把它碎片化了。从这一过程中，多少便可以看出从经学过渡到史学的痕迹。

种族跟地理的概念是十九世纪西方史学发展出来的两个重要主题，启蒙时代的史学家对此并不关心。十八世纪启蒙时代的史学家关心的是历史的普遍性，像伏尔泰（Voltaire，1694—1778）这些人所撰写的史书里面，关心的是人类的共通现象，反而不太关心种族、地理这些会把事情个殊化（particularized）的东西。启蒙时代唯一一个小小的例外是孟德斯鸠（Charles de Secondat，Baron de Montesquieu，1689—1755），因为孟德斯鸠比较注意各地的风俗习惯、各地地理形成的特殊性，所以才会提出不同的国家要设置不同的政治制度的说法。[②] 到了十九世纪的西方史学，种族跟地理逐渐成为两个重要主题，并且大规模地运用在历史知识之中。这些主张慢慢地透过各种方式传播到中国来，大部分都是透过日本。西方重视种族、地理、各地风俗习惯，很大部分的原因是跟当时的浪漫主义有关。浪漫主义时期学者，尤其是赫尔德（Johann Gottfried Herder，1744—1803）的思想，从近代的日本辗转传到

---

① 参看苏秉琦：《中国文明起源新探》，香港：商务印书馆，1997 年。

② 关于孟德斯鸠的地理决定论（geographical determinism），参见 Werner Stark，*Montesquieu：Pioneer of the Sociology of Knowledge*，London：Routledge，2001，pp. 104 – 121。

中国，其实有些潜在的影响。不管是从日本还是从西方来，种族跟地理的个殊性造成历史的特殊性的想法，慢慢地成为人们解释历史的重要工具，甚至回头去应用在古代的经典上，因此对很多原来经学家留下的问题，到了近代有相当不同的处理。

这点对原来儒家相传的价值体系，是一个很大的震撼。这类问题在王国维的身上也可以看得到。王国维(一八七七至一九二七)对于清代的经学非常了解，他的《殷周制度论》也主张古代中国有两套系统，一套是商代的，一套是周代的。他说周是一个新的革命，重新改造商的文化遗产，变成周的道德主义制度。但他还是认为商跟周都是帝喾的后代，所以他们是同一个来源。而到了新一代学人手中，则认为商、周其实是两个不同的种族。也就是说新一代的人已经没有传统的经学味道，也不再抱持一元的观念。虽然商、周是否为不同种族还是一个未定之论，但是可以看得出史学观念的变化，一代一代慢慢地把原来的经学主张丢掉，援用种族多元的看法。此外，经学在民国以后被慢慢分散到各种学说当中。十九世纪西方的"分科之学"传到中国来[①]，但是分科之后，古代的经学到底要分到哪一科呢？有的归入文学，有的归入哲学或史学，对于原来旧的体系，分科之后等于是解放、多元化

---

① 参考左玉河：《从四部之学到七科之学：学术分科与近代中国知识系统之创建》，上海：上海书店出版社，2004 年。

了，或者用一个比较负面的名词，就是碎片化了。[①] 这是一个不小的变化。

(二)无限扩充史料

第二种风格就是无限扩充史料。解释这些史料的心态各有不同，最大的特色是脱离古代士大夫的史料观与对史料的解释。自一九二〇年代以来，凡能引起注意的著作其实大多与新材料有关。当然比较传统倾向的史学家不大用新材料，像钱穆、柳诒徵即是如此，但是其他的史学家，凡是在民国初期史学界占有一席地位的，多与新材料有关。正如王国维所说的："古来新学问，大都由于新发现。……今之殷墟甲骨文字，敦煌塞上及西域各处之汉晋木简，敦煌千佛洞之六朝及唐人写本书卷，内阁大库之元明以来书籍、档册。……已足当孔壁、汲冢所出，而各地零星发见之金石、书籍于学术

① 当时学者即曾提出批评，如黄侃(1886—1935)说："经学者，中国特有之大本学说也。……治经为四字诀，曰文、曰义、曰制、曰事。盖明文以通其词法，知义以宣其意理，核制以观其典章，稽事以研其故实。然经书文采，不必尽善，制度不必尽备，史事不必尽详。故治经者，不可以史事求之，不可以制度求之，不可以文采求之。"参见尚笏、陆恩涌：《季刚师得病始末》，收入程千帆等编：《量守庐学记：黄侃的生平和学术》，北京：生活·读书·新知三联书店，1985 年，第 104 页。蒙文通亦说："自清末改制以来，昔学校之经学一科遂分裂而入数科，以《易》入哲学，《诗》入文学，《尚书》、《春秋》、《礼》入史学，原本宏伟独特之经学遂致若存若亡，殆妄以西方学术之分类衡量中国学术，而不顾经学在民族文化中之巨大力量、巨大成就之故也。其实，经学即是经学，本身为一整体，自有其对象，非史、非哲、非文，集古代文化之大成。"参见蒙文通：《论经学遗稿三篇·丙篇》，《蒙文通文集》，第三卷，成都：巴蜀书社，1995 年，第 150 页。

大有关系者，尚不与焉。故今日之时代，可谓之发见时代，自来未有能比者也。”[①]傅斯年的名言“上穷碧落下黄泉，动手动脚找东西”，亦是此种精神最传神的写照。

在史语所七十五周年纪念的时候，我曾经写过《历史研究的新视野：重读〈历史语言研究所工作之旨趣〉》一文[②]，在文章里讨论一位英国女学者 Maria Lúcia Pallares - Burke 新出版的书籍。她访问了她认为当时最好的九位史家。这九位史家最著名的著作，除了少数靠方法论成名，其他最有名的作品几乎都是与新材料有关的。[③] 这个时代的最突出的风格之一就是找寻各种新材料，陈寅恪(一八九〇至一九六九)、傅斯年不用说，下面以陈垣(一八八〇至一九七一)为例来说明这个特色。

陈垣著名的《古教四考》收集了四篇文章，分别探讨古代中国的基督教、犹太教、摩尼教、祆教，这些问题都是以前正统史学家、士大夫所不大重视的。但是这四篇文章正好符合当时学术界对于问题欣赏的标准，利用的都是前人所忽略的材料。陈垣的第一篇论文其实是受旗人贵族英敛之(一八六七至一九二六)的启发，他是辅仁大学的创办人，在当时组织

---

① 王国维：《最近二三十年中中国新发见之学问》，收入谢维扬、房鑫亮主编：《王国维全集》，第 14 册，杭州：浙江教育出版社；广州：广东教育出版社，2009 年，第 239 页。

② 参看王汎森：《历史研究的新视野：重读〈历史语言研究所工作之旨趣〉》，收入《中央研究院历史语言研究所七十五周年纪念文集》，台北：台湾“中研院”历史语言研究所，2004 年，第 161—176 页。

③ Maria Lúcia Pallares - Burke, *The New History*: *Confessions and Conversations*, Cambridge; Malden, MA: Polity in association with Blackwell Publishers Ltd. , 2002.

了辅仁社，提出一些大家所不注意的问题，其中一个问题就是“元也里可温考”。陈垣看了后颇感兴趣，于是花了半个月写成这篇文章，因为他原本便娴熟史料。[1] 文章发表后，学界大为震惊，当时日本汉学家桑原骘藏(一八七〇至一九三一)认为这是近代中国写得最好的作品。不仅材料丰富、考据精确，而且以中国与外国的关系为研究对象，其成果超过柯劭忞(一八四八至一九三三)等旧派元史学者。[2] 陈垣在《古教四考》里用了大量的古代碑刻资料，配合原本大家所忽略的材料，因为这些都是外来宗教，不在儒家传统之内，前人不留意，即使是地方志，也因为受到体例的限制而较少涉及。陈垣后来撰写《南宋初河北新道教考》，仍然利用大量的碑刻。

陈垣常常把甲材料当成乙题目来用，这是他最聪明、最有手腕的部分。有时候他把甲材料当甲材料用，读者并不感兴趣，把甲材料当乙题目来用，反而吸引了很多人。他后来写的有名的《明季滇黔佛教考》跟《清初僧诤记》，其实也都是拜新材料之赐。这两本书虽然篇幅不大，可是里面利用的史料非常多。陈垣曾经任职故宫的善后委员会，在清查故宫所保存的书籍时，发现了一套《嘉兴藏》。在他的回忆里描述到，他每天都要吃奎宁丸以后再进去看，陆续看了七个月以后，大为吃惊，因为《嘉兴藏》里面留下了几百种当时没有人知道的晚明清初僧侣的著作。这些材料在今天看来没有特别之处，

---

① 刘乃和等：《陈垣年谱配图长编》，上册，沈阳：辽海出版社，2000 年，第 70 页。

② 竺沙雅章：《陈垣与桑原骘藏》，《历史研究》，1991 年第 3 期，第 13—19 页。

在一九三〇年代、一九四〇年代却非常罕见，一般人都把《嘉兴藏》里面的材料当作佛教史的史料，陈垣却把它当作佛教与政治、佛教徒的开垦等课题的史料，这是把甲材料当乙题目来使用的一个例证，写了《明季滇黔佛教考》跟《清初僧诤记》等文字。至于陈寅恪则大量地利用敦煌遗书、西方所保留的域外材料[①]，史语所在傅斯年的提倡之下，大量搜集各种材料，挖掘地下材料；等等，也都是受同一观念的导引。这一类的例子非常多，这是当时重视大量文献，并且跳脱传统士大夫史料观念及对史料的解释，是这一代史家非常重要的风格之一。新文化运动以后，人们不要旧的东西，寻求新的事物，所有文化的格局、审美与学术鉴赏的标准，随着时代改变。这类新史家的著作若摆在清朝，不一定能够引起注意，可是在当时是恰如其分，而且很符合当时西方新进来的学术标准。

（三）重视外来文化的影响

这个时代的研究还有一个比较重要的风格，就是将中国历史置于东亚或世界的整体中考察，譬如对古代历史中非中原成分的重视。[②] 草原文化、古代所谓戎狄蛮夷的影响、印度的影响等等，是这些史学家引人注意的特色。抗战时，美国

---

① 参考余英时：《陈寅恪史学三变》，《中国文化》，第 15 至 16 期（1997 年 12 月），第 1—19 页。

② 尔后姚从吾（1894—1970）进行了扩充解释，参见姚从吾：《国史扩大绵延的一个看法》，《大陆杂志》，第 15 卷 6 期（1957 年 9 月），第 22—32 页。

的副总统华莱士(Henry A. Wallace，1888—1965)进入中国时，曾讲过一句很有名的话："人家都说我从中国的后门进来，事实上我是从前门进来。"中国的前门到底是在东边还是西边？当时很多人的注意力放到中亚、南亚、东北亚，所以他们看古代历史发展过程中互动的因素、互动的范围比传统史家要宽得多，因此发掘大量古代异族互动留下来的因素，或是不同国家所带进来的成分。以前的史学家或经学家可能或多或少会注意这一点，譬如在钱大昕(一七二八至一八〇四)的著作里偶尔也会涉及，但是决不曾像近代史家把这么多的精力放到傅斯年所谓的"虏学"上。这种治史风格引起当时很多传统史家的批评，质疑为什么要把中国历史中许多有作为的人物、中国文化中有价值的成分都归为外来？

我想这一方面最有名的是陈寅恪。陈寅恪很多成名的作品都是将异族或草原文化影响的部分充分彰显出来，尤其是印度文化的部分。陈寅恪看待中国古代历史的形成，与前人的角度相当不同。他具有一种新的风格，把整个文化互动的范围看得非常广，整个东亚、东北亚、中亚都在其中。而且互动因素也是非常多元的，种族的、政治的、地理的、文化的，除了汉人，中国历史文化中交流影响的参与者非常的多。与陈寅恪并称"史学二陈"的陈垣，他的《古教四考》也是要告诉我们在中土文化中，有许许多多外来的成分，如袄教、摩尼教、基督教，而且这些成分长期存在于中国文化里面而往往为前人所忽略。他在《摩尼教入中国考》中曾指出，在杭州、福建一带，摩尼教是很盛行的。从陈垣的研究可以看出，元代基督教、摩尼教、祆教、犹太教流行的状况、教徒分布的区域等等，显示古代中国的历史文化并非一成不变，里面已经夹杂了很多外来的成分，它提醒我们在观察传统文化信仰或是价值系统的时候，不能局限于华夏文明的角度。

傅斯年在德国也学过一些中亚语文，但是后来没有学成。我觉得傅先生或许是不大有恒心的人，因为他太聪明，也太忙了。他过世的时候年纪并不大，他遗留的日记本顶多也只是记了寥寥几页就停止了。他在德国的时候也跟陈寅恪等人一起学中亚语文，虽然于他后来的研究多用不上，但是他也充分注意这方面的问题。譬如他的遗稿《天问之史料性》，一开始便说为什么称“天问”而不称“问天”？若照中国的语法，应该是“问天”，问苍天如何如何，不应该说“天问”。古往今来对于《天问》有各种注解，像最有名的王逸注，便认为“天尊不可问，故曰天问也”①。可是傅斯年在这一篇未曾发表的文稿里却认为这是藏缅语族的文法，把动词放在受词的后面，所以叫“天问”不叫“问天”，因为“楚辞”属于南方，这地方跟西南地区有很多互动，用的是当地的文法，而古书里也有不少这种用法，像《墨子》里说“野于饮食”，其实便是“饮食于野”。② 类似的例子在傅斯年的未刊稿里面还有一些，但是都没有发表。傅先生遗稿中也曾推断古代西域与中国的交通非

---

① 游国恩主编：《天问纂义》，台北：洪叶文化事业公司，1993 年，第 1 页。

② 傅斯年：《天问之史料性》，傅斯年图书馆藏遗稿，档号：II：630。

常畅通，且畅通的程度是后人所无法想象的，并指出古代的战车就是从西域传过来的，故称为“戎车”。[①] 中国的战车从哪里来？仍然是学界持续争论的问题，傅先生认为都是从西方过来的，并非中国所本有。这些未发表的文章中充分显现出一种风格，即这个时代一些学者看待中国历史、中华文明的形成，与过去那种汉族一元的看法已经相当不同了。

陈寅恪几篇有名的文章，如《四声三问》认为古代根本没有四声的观念，是印度来的。[②] 他连续写了三篇关于“李唐氏族之推测”的文章，文章发表之后，陈寅恪便面临挑战。[③] 仔细读后可以发现陈寅恪文字简要，运字遣词斟酌非常，立场虽然在改变，但是万变不离其宗，有时候说是少数民族，有时候说与少数民族混血，有时候又说是充分吸收了少数民族生活习惯的汉人。但无论如何，他提醒我们，古代文化中的外来种族因素是非常重要的，连中国历史上最为强大的唐帝国创始者亦不例外。又如对李白氏族的推测，虽然我们现在大致知道李白出身今日吉尔吉斯共和国，这一些认识也都是

---

① 傅斯年：《“戎商”始用车战》，傅斯年图书馆藏遗稿，档号：II：636、640。

② 陈寅恪：《四声三问》，收入陈美延编：《金明馆丛稿初编》，北京：生活·读书·新知三联书店，2001 年，第 367—381 页。

③ 陈寅恪：《李唐氏族之推测》《李唐氏族之推测后记》《三论李唐氏族问题》，收入陈美延编：《金明馆丛稿二编》，北京：生活·读书·新知三联书店，2001 年，第 320—352 页。朱希祖：《驳李唐为胡姓说》，《东方杂志》，第 33 卷 15 号（1936 年 8 月），第 67—80 页；《再驳李唐氏族出于李初古拔及赵郡说》，《东方杂志》，第 34 卷 9 号（1937 年 5 月），第 9—12 页。

从陈寅恪开始的。[①] 此外，他对《西游记》玄奘故事的研究指出，《西游记》里面很多故事都是从印度史诗转变而来的[②]；胡适也曾指出《西游记》中有中国西北的因素，这个看法在他未发表的遗稿中可以看出。胡适曾认为《西游记》中的“沙和尚”可能是出身新疆一带的神，敦煌卷里面记载有“深沙大神”，“沙和尚”便是从“深沙大神”演变来的。[③] 但鲁迅（一八八一至一九三六）反对这个看法，认为“作《西游记》的人并未看过‘佛经’”“中国所译的印度经论中，没有和这相类的话”“作者——吴承恩——熟于唐人小说”“《西游记》中受唐人小说的影响的地方很不少”，所以他并不赞成胡适、陈寅恪之论。[④] 陈寅恪的《隋唐制度渊源略论稿》也强调隋唐制度里面含有草原文化的成分，隋唐帝国的制度这么严密宏大，但其中有一部分异族的成分，而且他在《唐代政治史述论稿》的下篇《外族盛衰连环论》里就指出，不要随便称赞古代盛世，所谓的古代盛世往往是因外族互相牵制，或是因外族本身之腐朽衰弱而招致中国武力攻取之道，并说“国人治史者于发扬赞美先民之功业时，往往忽略此点，是既有违学术探求真实之旨，且非史家陈述覆辙，以供鉴戒之意。故本篇于某外族因其本身先

① 陈寅恪：《李太白氏族之疑问》，《金明馆丛稿初编》，第311—314页。

② 陈寅恪：《〈西游记〉玄奘弟子故事之演变》，《金明馆丛稿二编》，第217—223页。

③ 胡适：《“深沙神”在唐朝的盛行》，《胡适手稿》，第八集，下册，台北：胡适纪念馆，1966—1970年，第446页。又收入季羡林主编：《胡适全集》，第12卷，合肥：安徽教育出版社，2003年，第454—455页。

④ 鲁迅：《中国小说的历史的变迁》，香港：中流出版社，1973年，第19页。

已衰弱，遂成中国胜利之本末，必特为标出之，以期近真实而供鉴戒，兼见其有以异乎夸诬之宣传文字也”①。

史语所前些年整理了一篇徐中舒（一八九八至一九九一）先生当年遗留下来的文章，里面追溯大量古代的文物，考证其成分是商周以前外族传入的东西。② 还有张政烺（一九一二至二〇〇五）先生，他有一篇文章讨论《封神演义》里的哪吒，认为是从新疆于田来的，而且认为二郎神也与新疆有关。③ 这类文章显现当时治史的一种风格，像哪吒、二郎神等如此家喻户晓的神话人物，其原型居然是唐代天宝年间从新疆天山南路传来的。文学史家郑振铎（一八九八至一九五八）追溯中国戏曲来源时，也重视陈寅恪的意见，认为中国戏曲的来源是印度。④ 陈寅恪还有许多文章都在推测印度文化对中国的影响，其中包括中国中古时期想象力的变化与印度文化的关系等。

像这类的例子可以再举非常多，诸多的研究成果显示，传统文化不是由汉族或华夏民族独立完成的。陈寅恪对待传统文化的态度跟胡适非常不同，他并不满意胡适对传统文化

---

① 陈寅恪：《陈寅恪先生论文集》，上册，台北：文理出版社，1977 年，第 275 页。

② 徐中舒：《北狄在前殷文化上之贡献——论殷墟青铜器与两轮大车之由来》，《古今论衡》，第 3 期（1999 年 12 月），第 171—200 页。

③ 张政烺：《〈封神演义〉的作者》，收入《张政烺文史论集》，北京：中华书局，2004 年，第 61—65 页。

④ 郑振铎：《插图本中国文学史》，北京：作家出版社，1957 年，第 40 章《戏文的由来》，第 566—568、572—573 页。学者曾考证此一传说，参看高山杉：《陈寅恪与天台梵本》，收入《佛书料简》，杭州：浙江大学出版社，2012 年，第 97—119 页。

的激烈批评[①]，可是他的著作中对于传统文化的冲击其实很大。当然，陈寅恪是认为我们应以传统文化为本位，充分吸收外来文化，才能振兴古老的文明；以前固守本位、闭关自守的文化观是应该放弃的。一个强大的文明应以其历史文化为本位，充分吸收外来新的成分。[②] 他想要透过历史研究告诉人们，凡是一个想象力丰富的时代、强大的时代，都是以本身的文化为本位，充分吸收外来的新的血液、新的文化、新的因素才可能形成。

（四）古史多元观

第四个特色是对古代历史多元的想象。一九二〇年代后期到一九三〇年代初期，出现了一批论著，逐渐形成中国古史多元的看法。[③] 关于古史多元观，我曾在我的英文书中讨论过[④]，故此处只做一点简单的陈述。最早明显打破古史一元观

---

① 参考汪荣祖：《胡适与陈寅恪》，收入欧阳哲生选编：《解析胡适》，北京：社会科学文献出版社，2000 年，第 361—385 页。

② 他在评论冯友兰的《中国哲学史》时明确提出这个主张。参看陈寅恪：《冯友兰中国哲学史上册审查报告》，收入《金明馆丛稿二编》，第 279—281 页。

③ 值得注意的是，古史多元的说法并未全被接受。张光直先生的名著《古代中国考古学》共出过四版。前三版主张一元论，以华北为文化中心对外辐射扩散，直到第四版才改成六大核心文化区的互动说，因为后来各地新出土的考古材料实在太多了，逐渐证明当时一位考古学家苏秉琦所提倡的多元发展的看法比较符合实论。事实上，包括傅斯年在内，早已有人主张中国古代文化发展并非一元，而是多元的；然而，可能是受到民族主义的影响，这个说法得到的重视并不充分，1949 年之后大陆考古学界的领袖夏鼐（1910—1985）仍然坚持一元的看法。

④ Wang Fan - sen, *Fu Ssu - nien: A Life in Chinese History and Politics*, Cambridge: Cambridge University Press, 2000, pp. 108 - 125.

之裂隙的是王国维，他在《殷周制度论》中，指出有两个不同的系统，虽然王氏认为殷、周出自同一个源头帝喾[①]，但是他的论说已为石头敲开了一个缝隙，王国维的学生徐中舒在一九二七年发表的《从古书中推测之殷周民族》，便将殷、周之间的种种不同，用种族不同来解释，而且认为这两个种族之间存在着极大的冲突，这个事实被后来周代的历史所遮掩了。[②] 在一九二六年《古史辨》第一册中，顾颉刚(一八九三至一九八〇)提出要打破“古史一元观”，由于顾氏文章在当时震荡极大，所以他的口号引起极大的反响[③]；傅斯年于一九二九年在《夷夏东西说》一文中提出：周人在西、殷人在东，东西两个部族长期剧烈争战等一系列的论点。[④] 前面提到过，远在四川的旧学者蒙文通，也在一九二七年于《古史甄微》中提出古代有江汉民族、河洛民族、海岱民族三集团说[⑤]，徐旭生(一八八八至一九七六)则在一九四三年的《中国古史的传说时代》中提出，中国古代部族可以分为华夏、东夷、苗蛮三个集

---

① 王国维：《观堂集林》，北京：中华书局，1959 年，第 454 页。

② 徐中舒：《从古书中推测之殷周民族》，《国学论丛》，第一卷一期(1927 年)，第 109—113 页。

③ 顾颉刚：《与钱玄同先生论古史书》，收入《顾颉刚古史论文集》，卷一，北京：中华书局，2010 年，第 180—186 页。参看王汎森：《古史辨运动的兴起》，台北：允晨文化实业股份有限公司，1987 年。

④ 傅斯年：《傅斯年全集》，第三册，台北：联经出版事业公司，1980 年，第 86—157 页。

⑤ 蒙文通：《古史甄微》，上海：商务印书馆，1933 年，第 36—61 页。

团的说法。[①]

（五）"发生学—历史的方法"

另外一个很重要的研究风格就是所谓"历史的方法"（genetic method）、发展变化的方法，胡适提倡用历史的方法或发生学的方法来看待历史，产生了非常大的影响。而这种方法与传统经师的态度是大相径庭的。陈寅恪为陈援庵的《元西域人华化考》所写的序里面提到，近二十年来国人论史之作，"渐能脱除清代经师之旧染"[②]，这一句话虽然简单，但含义很深。古代的经师看待问题、看待历史现象，基本上是一种固定不变的信仰，而近代学人很重要的风格就是看待历史随着时间、各种因素而发展变化。这可以说是影响近代中国史学研究力量最大的一支，认为所有的事物都受时代环境的影响，不断地发展变化，而不再把它视为固定不动的。而且研究者将所有事物都视为研究的对象，他本身并不是价值的参与者。

除了上述五个方面外，当然还有其他的研究风格，譬如这个时代的史家在处理史料时有一个很重要的特色：先疑后信。他们在处理任何材料时，一定是先怀疑，这样的史料观念是潜存的，有些人明白讲出，有些人虽不如此，但是常常可以在他们的著作及言论中感受到这个意味，而且并非个别

---

① 徐旭生：《中国古史的传说时代》，北京：科学出版社，1960年，第37—127页。

② 陈寅恪：《陈垣〈元西域人华化考〉序》，收入《金明馆丛稿二编》，第270页。

现象，遍布上文提及的几群史学家里。“古史辨”运动的兴起，背后的主要精神便是如此。传统史家并非没有怀疑精神，如司马迁提出“厥协六经异传，整齐百家杂语”，但最终仍考信于六艺，折中于孔子，基本上不会先质疑史料的可信性。先疑后信的风格一直持续到二十世纪最后的几十年，直到世纪末至二十一世纪初。随着考古新出土材料的增多，先疑后信的风格才慢慢地转变。[①]

二、内在紧张

上述这些研究风格与社会的关系如何，这是反省史学跟社会的关系很重要的一个题目。

在本文一开始我提到过，近代中国的新史学可以说就是广义的“历史主义”时期，这个“历史主义”的定义与德国的“历史主义”不同。[②] 中国的历史主义是各种西方史学潮流的大汇聚，真正提到德国历史主义的文字其实非常少，甚至在被认为是“中国的兰克”的傅斯年笔下，也只是很偶然地提到德国历史学家之“单体的”——所谓“单体的”，我认为应该是傅氏对兰克学派所谓历史是独特个体的领域这个有趣的主张的

---

① 但是我担心的是现在中国史学界的另一个极端发展，即是转向过度轻信。

② 关于德国“历史主义”的定义，参考 Georg G. Iggers, *Historicism: The History and Meaning of the Term*, Journal of the History of Ideas, Vol. 56, No. 1 (Jan., 1995), pp. 129 –152。

描述[①]，但是两者也有很相近之处，尤其“发生学—历史性”的思维方式便是共有的。但近代中国“发生学”思维主要是受实验主义的影响。一切“历史化”的结果，是将一切看成“历史之流”，每一个事物都是特定时代发展的结果，所以没有永恒不变的东西。[②]

但是，如同德国的“历史主义”，中国的“历史主义”之发展也造成了一些矛盾与紧张，这些内在矛盾或紧张当然引起当时许多人的不满与不安，我们可以信手写下几种：第一，历史研究失去意义感与目的感，历史发展不再是一个有意义的过程；第二，人们感觉到历史研究失去现实致用的功能，失去对人生或社会导引的功用；第三，在不断“历史化”的过程中，以前认为永恒不变的真理感、信仰或价值被瓦解了，一切都“恒转如瀑流”，使得人们失去了确定感或信念感；第四，新史学强调“问题取向性研究”的另一面，即可能意味着“零碎化”，失去宏大的叙述格局，这些格局当然也包括道德教化在内；第五，在不断的考证、辨伪，在纯粹客观真理的要求下，历史往往不能提供国族荣耀感，甚至还可能有所损

① 傅斯年：《闲谈历史教科书》，《傅斯年全集》，第四册，台北：联经出版事业公司，1980 年，第 311 页。

② “发生学—历史性”思维为德国带来严重的价值相对主义，所以如何在历史中寻找规范，永恒的价值或具有意义的趋势成为大问题。参见格奥尔格 · G. 伊格尔斯著，彭刚、顾航译：《德国的历史观》，南京：译林出版社，2006 年，第 257—259 页。

害。[1] 如果我们把上述几点与我直接从伊格尔斯（Georg G. Iggers，1926—2017）的《德国的历史观》（The German Conception of History：The National Tradition of Historical Thought from Herder to the Present）中所录的德国历史主义的危机相对比，便会发现它们何等相似。[2]

但是相较之下，在中国这一个历史文化传统里的一些内在紧张，显得更为突出。譬如，第一，主张古史多元的人，可能必须付出很大的心理代价。蒙文通完成《古史甄微》一书

① 关于"国族史"/"国史"的讨论，参考 Erik Lönnroth，Karl Molin，Ragnar Björk edited，*Conceptions of National History*：*Proceedings of Nobel Symposium/*，78（Berlin & New York：Walter de Gruyter，1994）所收各篇之讨论。

② 德国历史主义所造成的紧张或危机，有许多与近代中国相近之处。德国历史主义所造成的危机是一个很复杂的问题，此处我只能根据伊格尔斯的《德国的历史观》，做简单的归纳。如："惟有对于经验数据的依赖，才能从根本上揭示出一个没有意义的宇宙"（第 166 页）、"在价值领域中，出现了严峻的危机"（第 167 页）、"由于信念的无政府状态，现代人陡然面对着绝对价值的崩塌"（第 167 页）、"这种新起的悲观主义的一个重要的方面就在于，认为历史并不是一个有目的的过程"（第 170 页）、"历史学要从伦理学中解放出来"（第 172 页）、"任何想到历史中寻找意义的努力都是徒劳。'我们用来表达历史意义的每一个表白，都不过是对我们扰攘不安的内心生活的一个反映'"（第 182 页）、"人类价值、世界历史和人类进步都不再存在。甚至理性也失去了其普遍性"（第 262 页）、"一切都是毫无意义的流变"（第 262 页）、"断裂了的政治与道德之间的关联"（第 283 页）、"每一个个体都包含了自身的理想于其中时，我们就避开了'价值的无政府状态'"（第 288 页）、"对历史整体意义的信仰在十九世纪的进程中丧失之后，历史主义就导向了好古癖、失去灵魂的专业化，或者是那种'理解所有的世界观却不再拥有自己的世界观'的相对主义"（第 293 页）、"歌德的伟大之处在于他既能够理解暂时性的个体，同时却又能'从永恒的观点'来考察它"（第 293 页）、"将德国唯心主义哲学的基本观念转换成了一个更加以科学为导向的时代的语言"（第 327 页）、"历史主义的重大贡献就在于它对于个性和发展的体认，而它的重大失误就在于把历史性个体与价值相等同"（第 340 页）。

后，在序言里提及自己的著作时说自己“非毁尧舜、讥短汤武”，乃狂悖之论。① 因为他的著作动摇古代黄金时代的观念，粉碎了揖让而升的政治格局，揭露出禅让的本质其实都是残忍的政治斗争，认为夏、商、周三代是相互对立的部族之间的斗争，获得最多诸侯拥护者便能胜利。“禅让之事，吾知之矣。”——原来就是结合了多少部族之后将对手打倒推翻，这和传统对古代的道德想象完全不同。正像是西洋在文艺复兴以后，复活了对希腊罗马的古代知识，而与基督教时代的古代知识大起扞格，产生了极大的震动。蒙文通是非常尊敬传统文化的人，可是我认为在他完成《古史甄微》后，内心也感到战栗，如同打开了潘多拉的盒子，把黄金古代拆散成一地的碎片，依赖旧古史观的价值体系、圣贤典范、禅让政治都消失了。

这些史家即使有的内心非常尊重传统文化，但他们的研究却把古代世界拆散成各个互相斗争的集团，古代的圣人都只是部落的首领，互相之间是权力争夺，而非礼让。这种史观的道德含义是什么？人们受到这些著作的影响，将如何看待现代的生活世界？这些都是很值得注意的。傅斯年曾在《夷夏东西说》中认为真正的中国文化中心是在渤海一带，所以泰山封禅在古代政治文化中占有重要地位。但是东方集团后来被西方的文王、武王周人集团压制，而相较于殷商，周人其

① 蒙文通：《古史甄微》，上海：商务印书馆，1933 年，第 2 页。

实是文化较低落的蛮族，这跟以前所认知周人是一个道德团体，完全不同。[①] 他后来在一篇文章中写道："究竟谁是诸夏？谁是戎狄？"[②]

第二，很多原本被安排在一元脉络里面的东西，现在都被丢弃了，人们原本相信的东西消失了。在这样的研究风格之下，近代史家面对现实的、道德的、文化的、信仰的各方面挑战是什么？这是值得思考的问题。"历史"研究的影响不限于历史，而是烙印在时代心态及思考之上。譬如，汉族中心主义消失了吗？黄金三代破灭了，古代是一个以道德筑起的国度吗？还有，宗教被历史脉络化了，孔子只是春秋时代之伟人，而不是历代的伟人，到何处找"必然"(certainty)？就社会的整体功能来说，新的"必然"(certainty)不一定是要在史学中出现，它也可以是各种信仰或各种主义。

其实，西方也曾遇到同样的问题，启蒙时代的史学家为什么要从历史中寻找"通则"，不像我们今天的研究都集中于特定的历史问题？因为他们正好在一个讲究"规范"的时代，在文艺复兴以后、十八世纪以前，人们慢慢开始重视个别的事实，挑战了基督教原来的"天国之城"，挑战了神学的理性，原来的价值体系崩溃了。新的规范在哪里？受到历史事实、

---

① 傅斯年：《夷夏东西说》，《傅斯年全集》，第三册，台北：联经出版事业公司，1980年，第86—157页。

② 傅斯年：《与顾颉刚论古史书》，《傅斯年全集》，第四册，台北：联经出版事业公司，1980年，第487页，相关讨论见 *Fu Ssu-nien: A Life in Chinese History and Politics*, p. 109。

历史态度研究的影响，把所有的东西都当作历史对象来研究，基督教在中古时代所建立的像“天国之城”那样庞大的系统不见了。以“历史的”(historical)态度来研究，对原来合理的信仰系统是一个很大的挑战，所以在“天国之城”垮了之后，启蒙时代的史家要寻找一些确定的东西，所以用一种新的办法研究历史，要寻找人类历史的通则，作为人们新的信仰的依据。①

第三，晚清以来，经学时代的一套广义的系统崩溃了，取而代之的是“历史的”学派。十九世纪是一个历史的世纪，史学在当时是一个很当令的学科，历史思考弥漫了人文及科学各个领域，一如艾克顿(Lord Acton，1845—1902)所说的：“历史不仅是一门特殊的学问，并且是其它学问的一种独特求知模式与方法。”②在二十世纪，中国史学也是一个当令的学科，然而当时中国的史学与十八世纪启蒙史学所走的路并不相同，中国史家并未走上像启蒙史家那样寻找 man in general 的路或寻找通则，而是将历史事实空间化、时间化——空间无限多元化、时间无限演变化，把确定的东西向时间、空间两边发展，重视的是对特定史实(particular facts)，是对各式各样的历史事实进行客观的研究。这一历史潮流打开了潘多拉的盒子，人生中确定性(certainty)的、可依据的东西到底在哪里？当然，中国近代“历史主义”所造成的内在紧张还不止

① Carl L. Becker，*The Heavenly City of the Eighteenth - Century Philosophers*，New Haven：Yale University press，1932.

② 黄进兴：《后现代主义与史学研究》，台北：三民书局，2006 年，第 245 页。

于此，我曾经将比较具传统历史文化心态的批评者的各种论点在《民国的新史学及其批评者》中有所讨论[①]，此处不再重复，请有兴趣的读者参看。

最后，前面提到过，德国历史主义所造成的广大而深远的危机，与近代中国新史学造成的内在紧张有所出入。因为篇幅所限，我局限谈其中几点。

第一，晚清以来的主流论述是刷新传统文化、创造新文化，而新史学的打破圣道王功，把思想、价值、信仰等历史脉络化，正是这个运动中重要的一环，若就这一点来说，新历史主义的种种破坏性的主张，毋宁是新史学的旗手们所企求的，套用傅斯年的名言，正是要将史学从圣道王功、道德教化，从人们自造的仁义之中解放出来，所以“打破”正是为了“重建”，“紧张”或“危机”正是这个壮举中应有的部分。他们正是要肃清黄金古代，肃清汉族中心论，肃清古史中到处出现的一元观，要将封固于儒家道德教化下的史实解放出来，即使因此而散碎一地，但这才合乎历史真相。所以在这一个新学术的宏大格局中，危机或紧张感并不必然存在，相反，大部分时候洋溢着一种胜利感与成就感。但对传统心态的学者或一般人而言，上述那些内在紧张与危机的意义就格外不同。

像陈寅恪那么杰出的史学家，一再提醒我们古代文化有

---

① 收入王汎森：《中国近代思想与学术的系谱》，台北：联经出版事业公司，2003 年，第 377—462 页。

很多胡人的成分，但他也只能告诉我们牢守本土文化，并充分吸收外来文化，才能发展新的文化。像傅斯年这样杰出的史学领袖，一再强调不要以虚构的历史来鼓舞人们的爱国心，虽然刺痛民族自尊，但是它与新文化运动的刷新旧文化、建立新文化的雄图相呼应。然而这些路途太过迂回，很多人只想要明确的答案。[①]

第二，考虑近代中国的任何问题都不应只是单独地考量，而应放在当时中西脉络之下来考虑。衡量一个时代对内在紧张或危机的承受度，应该首先考虑到，那一个时代所认为的最高真理与终极意义的根源是什么。从晚清以来，许许多多人的最高真理与终极意义的根源不是传统历史文化，而是“西方”“科学”“真理”“理性”，任何与“西方”“科学”“真理”“理性”相联系，或任何可以清除旧辙以方便接引“西方”“科学”“真理”“理性”的工作，都得到一种意义感，就好像从事水墨画的人背后有故宫博物院作为一个潜在的支持那样的感觉。

“西方”“科学”“真理”成为无所不包的“乾坤袋”“百宝箱”，“西方”取代了对“传统”的信仰，取代了所有古代知识历

① 就像以前基督教盛行的时候，教会的神学体系指导信徒，古代人能从经学找到模范。“未来”成为一个宗教，你看那些了不起的理想主义者讲到未来，好像未来就是一切，未来成为一个新的宗教，未来取代古代的经典世界，可是谁能够想象未来呢？谁能去制定原则？朱谦之（1899—1972）写了不少有关无政府主义的书（如《到大同的路》《大同共产主义》《无政府革命的意义》，收入《朱谦之文集》第一册，福州：福建教育出版社，2002 年）也是想替未来定准则。也就是说明史家风行草偃之后所留下的价值文化空档，到底该用什么方式填补？到现在都还没有答案。

史化之后所遗留下的空缺。只要紧紧跟随着“西方”，则一切问题自会有解答，即使现在的“西方”没有解答，未来的“西方”也终会提出解答。当时也有许多人把这道习题推给“科学”，相信科学就像古代的经学，能解决所有问题（可是却忘却科学留下更多黑暗的角落，而且科学真正能解决的人生问题很少）。[①] 当然，后来是将困难与空缺推给“主义”，只要是“主义”就好，因为其中有一整套既确定又有高度延展性的知识与信仰，可以化解种种紧张与内在危机。[②]

在这个思路下产生了一种微妙的心理，即“西方”“科学”“真理”“理性”，有一个尚未全部显露的宏大格局，在那个格局中，所有紧张最终都会得到解决。而且零碎的史实尽管恼人，但它们只要指向一个倾向、趋势，或隐约与一个宏大格局有关，最后便可以带来全面的意义感。过去，我们很少关注史学研究者使用的“措词”，而从当时一些零散的史学“措词”看来，上面提到的那些内隐的宏大格局是隐然存在的，而且从晚清以来，进化、进步方面的思潮更起着“大小总汇”的功能，明示或暗示一个光明的大趋向，这也就使得单个的、片断的、与传统相矛盾的内在紧张不致爆开，甚至还组成一

---

① 林毓生：《民初“科学主义”的兴起与涵义：对民国十二年科学与玄学论争的省察》，收入氏著：《政治秩序与多元社会》，台北：联经出版事业公司，1989 年，第 277—302 页。

② 参看王汎森：《“烦闷”的本质是什么——“主义”与近代私人领域的政治化》，《思想史》，创刊号（2013 年），第 85—137 页；《“主义时代”的来临——中国近代思想史的一个关键发展》，《东亚观念史集刊》，第四期（2013 年 6 月），第 3—88 页。

个有意义的大图景。相较之下，德国历史主义造成的危机并没有内隐的宏大格局作为救援，所以其危机所造成的影响之深、危机之重，一直延续到现代，尚不能完全解决。

不过，我认为当代华人世界已不再有上面提到的“西方”“科学”“真理”“理性”，或其他形形色色的宏大格局已经不再那么被视为天然，现在连“理性”都有人要提出怀疑了，而本文所提及的各色各样的紧张，尤其是意义感、价值感、目的感、现实感的失落，便变得更难以克服了。如今，历史这门学问对年轻人之所以失去吸引力，其中原因之一便是前述种种危机；如何克服这些危机，成为今后史学工作者的重大挑战。

从哲学史到思想史

——胡适的英文《中国思想史大纲》草稿

台湾“中研院”胡适纪念馆收藏了一份胡适(一八九一至一九六二)的英文的《中国思想史大纲》。它由一千五百五十四张小纸条组成[①]，是胡适于一九四四年底到一九四五年在哈佛大学的开课大纲[②]，这是他最后一次要写一部《中国思想史》的尝试，但是接着便被早先开始的《水经注》问题盖过去了，没能

① 这些纸片有的一页只有一行字，多的也只有几行字。其中，古代有643页，中古(公元前200年至公元1000年)有268页，中古宗教(公元300年至公元1000年)有237页，理学(公元1050年至公元1650年)有326页，反理学(公元1645年至公元1945年)有80页。

② 胡适纪念馆藏号：HS－NK05－209－001。

完成。[①] 这份《中国思想史大纲》，与大家耳熟能详的《中国哲学史大纲》(卷上)有很大的不同。

一

这份《中国思想史大纲》反映了胡适两种重要转变，第一是"去哲学化"的转变，第二是从《中国哲学史大纲》(卷上)到《中国思想史大纲》中，有着若干观点的转变。这里先谈第一点。我在《汉学研究》发表的一篇文章中曾经提到，事实上胡适有一个阶段很受傅斯年(一八九六至一九五〇)的影响。[②] 一九四四年底到一九四五年，胡适在哈佛大学演讲，已经强调他所讲的不是中国哲学史，而是中国思想史了。事实上，江勇振先生在《舍我其谁：胡适》一书里面有很多地方提到，胡

① 《中国思想史大纲》是1944年秋天到1945年春天胡适应邀在哈佛大学讲课时，写在"拍纸簿"上面，连缀而成的一份大纲。当时上课的情形，杨联升先生(1914—1990)的日记，及周一良(1913—2001)、赵元任(1892—1982)等先生都有记述。台湾"中央研究院"的胡适纪念馆中有一封信可以说明，当时麦克米伦公司曾来函邀约，希望胡适将书交给公司出版。胡适的答信说："每逢谈到这本书时，我总是非常难为情的。因为它只是一份笔记纸排比而成的大纲而已。"这份大纲是胡适《中国哲学史大纲》(卷上)出版之后二十五年学术工作的一个比较整体的呈现，这中间当然也吸收了许多胡适有关中国思想史的著作，包括《中国中古思想史长编》《戴东原的哲学》等。胡适一直想完成一部《中国思想史》，这份大纲应该是他在这方面最后一次的尝试。

② 他写《说儒》时，很受傅斯年《周东封与殷遗民》跟《夷夏东西说》的影响，我在文章里面举了很多档案资料，可以看得出来。还有若干方面，其中最后一点，讲到胡适后来对哲学的态度，或许跟这个有关。参见王汎森：《傅斯年对胡适文史观点的影响》，收入王汎森著、王晓冰译：《傅斯年：中国近代历史与政治中的个体生命》，台北：联经出版事业公司，2013年，第309—332页。

适后来不希望自己被称为哲学史家，而希望被称为思想史家。①

“哲学”原来是一个从西方来的词，日本也是从西方学来的。狭间直树有一篇论文，就是追索日本如何从欧洲学到“哲学”这个概念。② “哲学”到中国来跟王国维密切相关。

其实近代的心理学、哲学、美学，这几种学问跟王国维(一八七七至一九二七)都有很密切的关系。从《王国维全集》中翻译的部分可以看到，王国维译过不少西方的人文著作。他写过四五篇与哲学相关的文章，主要是在说明哲学这个东西对我们而言很陌生，但是个好东西。尤其是在跟张之洞(一八三七至一九〇九)讨论到学制的时候，他一再强调哲学是好事情，不要看它好像没有用，可它是一个重要的学科。③

蔡元培对哲学兴趣深厚，他根据文德尔班(Wilhelm Windelband，1848—1915)写过的一本《哲学总论》(一九〇一)，早年译过《哲学要领》《伦理学原理》。④ 他所翻译的泡尔生(Friedrich Paulsen，1846—1908)的《伦理学原理》(A System

---

① 江勇振：《舍我其谁：胡适》，台北：联经出版事业公司，2011年，第277—278页。“我有时称我自己为历史家，有时称我自己是一个中国思想史家，但从来就没有自称为哲学家。”他有意淡化主修哲学，对韦莲司女士说“最讨厌抽象的思考方式”。

② 狭间直树：《西周のオランダ留学と西洋近代学术の移植：“近代东アジア文明圈”形成史・学术篇》，《东方学报》，第八十六册(2011年8月)，第131—176页。

③ 王国维：《奏定经学科大学文学科大学章程书后》，收入王国维：《王国维全集》，第一四卷，杭州：浙江教育出版社；广州：广东教育出版社，2009年，第32—40页。

④ 后藤延子：《蔡元培的哲学：民国的人间像的行动原理》，《人文科学论集》，第13号(1979年3月)，第167—168页。

of Ethics)，后来还影响了毛泽东(一八九三至一九七六)。毛泽东一生批语最多的两本书，其中一本就是蔡元培所译的泡尔生的《伦理学原理》。[①] 蔡元培(一八六八至一九四〇)早期对引进哲学是非常用力的，而且起了很大的作用。至于中国哲学史研究，一般都认为胡适的《中国哲学史大纲》(卷上)具有里程碑的作用。事实上，在胡适之前有两本书，一本是北大的讲义，即陈黻宸(字介石，一八五九至一九一七)的《中国哲学史》，另外一本是谢无量(一八八四至一九六四)的《中国哲学史》。谢无量是同盟会会员，胡适在《中国哲学史大纲》中，有很多地方显然是针对谢无量的。[②] 谢无量讲哲学，就是从伏羲、神农开始讲起，一路讲下来，胡适认为里面有很多过时的、过度信古的东西。其实谢无量所做的也是受日本影响、受近代西方哲学观念影响的哲学史，但是他不具有胡适那样怀疑批判的角度。

胡适这本书原名为《中国哲学史大纲》(卷上)，后来重印的时候，才改成《中国古代哲学史》。[③] 事实上，胡适在台北版的序言里已经讲得清清楚楚，他已经放弃哲学史的想法，

---

① 泡尔生《伦理学原理》的批语，在《毛泽东早期文稿：1912. 6—1920. 11》(长沙：湖南出版社，1990 年)里可以看得出来，当然里面有很多毛泽东自己的想法。

② 胡书批评谢无量，但是他没有提陈介石，可能陈介石的《中国哲学史》在北大当时只是讲义，不像谢无量的《中国哲学史》是印本。

③ 关于“哲学”在五四运动前后学科中的地位，以及《中国哲学史大纲》卷上的问题，可参考罗志田：《大纲与史：民国学术观念的典范转移》，《历史研究》，2000 年第 1 期。

改写思想史，所以“下卷”他不要了，就变成《中国古代哲学史》。[①] 这牵涉一个问题，就是为什么他会从哲学史转到思想史——后来甚至不太愿意人家称他为“哲学家”。这个转向因为涉及文字的部分，多是在私人书信、日记、未发表的演讲稿中，故有些隐晦，不那样引起注意。

一九二二年，当胡适完成《中国哲学史大纲》(卷上)四年后，哥伦比亚大学邀请他去当访问教授，他考虑到要写《中国哲学史大纲》中、下卷而不愿意去。可见他那时候对哲学史的工作还是非常投入的。到了一九二五年，他还出了一本《戴东原的哲学》。可是从一九二〇年代末开始，可以感觉到胡适对于“哲学”的态度有了一个变化。傅斯年在一九二六年八月写给胡适一封长信，这封长信大概是因为字迹太草，所以没有被收进《胡适来往书信选》，可是在《胡适遗稿及秘藏书信》里面有。[②] 在信中傅斯年对胡适说，你写的《中国哲学史大纲》不是第一流的著作，反倒是你的小说史考证，才是第一流的著作。一方面是哲学史的著作当时西方汉学家已经有人写了，但最重要的是你用哲学来讲中国的思想本来就是错误的。中国人没有“哲学”这个东西，中国只有“方术”，任何用西方哲学的概念来讲中国的思想，本身就是错的。并且傅斯年说陈寅恪(一八九〇至一九六九)的看法与他是一致的，因为不能

① 胡适：《自记》，《中国古代哲学史》，台北：台湾商务印书馆，1978 年，第 1 页。

② 王汎森、潘光哲、吴政上主编：《傅斯年遗札》，第一卷，台北：台湾“中研院”历史语言研究所，2011 年，第 43—52 页。

用伦理学、本体论、知识论去讲中国的东西。凡要用这些去讲，于古代的思想就有增减了。

傅斯年又对胡适说道："我方到英国时，觉得我好像能读哲学书，甚至德国哲学书。后来觉得不能懂德国哲学了，觉得德国哲学只是一些德国语言的恶习惯。现在偶然那(拿)起一部 Hume 来，也不知所谓了。总而言之，我的脑筋对于一切哲学都成石头了。我于这个成绩，也很欢喜。"这代表当时知识界有一种慢慢要疏远"哲学"的倾向。傅斯年在北大学生时期的文字，原来也有很多是牵涉哲学的，可是慢慢到一九二六年、一九二七年，受到当时西方哲学思潮的影响，大概与逻辑实证论有一定的关系，他便开始疏远哲学了。胡适在一九二六年给他回信，完全同意他。这封信收藏在历史语言研究所的档案里，现在出版了。胡适当时人在巴黎，他说："你最得意的三件事，我却也有点相像。一、近来每用庞居士临死的遗训劝人：'但愿空诸所有，慎勿实诸所无。'庞居士也许注重在上半句，我却重在下半句。……二、捆人最利害的是那些蜘蛛肚里吐出来自己捆自己的蛛丝网，这几年我自己竭力学善忘，六七年不教西洋哲学，不看西洋哲学书，把西洋人的蛛网扫去了不少，自己感觉很痛快，……这一层我很得意。因为我是名为哲学教授，很不容易做到把自己的吃饭家伙丢了。"①

① 参见胡适：《胡适全集》，第二十三卷，合肥：安徽教育出版社，2003 年，第 435 页。

可能受了这一影响，一九二七年五月，胡适访欧回来后把他关于中古哲学文雅的标题定为《中国中古思想史长编》。此后，他慢慢地就不再怎么谈哲学或哲学史，虽然也谈哲学的问题，但是他以后开课的名称都是“思想史”了。一九二九年他在上海大同中学演讲“哲学的将来”，其间他说了一些比较决绝的话。这份演讲稿并未发表，一直收藏在家人手上，直到编纂《胡适全集》时才收入。在这篇演讲稿中，胡适说“过去的哲学只是幼稚的、错误的，或失败了的科学”，“最早乱谈性善性恶的孟子、荀子既可算作哲学家?”(它是问号的)，“凡科学已解决的问题，都应承受科学的解决”，“凡科学认为暂时不能解决的问题，都成为悬案”，“凡科学认为不成问题的问题，都应抛弃”。所以他提到“哲学的根本取消”，“科学不能解决的，哲学也休想解决。即使提出解决，也不过是一个待证的假设，不足以取信于现代的人”。他又说，“故哲学家自然消灭，变成普通思想的一部分”，“若不如此，但他们不是将来的思想家，只是过去的玄学鬼”，“将来只有一种知识：科学知识。将来只有一种知识思想的方法：科学实验的方法”。所以为什么他不用哲学史而用思想史，因为“将来只有思想家而无哲学家：他们的思想已证实的便成为科学的一部分，未证实的叫作待证的假设(Hypothesis)”。①

---

① 参见胡适：《胡适全集》，第八卷，合肥：安徽教育出版社，2003年，第618页。

关于胡适这个重大的转变，我曾在一篇短文中略微讨论过。[1] 除了傅斯年个人的某些影响外，与时代思潮恐怕也有关。用章士钊的话说，这是个“不去欧洲留学，真没有发言的余地”的时代。[2] 所以西方思想界的最新动向，往往立刻影响中国知识分子的思想。在一九三〇年代前后的西方，的确常见到对传统哲学的诘疑甚至于“取消”之说。胡适所熟悉的杜威(John Dewey，1859—1952)固然主张“哲学之重建”，欧陆也正逢维也纳学派开始集结，崭露头角。像《剑桥哲学史(一八七〇至一九四五)》中的“The End of Philosophy as Metaphysics”一文，便描述维特根斯坦(Ludwig Josef Johann Wittgenstein，1889—1951)和逻辑实证论兴起时，带来了哲学是形而上学以及“哲学的结束”这样的观念。[3] 不过像胡适这样，认为科学足以完全取代哲学的说法仍然显得极端。杜威认为哲学与科学一样，是一种实验性质的认知方法；维也纳学派认为哲学以逻辑及语意学的形式，可以继续发挥语言或概念分析的功能。

---

① 王汎森:《傅斯年对胡适文史观点的影响》,收入王汎森著、王晓冰译:《傅斯年:中国近代历史与政治中的个体生命》,台北:联经出版事业公司,2013年,第309—332页。

② 朱执信(1885—1920)在《学者的良心》中记录，章士钊(1881—1973)于1919年9月间在上海寰球中国学生会演说，被四面八方攻击，弄到最后，只好对外表示——用朱执信的话说：“(章氏)从大病以来，已有觉悟，现在不去欧洲留学，真没发言的余地。”参见《朱执信集》，下集，北京：中华书局，1979年，第660页。

③ 这个口号必定给一般人留下深刻的印象。相关讨论请参考 Simon Glendinning，*The End of Philosophy as Metaphysics*，Rom Harré，*Positivist Thought in the Nineteenth Century*，Alan Richardson，*The Scientific World Conception*：*Logical Positivism*，in Thomas Baldwin ed.，*The Cambridge History of Philosophy* 1870—1945 (Cambridge，UK；New York：Cambridge University Press，2003)，pp. 565 - 577，11 - 26，391 - 400。

换言之，西方的说法大体上放弃了传统哲学“认识终极真理”的信念，但是仍然给哲学保留一种很谦卑的位置。[①] 由于西方最新的发展，往往就是“真理”之所在。所以胡适不能不敏感地察觉到欧洲当时实证主义、逻辑实证论大军压境般的氛围。[②]

胡适的《哲学的将来》一文没有正式发表过，在他同一天的日记里，他把这个演讲的内容录进去了。其中就提到“哲学的根本取消，问题可解决的，都解决了”等。一九二九年他废弃《中国哲学史大纲》(卷中)，改写《中国中古思想史长编》。商务印书馆在一九三一年将《中国哲学史大纲》(卷上)收入《万有文库》的时候，胡适已将书名改为《中国古代哲学史》[③]，并计划将来再重写《中国古代思想史》，这都是重要的信号。

更重要的是，胡适在一九三〇年代曾经提倡要取消哲学系，取消哲学，宣扬“哲学破产”。钱穆的《师友杂忆》里有提到说，胡适是北大第一个西洋哲学史教授，而第一个西洋哲学史教授居然提倡要取消哲学系，这在当时是很震动的事情。[④] 胡适教西洋哲学史很多年了，他的日记里有记载，今天上笛卡儿(Rene Descartes，1596—1650)、上霍布斯(Thomas

---

① 这在近代科学初兴的年代已经常见，如 Locke 说过，哲学家只是负责清理地基，等着如牛顿、波义耳之类的大师负责建造知识大厦。此处请教了钱永祥教授，特此鸣谢。

② 参考 Leszek Kolakowski，*The Alienation of Reason*：*A History of Positivist Thought*，NY：Anchor Books，Doubleday，1969，尤其是第五章。

③ 华东师范大学图书馆编：《胡适著译系年目录与分类索引》，上海：上海人民出版社，1984 年，第 17 页。

④ 钱穆：《师友杂忆》，北京：生活·读书·新知三联书店，2005 年，第 161 页。

Hobbes，1588—1679)，上了很多年，可是此时却主张应该取消哲学系。一九三四年至一九三八年就读北大哲学系的任继愈(一九一六至二〇〇九)在晚年接受访问时便有这两段回忆，他说，“胡适认为中国没有哲学，只有思想，中国哲学不成体系。他贬得太低，所以北大的课叫中国思想史，不叫中国哲学史”，“因为胡适是文学院院长，所以课后他有发言权，课程名称都是他定的”。[①] 当然不能因此说胡适从此便与“哲学”分道扬镳，或他不再提到“哲学”。但是，似乎在有意无意之间有这么一个分别。“哲学史”与“思想史”是有分别的，前者是成系统的，后者是历史上出现过的，代表一个时代的思想。

用“思想史”的角度与用“哲学史”的角度是迥然不同的。胡适说用“思想史”则可以写每一个时代，包括道士、佛教，包括他所最鄙夷的很多东西，但是它们都代表那个时代的思想，所以在《清代思想史》遗稿里，他说“我们注重那代表时代的思想家，而不注重那继承宋明传统的理学家。我们宁可取那编小说的吴敬梓与李汝珍，而不必取那讲理学的汤斌、张伯行”。[②] 我觉得胡适从哲学史转向思想史的变化，也代表他整个学术观点的一个变化，此后他近史学、汉学而轻哲学、理论。他宣称自己不是哲学史家，而是一个思想史家。[③] 有一

① 林祥主编：《世纪老人的话：任继愈卷》，沈阳：辽宁教育出版社，2000 年，第 47 页。

② 参见耿云志编：《胡适遗稿及秘藏书信》，第七册，合肥：黄山书社，1994 年，第 38 页。

③ 参见唐德刚译注：《胡适口述自传》，台北：传记文学出版社，1981 年，第 39 页。

段时间他在帮人写字时，喜欢写朱熹(一一三〇至一二〇〇)的“宁烦毋略，宁下毋高，宁浅毋深，宁拙毋巧”，其实指的都是史学性的工作，而不是哲学性的工作。在他没有发表的《中国哲学小史》的引论里，他强调以历史治哲学之企图：“我因为不满意于这种没有历史系统的哲学概论，所以想做一部含有历史性质的哲学概论，所以我这部书的第一个目的就是要试验哲学概论是否可以用历史的眼光来做。”①

二

接着要谈胡适的《中国哲学史大纲》(卷上)到《中国思想史大纲》的转变。胡适的《中国哲学史大纲》是由他的博士论文《先秦名学史》改写的。这篇论文与胡适在哥伦比亚大学的博士论文口试教授夏德(Friedrich Hirth)显然意趣相反。夏德偏向孔教派，他给陈焕章(一八八〇至一九三三)那本《孔门理财学》写的序对之颇为赞赏。《孔门理财学》跟胡适的《中国哲学史大纲》刚好是两个极端。胡适的《中国哲学史大纲》是批判性的、疑古的，而《孔门理财学》则是要发扬儒家的现代价值以及在财政方面的智慧的。夏德喜欢的是后者不是前者。我们一直只注意到杜威，杜威看起来是对胡适的东西很欣赏的，他在好几个地方提到，他写完以后交给杜威看，杜威也表示

① 参见胡适：《胡适全集》，第七卷，合肥：安徽教育出版社，2003年，第271页。

赞许。可是夏德喜欢《孔门理财学》这样的东西，所以他跟杜威的看法显然不同。①

蔡元培在一开始就给《中国哲学史大纲》(卷上)写了一个非常有决定性的序，他提到它有四个重点："证明的方法""扼要的手段""平等的眼光""系统的研究"。其中在"扼要的手段"中他提道，"截断众流，从老子、孔子讲起"这一点很重

---

① 1911 年 10 月 15 日夏德为陈焕章《孔门理财学》一书所写的序中说："Western readers will find in his book the representation of Confucianism from the purely Confucianist point of view by an author who is a Confucianist himself and has had the advantage of sifting his ideas through the methods of western science. "参见陈焕章：《孔门理财学》(英文版)，长沙：岳麓书社，2005 年，第 7 页。夏德认为该书出自一个真正的儒者，真正代表了儒家的观点，语气中充满肯定与同情。而《孔门理财学》以晚清今文家的"三统""三世"说为框架，从伏羲一路讲下来。夏德本人的 *The Ancient History of China to the End of the Dynasty*(New York：The Columbia University Press，1908）也是从伏羲讲起的，此书最开头的部分有一个中心主题是"西来说"的问题，当时西来说甚嚣尘上。中国人自认为中国文明源自陕甘地区，源自本地，并无西来之迹象。夏德此书从盘古、天皇、地皇、人皇、伏羲、女娲、神农、黄帝、仓颉、少昊等(讲起)，不过他有一个清楚的观念，认为前述是"神话与传说"，但是无论如何，他认为这是应该传述的历史。而这些与胡适英文的《先秦名学史》显然有所不同。《先秦名学史》从先秦诸子写下来，不提伏羲这些人物，这与夏德、陈焕章他们的书出入很大，但胡适那一篇带有"截断众流"意味的宣言性的序，是 1927 年他回中国路上短期滞留日本时所写的。其中提到，人们不晓得中国受的传统的重压是如何巨大。此外胡适批评《管子》《晏子春秋》还有其他许多可疑的古书，即使《庄》《荀》也是部分接受而已。他说自己刻意不引《尚书》等——除非是他认为可信的篇章，对于经书他基本上全取高度批判性的态度，并说从头到尾，决不引用任何不能确信无疑的古书。这一篇英文序的态度，与胡适在 1919 年《中国哲学史大纲》（卷上)中所宣扬的史料批判观点一致。在《中国哲学史大纲》中，他痛斥人们高谈"邃古哲学""唐虞哲学"，"全不问用何史料"，"唐虞夏商的事实，今有根据，只有一部《尚书》。但《尚书》是否可作史料，正难决定，(《尚书》)无论如何没有史料的价值"。参见胡适：《中国古代哲学史》，第 20—21 页。夏德有一份用德文写成的第三人称的简单自传(*Friedric Hirth*,"*Biographisches nach eigenen Aufzeichnungen*")，在这份自传中，并未提及他对儒家或孔教的看法，对他在哥大时期所言亦不多，仅大致说明所开课程，当然亦未有胡适的名字。夏德自传提及与康有为、梁启超、孙中山之私交，传中指出康有为在纽约停留期间，常常拜访夏德。此处要谢谢萧高彦兄及杨尚儒代为释读这份德文自传。

要，意思是不从伏羲或尧、舜、禹、汤开始讲中国哲学，而是从老子开始讲起。胡适是以史料批判为中心做哲学史的，他在康奈尔大学深受当时西洋哲学史的老师枯雷顿(J. E. Creighton)的影响，这位西洋哲学史老师写哲学史重视史料，重视时代背景，重视思想发展的时间次第，认为如果没有这些东西，写哲学史是不可靠的。[①] 所以对于胡适的《中国哲学史大纲》(卷上)，大家都注意到杜威的影响，却忽略了还有枯雷顿的影响。其实胡适在康奈尔大学深受当时欧洲唯心论传统的影响。在《中国哲学史大纲》里面，他也列出了自己写这本书时在西方参照哪些东西。其中很重要的还有文德尔班，他还深受文德尔班所写的西洋哲学史的影响。所以《中国哲学史大纲》(卷上)在当时看来：第一，这是以西洋的哲学或哲学史的概念，有系统地梳理古代哲学。[②] 第二，他的史料批判具有非常强烈的疑古精神。他要重现学派的系统、传授和源流，他批评旧书的体例不清，要恢复各家学说的真相。而“乱了学说先后的次序，乱了学派相承的系统”是不行的，《管子》既不是真书，不可以用作管仲时代哲学史料等。这些东西在谢无量

---

① 江勇振在《舍我其谁：胡适》一书中说，胡适曾说 Creighton(江译为克雷登)“那种客观地对付历史上各阶段的思想史的态度，给我留下了一个极深的印象，也重新唤起了我对哲学，特别是中国哲学的兴趣”(第 307 页)。江勇振认为，《中国哲学史大纲》主要受克雷登的影响，不是杜威。克雷登的哲学史课程主题，包括了“本世纪的思辨问题，特别是进化观念的哲学意义及其重要性”(第 286 页)。

② 在一开始胡适就对写这本书的用意讲得很清楚，他要谈知识论、谈本体论、谈伦理学、谈教育哲学、政治哲学等。

的书里面都没有，在谢无量的书里面，《管子》当然就是代表管子了。胡适则认为史料要经过批判。

胡适的《中国哲学史大纲》有一个鲜明的主轴，即进化论。譬如他写庄子的时候提到“万物皆种也，以不同形相禅”，认为这个就是“生物进化论”。当时有人批评马叙伦（一八八五至一九七〇）抄袭胡适这个说法，但马叙伦认为自己是师承章太炎（一八六九至一九三六）的看法，这在当时的《北京大学日刊》是一桩公案。[①] 后来胡适在台北版的序言里面讲，他这个说法完全错误，庄子没有生物进化的看法，那是当时他作为年轻人一个大胆的说法而已。前面提到过，胡适在康奈尔大学时深受枯雷顿影响，枯雷顿写西洋哲学史时，非常重视进化论在近代西方哲学上的作用，所以胡适在书里面讨论先秦诸子的时候，最重要的共同主题就是生物进化或者进化的思想。他讨论到墨子，讨论到荀子，讨论到其他许多，这都是他其中一个核心的观念。任何学说都是一个发生学的过程，不是一个静止的、不变的东西，它有个过程，一个发生学的过程。[②]

胡适认为“东周以前的中国古史，只可存一个怀疑的态

---

① 参看傅斯年：《马叙伦着〈庄子札记〉》，原刊《新潮》，第一卷 1 号（1919 年 1 月 1 日），后收入氏著：《傅斯年全集》，第四册，台北：联经出版事业公司，1980 年，第 1420、1425 页。马叙伦：《释〈新潮〉中评〈庄子札记〉》，《北京大学日刊》，第一九〇期、一九一期，一九二期（1919 年 1 月）。

② 参看胡适：《实验主义》《杜威先生与中国》，《胡适全集》，第一卷，合肥：安徽教育出版社，2003 年，第 277—323、360—362 页。

度”，岂可一味迷信古书。先秦诸子没有一部可靠，“《庄子》一书，大概十分之八九是假造的，《韩非子》也只有十分之一二可靠”，“《左传》不足信”，“《尚书》是否可作为史料，正难决定，……无论如何，没有史料的价值。古代的书只有一部《诗经》可算得是中国最古的史料”。① 这是民国八年出版的书。他当时的看法是，东周以前的古书都非常值得怀疑，《尚书》《左传》不可以作史料，所以《中国哲学史大纲》里关于社会背景的描述就变得非常少了，有很多都是引《诗经》的一些话来讲当时的战乱、人民的流离等。② 但是在一九四四年的《中国思想史大纲》中，他经历了一个很大的转变。而这个转变，因为以前人们没有非常清楚地了解他后期对整个中国思想史的看法，所以没有特别去注意。事实上，从其他的痕迹、其他的文章也看得出来，但没有这么系统地展现。这份大纲特别讲“发生学的方法”，认为一个学说都有两端，都是一个发生的过程，不是一个静止不变的东西。不要像古代论述经书，道理是静止不变的东西，所以是一个祖孙的方法。

《中国哲学史大纲》另外一个特色是西洋哲学的参证。《先秦名学史》是用英文写的，现在也有中译本。《先秦名学史》的序就讲得非常清楚，他有很重要的现实关怀，要用西洋哲学里面的逻辑学方法来复活中国先秦诸子里面的逻辑思想，用

---

① 胡适：《中国古代哲学史》，台北：台湾商务印书馆，1978 年，第 12、22 页。

② 钱穆在北大与胡适共事时，曾面质胡适这个问题。参见钱穆：《八十忆双亲·师友杂忆》，第 158 页。

很有逻辑的思想来改造这个民族没有逻辑思维的习惯。所以胡适是非常清楚地要用西方的逻辑学来检讨中国先秦的名学思想，他在这本书里面用了很多西方的哲学，用得比较多的比如斯宾塞尔(Herbert Spencer)、康德(Immanuel Kant)。他这时认为东西哲学可以互相印证、互相发明，是因为人类的官能心理大概相同[①]，如他认为《老子》是西方的“自然法”，又认为先秦诸子各家皆有生物进化论。

一直到胡适担任“中研院”院长时，还有很多人问他，怎么不把《中国哲学史大纲》的中卷和下卷写完呢？问他的人一定也不知道胡适的看法变了。事实上，他现在要写的是《中国思想史》，是整部的《中国思想史》，而且从胡适遗留下来的这一份《中国思想史大纲》看来，他构想中的《中国思想史》的观点与《中国哲学史大纲》是有变化的。

在一九四五年英文版的《中国思想史大纲》中，他一开始谈到中国古代的思想跟希腊、罗马、欧洲等的思想比较的时候，就提出了“为什么我讲的是 history of thought，而不是 history of philosophy? ”他的言词里似乎表示，如果要写哲学史就得讲在西方哲学标准下能成系统的、抽象的知识论、本体论那样的东西。可是，他写完先秦那部分接着要写下去就不行了，接下去的很多都是宗教的，佛教、道教或各式各样的东西。至少在严格意义上，这些东西在胡适看起来并不是“哲

---

① 胡适：《中国古代哲学史》，台北：台湾商务印书馆，1978 年，第 28—29 页。

学”。

我觉得这份《中国思想史大纲》有几个特色。跟《中国哲学史大纲》比起来，一个是一九一九年，另一个是一九四四年。经过了二十五年，胡适的很多看法都变了。[①] 在这里我要举例性地讲几点：首先，胡适对史料持批判态度这一点并没有太大变化，只是没有像原来那么激烈。最重要的是，他认为中国古代历史的渊源非常长，他非常注意史语所当时在殷墟做的十五次挖掘。我觉得这十五次挖掘的东西改变了他对古代很多东西的看法。所以他对傅斯年的《夷夏东西说》，对董作宾的研究，对古代东边及西边两个集团的说法都很重视。他其实是用这个背景来重新讲中国古代思想。他也谈到很多考古发现里面可以跟思想有关的东西，而这些都在孔子或老子之前，不像《中国哲学史大纲》所认为的一切只能从老子讲起。[②] 由于胡适关怀的重点由哲学史慢慢倾向思想史，所以他很注意那一段时间古代考古发掘方面的思想史意涵的影响。而这使他可以把中国思想从商代的宗教一直讲下来，从人殉等一直讲下来。

---

① 但后来他并非没有写过思想史方面的论文，现在《胡适全集》里面好几册都是思想史方面的。然而，因为这份《大纲》中比较系统地讲，可以比较清楚看出他这二十五年里的变化。

② 他非常不满意冯友兰从孔子讲起。冯友兰的《中国哲学简史》出来的时候，杨联升当时已经在哈佛任教，在美国发表了一个英文书评，胡适给他信说，你下笔太轻了，要再重一点，这本书太糟了。参见胡适纪念馆编：《论学谈诗二十年：胡适杨联升往来书札》，台北：联经出版事业公司，1998 年，第 99 页。

前面提到，《中国哲学史大纲》(卷上)是“截断众流”，从老子讲起。但在《中国思想史大纲》中，胡适费了许多笔墨讲老子以前的思想概况。他认为中国文字的起源一定非常古，不像以前那样宣称，“以现在中国考古学的程度看来，我们对于东周以前的中国古史，只可存一个怀疑的态度”①。他也引用了很多《左传》《尚书》中的材料，在《中国哲学史大纲》中，他则认为《左传》跟《尚书》不可信[康有为(一八五八至一九二七)讲《左传》是伪造的]。所以这种看法已经变了。他比较愿意承认，在考古的证实之下，很多东西都可以信了。另外，值得注意的一点是，关于先秦诸子的起源的问题。《中国哲学史大纲》否定诸子出于王官说，而又不信《尚书》《左传》等书，所以对于先秦诸子之兴起，依《淮南子》说是起于“救世”。而《中国思想史大纲》则颇讲述先秦诸子的宗教与思想背景，但仍未见提到诸子出于王官之论。

当然，这份一千五百五十四片纸的《中国思想史大纲》把他过去几十年关于思想史的研究观点也吸收进去了。不过，有一些看法并未改变，如他对佛、道有很多研究，但极尽嘲讽。他非常重视所谓中古的“印度化运动”。胡适在哈佛大学创校三百年的时候，应邀去发表了一篇文章，就是讲中国中古的“印度化运动”。② 即使现在看起来，我还是觉得那篇文章

---

① 胡适：《中国古代哲学史》，台北：台湾商务印书馆，1978 年，第 22 页。

② “The Indianization of China：A Case Study in Cultural Borrowing”，《胡适全集》，第 37 卷，合肥：安徽教育出版社，2002 年，第 328—364 页 。

很有看法、很有价值，讲中古佛教进来以后，中国人整个的世界观、时间观、人生观等有重要的变化。文中他也做了很多比较，这在以前是没有的，佛教此后变成中国人日常生活的一部分，在这里面有很多的反映。

对理学，他当然还是持比较批判的态度。他跟陈寅恪不一样，陈寅恪认为宋代的思想学术是最光辉、最高明的时代，可是胡适的看法并不相同。他也用美国人所比较了解的词语，譬如讲东周时，他用东罗马帝国来比喻；讲宋代的"新政"、支持"新政"的人时，又跟罗斯福(Franklin Delano Roosevelt)的 New Deal 联系起来。总之，他用了很多当时西方人比较熟悉的词语来讲。像讲孔子以前是《旧约》、孔子以后是《新约》的时代等；我们把理学译成 Neo - Confucianism，他不是，他是译成 Rational Philosophy。不过，他讲道学的几个新派时，似乎讲得太无为、太消极。如他认为邵雍(一〇一一至一〇七七)、周敦颐(一〇一七至一〇七三)都是道家思想家(Taoist Thinkers)。当然他一直讲到清朝，讲到颜元(一六三五至一七〇四)、李塨(一六五九至一七三三)就结束了。我几年前看了梅光迪的文集，看到他们的通信，才知道原来早期胡适是非常赞赏程朱理学而反对颜元的，而梅光迪(一八九〇至一九四五)在当时则反对程朱理学并且是支持颜元的。后来，这两个人在新文化运动中成为最激烈的敌人，而且他们的思想是刚好倒过来的。[1]

但是从另一方面讲，胡适的学术态度仍有其一贯性。在《中国哲学史大纲》（卷上）中，他说，以当时中国考古学的程度看来，对于东周以前的中国古史“只可存一个怀疑的态度”；或是他在《古史辨》第一册的《自述古史观书》中所说的，“现在先把古史缩短二三千年，从《诗三百篇》做起。将来等到金石学、考古学发达上了科学轨道以后，然后用地底下掘出的史料，慢慢地拉长东周以前的古史”。[2] 言下之意是，如果考古学的发现足够，他也未必不可改变想法，而《中国思想史大纲》大量引用考古材料讲北京人、旧石器时代、新石器时代等，也说明了这是胡适一贯不变的态度。但因为考古中未出现夏代文物，故《中国思想史大纲》中并未提及夏代。同时也因为商代部分的考古发现丰硕，所以他写商代的部分很多。

从前面的讨论来看，胡适在五四之后的二十几年里面有了重大的变化，这可以分成两部分，一是对哲学的态度，另一是对中国古代思想的重估。过去有人认为胡适没有把中卷写下去，是因为后来被佛教卡住了，没办法像处理先秦诸子那么得心应手。可是现在发现还有一层原因，因为他整个看法已经变了，他已经不再继续写哲学史，而是要写思想史了。

---

① 梅光迪：《致胡适信四十六通》，第三函，收入罗岗等编：《梅光迪文录》，沈阳：辽宁教育出版社，2001 年，第 113—116 页。胡适很年轻与梅光迪认识的时候，梅光迪就已经认为胡适会是天下第一的人物。

② 顾颉刚编：《古史辨》，第一册，上海：上海古籍出版社，1982 年，第 22 页。

当然还有人困惑，胡适是哲学系毕业的，可他好像变成了汉学家一样，尽管这么多人一再呼吁他：你没有在哲学和思想上做一个大的对抗，使得左派的思想如此蔓延。胡适最后在离开大陆之前，在北平做了一个《水经注》版本的展览。当然也有一些人非常反对，可还是有一批人津津乐道。

胡适原来是以西方哲学的标准与规范来讲先秦诸子，所以出发点是西方哲学。在《中国哲学史大纲》(上卷)中，他反复说明："我所用的比较参证的材料便是西洋哲学。"[①]但是东西哲学互相印证、互相发明，并不表示西洋有的我们也有，而由此滋生发扬国光、夸耀自己之念。然而，他最后仍希望东西两支哲学互相接触、互相影响，"五十年后，一百年后，或竟能发生一种世界的哲学，也未可知"[②]。这是相信有一普遍的哲学的措辞，与持"思想史"观点者的看法是不一样的。由"哲学史"到"思想史"显示一种由 universal 渐变成比较重视历史文化传统的倾向。不是只要有几个重要的阶段，符合"哲学史"定义的才能写，而是每一个时代的思想都值得写。他说，梁漱溟跟梁启超所讲的正统哲学，只有八百年前有，以后就没有了，好像以后就没有任何东西可以代表这些思想。[③]

---

①② 胡适：《中国古代哲学史》，台北：台湾商务印书馆，1978 年，第 29、5 页。

③ 我觉得后来胡适从哲学史转为思想史，有一个重要的地方跟当时其他做哲学史的不大一样。当时偏向哲学的人，似乎认为既然这些东西都可以用西方的哲学标准来做，那么是有现代价值的。胡适改做思想史，并不表示他认为这些思想都有价值，他主要是在做一个史学家的工作，把每一个时代的思想变化写下来。所以这是两种不同的态度。

此后的现实变化是，胡适慢慢疏离了中国哲学圈。其实从《胡适日记》里可以看得出来，当时的中国哲学会（一九三五）、《哲学评论》创始的时候，他都是参与筹划的人，但后来，可能有一部分原因是他到美国去，他就不在哲学圈里活动，而变成史学、汉学圈里面的人了。

冯友兰（一八九五至一九九〇）、贺麟（一九〇二至一九九二）、黄子通等人慢慢变成这个哲学圈的中心，当时哲学学会、《哲学评论》是另外一批人。我觉得这两个圈子的慢慢分离，是一九三〇年以后的一个现象。贺麟在《文化与人生》中认为，一九三〇年以后有另外一个圈子的人（包括贺麟自己）是要讲哲学、讲价值、讲现实人生这些问题的，但学界另有一种非人格（Depersonalization）的趋势。他所指的当然是哲学圈中的人。[①] 即使在哲学阵营中，冯友兰与其他讲传统哲学者亦不同。任继愈即说："比如说冯先生讲课，一定要讲得出说得清的才算。但是中国哲学有个直观的体悟的东西，可以意会不可言传，这一部分也是核心部分。……可冯先生就不承认这个。"[②]这使得冯重分析不重体悟，包括《贞元六书》中的《新理学》也表现出这样的特色，这使得他与其他人，尤其是新儒家哲学之间仍有一定距离。

最后，我还想提到一点。"中国思想史"这个题材究竟是

---

① 贺麟：《文化与人生》，上海：上海文艺出版社，2001 年，第 85 页。

② 林祥主编：《世纪老人的话：任继愈卷》，沈阳：辽宁教育出版社，2000 年，第 46—47 页。

从何时、何人开始的。在初步查考之后发现，一九〇二年，同时出现了两篇文章与这个主题有关——梁启超(一八七三至一九二九)的《论中国学术思想变迁之大势》及陈怀的《学术思想史之评论》。[①] 从目前掌握的史料看来，这是最早合“学术”与“思想”为一的体裁。由此看来，胡适一系列以“思想史”为名的著作，可能是“中国思想史”这个题材的前驱，那么胡适从“哲学史”转向“思想史”的过程，也与“中国思想史”这个题材的诞生有关。

结　论

在以上这一篇短文中，我主要透过胡适后期在哈佛大学讲课的一份英文大纲讨论两个问题。第一，是胡适中年以后疏离“哲学”，并逐渐由“哲学史”转向“思想史”的过程。这个转变，对他的学术工作产生了重大的影响，他甚至宣布想废除北大哲学系，同时也使得他与这个重要的学术领域日渐分道扬镳，似乎也因此而不能在思想、哲学的战场上与当时的左派思潮做一对抗。第二，是透过比较，爬梳出《中国哲学史大纲》(卷上)到英文《中国思想史大纲》这二十五年间，胡适在若干重要学术论旨上的巨大改变。以胡适在近代思想史上的枢纽地位，他上述两方面转变所带来的影响是非常重大的，

① 此条承李孝迁兄告知，特此致谢。

值得我们注意。

本文根据 2013 年作者在台湾“中研院”历史语言研究所八十五周年所庆的专题演讲整理而成。感谢周月峰先生整理；后收入《四川大学学报》(哲学社会科学版)，2017 年第 3 期，第 5—13 页。

历史研究的新视野

——重读《历史语言研究所工作之旨趣》

今年是历史语言研究所创立七十五周年(二〇〇三)。过去七十五年中，史语所在台湾的时间已经超过半世纪了，而且远远超过它在大陆的时间，我们是应该定下神来，为过去五十年做一个回顾了。杜前所长在史语所七十周年时，倡导编纂了一系列书，如《新学术之路》《学术史与方法学的省思》等，并大幅地增修了史语所的大事记，使得我们在撰写这方面的文章时，得到很大的方便。

在过去半世纪，西方史学界也变得非常厉害，前年是卡尔(E. H. Carr，1892—1982)的《历史是什么》(What is History)出版四十周年，英国史学界出现了一些文章，讨论这四十年来西方史学界的变化。[①] 我觉得有必要在此做一简述。

四十多年前，卡尔在剑桥大学做了一系列演讲，后来辑

① 如 David Cannadine ed.，*What is History Now*?（Palgrave Macmillan，2002）。

成《历史是什么》。该书出版后，成为许多国家大学历史系导论课的教科书(以我个人的经验为例，一九七〇年代后期，我在台大做学生时，卡尔的这一本书就是常用书，而一直到一九八〇年代后期，当我在普林斯顿大学上博士班的"史学导论"课时，阅读书目上的第一本书仍然是《历史是什么》)，在出版史或学科史上，这不是一件寻常的事。

但是卡尔并不是一位专业历史学家，他曾经是记者，后来替外交部做事，然后教过一段时间的历史。他最大的成就是十几册的俄国史，但是现在愿意花力气读这套书的人，就像愿意再读汤恩比(A. J. Toynbee，1889—1975)《历史的研究》(A Study of History)的人一样，恐怕是少之又少了。然而卡尔却意外地靠一本偶然之作而享大名，尤其是他那一句历史是"现在与过去不间断的对话"的名言，更是脍炙人口。但诚如理察·伊凡斯(Richard J. Evans)指出的，卡尔自己的"对话"是失败的，他主张史家在这种"对话"中指引现实的发展，但是他的俄国史在这个方面是彻底失败的，其中的种种推测几乎无一实现。卡尔认为俄国共产党的计划经济及国有企业将会成为全世界经济的模范，但后来的发展证明这个预见完全破产。①

《历史是什么》在当时西方史学脉络中的地位大致有几点：第一，他鼓吹史学家应尽量吸收新兴社会科学之长。第二，

---

① Richard Evans, *In Defense of History*, New York: W. W. Norton, 1999, pp. 196 - 197.

他认为史学家不只是为研究而存在，他的任务是要在与过去不间断的对话中，指引未来的发展。第三，他区分“编年史家”与“历史学家”之不同。编年史家满足以一件史事接着另一件史事讲下去，但史学家必须解释史事之间的因果关联。第四，史学家不应该专讲几个伟大人物，而应该指出历史中较宽广的趋势，像阶级形成、经济变迁、工业化、阶级化等，而这些趋势大多不是随伟大的个人意志而转移的。第五，史学家要找出历史发展的规律（regulation）或历史的形式（pattern of past）。第六，卡尔认为英国史学家应该脱离英国或欧洲中心主义，要放宽历史的视域到其他文明的历史。第七，卡尔认为历史仍然是一门科学，相对于之前柯林乌（R. G. Gollingwood，1889—1943）的《历史的观念》（The Idea of History）一书似乎给人一种提倡历史相对主义的感觉而言，卡尔仍要人们守住历史的客观性。[1] 当时卡尔遭遇到几方面的攻击。他的主要论敌艾尔顿爵士（Sir Geofary Elton，1921—1994）的《历史的实践》（The Practice of History）认为，卡尔是以社会科学来批评带有实证风格的兰克式史学，他不赞成卡尔所说的史家是时代的产儿，或用现在的角度去选取历史事实；卡尔主张放宽历史视界，但艾尔顿不认为黑人有史学；卡尔主

① 我个人印象比较深的是他对柏林（Isiah Berlin）的攻击，尤其是对柏林《历史的必然性》的批评。柏林的哲学很清楚地认为在历史发展过程中，人的自由选择与努力是非常关键的，所以他不满卡尔太受马克思历史决定论的观点。见 John Gray，*Isaiah Berlin*（Princeton，N. J.：Princeton University Press，1996），pp. 76－97。

张社会科学治史，而艾尔顿认为最重要的仍是政治史、外交史等。

自卡尔发表《历史是什么》，也就是从一九六〇年代以来，西方史学经历了许多转变，从政治史到社会科学，到社会史，到年鉴学派，到后现代与新文化史。反观过去五十年，台湾大抵也经历了以上几种阶段的发展。一九六〇年代起，社会科学治史的风气也冲击了傅斯年（一八九六至一九五〇）等人所提倡的实证式史学，台湾基本上也历经了社会科学、社会史、文化史等阶段的发展①，目前后现代主义与新文化史对中国台湾史学界年轻一辈的影响更是方兴未艾，我们可以大胆地说，近五十年来，中国台湾史学界基本上与世界史学的主流发展并不隔膜，而且流行的时距也愈来愈短。

现在重读七十五年前的《历史语言研究所工作之旨趣》（以下简称《旨趣》）是很有意思的。《旨趣》中有一些常被批评的部分，像“反对疏通”、“证而不疏”、“推论是危险的事”、反对“普及”等。史语所近五十年来的发展早已不受其限制，此处不赘，但《旨趣》中论及史学研究中的几项要素至今仍有其价值。

第一是傅先生提到运用新工具，呼吁人们要充分运用自

---

① 详细的论述，请见杜正胜：《史语所的过去、现在与未来：代序》，收入《学术史与方法学的省思：“中研院”历史语言研究所七十周年研讨会论文集》，台北：台湾“中研院”历史语言研究所出版品编辑委员会，2000 年，第 1—22 页；以及许倬云先生为本次演讲会所写《锦瑟无端五十弦：忆台湾半世纪的史学概况》一文。

然科学所提供给我们的一切工具，譬如地质学、地理学、考古学。第二是要发掘新史料，扩充新史料。第三是发掘新问题，尤其是要注意题目的新陈代谢，并留心“所持论的一些题目”是否系关键的问题。第四是新领域的开展，如当时西方学者所拿手的“虏学”及南洋学，又如当时西方学者所重视，而千百年来中国学者所忽略的，“如神祇崇拜、歌谣、民俗、各地各时雕刻文式之差别”①。此处我便想借用他上面所提到的几个范畴来省视史语所过去一二十年的发展。

一、新史料：我们与史料的关系正在改变中

史语所的前辈们已充分展示了史料在史学研究上的重要意义。傅斯年先生留学德国时，兰克史学事实上已经走下坡，不是当时人瞩目的焦点，它的一些重要观念已经化作春泥，成为史学界共同的营养，当时德国人文学界的重头戏是理论的争论②，但傅斯年与陈寅恪(一八九〇至一九六九)他们似乎不为所动。傅先生“上穷碧落下黄泉，动手动脚找材料(东西)”的口号，经许冠三(一九二四至二〇一一)考证，可能是从英国著名史家崔卫连(G. M. Trevelyan，1876—1962)的名言中脱胎而来。崔卫连说：“要研究法国大革命，人们必须上天

① 傅斯年：《历史语言研究所工作之旨趣》，收入《傅斯年全集》，第四册，台北：联经出版事业公司，1980年，第1301—1314页。

② Lawrence A. Scaff, *Fleeing the Iron Cage* ,Berkeley：University of California Press, 1989.

或下地去寻找史料。”但是，如果我们细读崔卫连的原书 *Clio, A Muse* 却会发现，崔卫连其实相当反对兰克史学，尤其不赞成过度重视史料的主张。① 从以上两件事可以看出，傅斯年相当熟悉当时英德两国史学界的潮流，但是他仍有自己的选择。他认为在当时的中国史学界，“史学即是史料学”是一帖即时的药方。其实已经有许许多多的人敏感地发现傅先生本人的历史写作并不见得忠实于自己的口号，他那几篇脍炙人口的古史论文，早已运用了大量的历史想象与历史解释，“史学即史料学”毋宁是他行文时惯用的矫枉务必要过正的手法。傅先生认为，史料的进步与史学的进步有着密不可分的关系，同时也认为一流的史学著作不能期期于每一个史学工作者，但是发掘、考订、编纂史料的工作，却可以使得平凡的人也能做出踏实而持久的贡献。

七十五年过去了，重视史料的观点是否已经过时了呢？的确，有不少人隐隐然倾向于认为深刻的历史解释与史料之间是互相排斥的，但是，当我翻开一本出版不久的《新历史》(The New History)，却看到这本书中所选择的九位具代表性的新史家中，除了像 Quentin Skinner 那样，是以一套方法论而树立起其地位之外，大部分赖以成名的主要业绩皆与一宗或数

---

① G. M. Trevelyan, *Clio, a Muse, and Other Essays Literary and Pedestrian*, Longmans, Green and Co., 1913, pp. 9 – 10. 我的学生陈伟强先生告诉我这一点，我同时也参考了 David Cannadine, G. M. Trevelyan: *A Life in History*, New York: Penguin Books, 1992, pp. 183 – 238。

宗新史料的发现与运用有关。像 Carlo Ginzburg 在宗教审判档案中发现对 Firuli 的一个磨坊匠的审判记录，写成了他的 *The Cheese and the Worms*：*the Cosmos of a Sixteenth - century Miller*；像 Keith Thomas 在牛津图书馆的 Ashmolean Manuscript 中发现了十七世纪一位每年有超过两千名顾客的命理师 William Lily 所留下来的记录，而开始写他的 *Religion and the Decline of Magic*；像 Danial Roche 发现旧王权到法国大革命时期巴黎一个眼镜商（Jacques Louis Menetra）的自传，并以之为基础，重构旧王权时代广大通俗文化的情况。还有他组织学生到巴黎各个大小档案馆抄出来的各种物质的与文化的消费记录，并从中研究法国文化的动向；像 Robert Danton 由一条注释一路追到瑞士的小城 Neuchatel，在那里发现近五万通与出版商的通信，从而建构他启蒙时代百科全书的历史，这批材料也成了他后来几本名著的主要材料来源之一。[①] 这只是一本新书中所列举的新史家，在上述之外，还有许多相似的例子可以称引。我只想借此说明：即使在新史学盛行的当代，新史料的发掘或对旧史料不同层次的解读[②]，仍是成功写出经典历史著作的重要前提。《旨趣》中对新史料的种种主张，除了一些矫

① 以上见 Maria Lúcia G. Pallares - Burke，*The New History*：*Confessions and Conversations*，Polity，2002，p. 97，115，166 等。同时参见 Carlo Ginzburg，*The Cheese and the Worms*：*the Cosmos of a Sixteenth - century Miller*，translated by John and Anne Tedeschi，New York，N. Y.：Penguin Books，1982，p. XI。

② 如 Natalie Z. Davis，*A Life of Learning*，ACLS Occasional Paper No. 39，New York：American Council of Learned Societies 1997. pp. 10 - 11。

枉过正的话之外，即使到今天，也还没有完全动摇。“上穷碧落下黄泉，动手动脚找材料”，仍然是我们今天要做的事。

在过去五十年，史语所获取新史料的来源逐渐枯竭了，但是我也留意到，同仁研究中所使用的材料品类之广，已经超出前辈的范围，同时以另一种方式改变了史家与史料的关系，大幅地扩大了史家使用各种史料的可能性。我个人不算充分了解这个新现象，但却感觉到这方面的新发展，将引起一种具有深刻意义的变化。

首先，在文字材料方面，我想谈电子文献的发展，在这方面史语所是世界汉学界的先驱。借着网络与电子资料库，研究者不再像以前那样耗费许多时间反复查阅史书（当然精读史书仍是第一要义，才不至于脱离脉络，也才能有机地掌握历史）①，或四处求索相关研究资讯，或建立相关的辅助性知识。大概五年前，电子化的图像资料开始出现，以前只作为插图的东西，现在比较容易获得并且成为主要的解读材料；以前可能只有艺术史家比较容易入手，现在经济史、文化史等学者也可以随手运用，而且还可以借助电脑，对图像做细部的了解与分析。除了材料的取得外，过去独学无友的情形，也可以靠着网络，抛出问题，寻求讨论的机会。

三十五年前，法国知名史家勒·华·拉杜里（Emmanuel Le

① 关于史语所在这方面的发展，请参考黄宽重：《台湾“中研院”人文计算的回顾与前瞻》及《数位典藏与人文研究：台湾“中研院”文献资料数位化工作的回顾与展望》，《史事、文献与人物》，台北：三民书局，2003年，第139—220页。

Roy Ladurie)发表了一篇震动一时，但却只有薄薄数页的短文《史家与电脑》。在这篇文章的末尾，他宣称，至迟到一九八〇年代，史学家如果想要生存，他或她必须同时是一个电脑程式设计者。[①] 我们细看他条列的非电脑不可的领域，大致集中在人口史、物价史、家庭史等高度需要计量的领域，而批评者则认为它与重视历史解释、重视历史叙述、重视意义发掘的史学互相排斥。[②]

但是近二十年来的发展，证明拉杜里把电脑的功能想得太窄了，电脑不只是能计量，它还有许许多多的功能。我个人完全了解过度依赖电子文献资料库的重大危险，并且始终坚信，对于历史文献细密而又富想象力的解读，仍是治史之首要条件，但是电子文献也可以起一种画龙点睛式的辅助作用。以史语所发展的汉籍全文资料库看来，电脑与解释或意义的发掘并不互斥，甚至还可以寻找到一个新的接榫点。

以下，我想举个人研究过程中的一些例证来说明。如各位所知，我是一个电脑盲，一切研究都处于手工的阶段，但是在有限的使用中，却体认到汉籍全文资料库强大的力量。

---

① E. Le Roy Laduria, *The Historian and the Computer*, *The Territory of the Historian*, Chicago: Univers ity of Chicago Press, 1973, pp. 3 – 6. 在这本书中，拉杜里的那篇宣言式文章与其他四篇性质相近的文章被收为一编，题为“学习与电脑共存：史学中的计量革命”。

② 这句话在过去二十年间常常被提出来调侃，如 Lawrence Stone, *The Revival of Narrative*, *The Past and the Present Revisited*, London; New York: Routledge & Kegan Paul, 1987, p. 85。

第一，近十年来，我一直在探讨一个问题：清代的政治压力下文化领域的变化，其中牵涉历史记忆、政治文化及思想文化中自我压抑等问题。在这个研究中，因为牵涉太多压抑在心中而不能说出来的层面，所以我戏称之为“追索无声的历史”，我常需要了解敏感的书籍，或敏感的议题与字眼在整个清代浮沉的情况，这时候电子文献便扮演着无可取代的作用。

譬如有一次我想了解政治压力对日常语言的影响，因为在清代头发是敏感的问题，所以我设想在明代常用的“一发千钧”或“千钧一发”应该是犯忌讳的，但是我不可能通读所有的文献去印证这个假设，于是我请助理查询本所的汉籍全文资料库中明史的部分，在很短的时间内便确定它从未出现过。当我想确定《扬州十日记》或《嘉定屠城记》等敏感书籍是否曾经被公开提及或公开流传时，电子文献库也可以很快地解决这方面的问题。我们的电子文献库当然未包含所有清代的文献，但是光从特定字眼出现的频率也可以说明许多历史事实。

第二，我的研究中牵涉近代思想里新概念的出现以及它们如何改变近代中国思维世界的问题，而汉籍全文资料库常常帮我确定了它们的系谱，就以“传统”“主义”“民主”等词为例。为了确定它们是不是新出的词语，只要一敲电脑，在极短的时间内便得到了答案：古书中从未出现现代意义下的“传统”“主义”或“民主”。

我的研究中也牵涉理学的词汇如何影响日常生活概念的问题，像“客气”一词，原先是理学家用来指斥、批评一个人的内心为习气所拘蔽，本心不能做主，以致“客气”作祟，所以宋明思想家常批评某人的行为带着“客气”，其实是一种贬义之词，但是“客气”在后来用来表示一个人行为上的谦抑周到，反而成了正面之词。想了解这样的问题，也只能求诸电子文献库。

第三，电子文献库为人们提供一种纵深理解的能力。此处再用“主义”这个观念为例。“主义”是改变近代中国思想气候的重要概念，“五四”那一代人非常向往“主义”，套用傅斯年先生的一句名言，不管信从的是哪一种主义，“有主义总比没有主义好”，这种以“主义”为万灵丹的思维究竟如何一步一步网罗近代中国人的心灵，以致发展为“主义”崇拜，也是我所好奇的。而初步解决这个问题时也只需要一点点时间查看汉籍全文资料库，然后很快了解到，晚清人们开始大量使用“主义”一词时，它不过是指一种“宗旨”或一种“主张”而已，绝无它后来那种“包山包海”的威力。可惜，因为我们的汉籍全文资料库并未延及民国时期，所以民国以下的研究就得全部靠手工了。

从上述例子中可以看出，在追溯一个重大思想观念的变化时，电子资料库方便我们在极短的时间内得到一个长远的、纵深的轮廓，也可以对共时性的历史现象得到广泛的理解，因而可以进行更有把握的推论，同时也使得另一种层次的历史解释与历史意义的追索成为可能。此外，电子文献资料库常常可以帮助我们确定“何者为某时代所无”，而“所无”本身是一件具有重大意义的历史现象，没证据本身也是一种证据，所以电子文献是可以帮助我们把“空白”转换成一种新的历史证据。①

二、新工具：用空间来思考

历史发展除了人之外，还有时间与空间两个轴心，“时间”方面已经得到史家充分的重视，但空间方面则重视不够。人的行为有百分之八十会接触到空间，日常生活、政治事件等都有许多空间属性，此一属性在过去因工具不足，或工具太过繁复，往往只获得非常简单的处理，甚至一笔带过。

许多时候，读“二十五史”时带有时间或空间的连续性，这空间有时是单纯的一个点，有的形成线(如行军)，有的形成面(如灾荒)。过去读到这些史事时，最多翻翻谭其骧(一九一一至一九九二)或其他人的历史地图，看某些点在何处，当涉及“线”或“面”时，往往脑袋空白一片。除此之外，像自然环境、气温、气候、水文等构成要素，也往往被忽略了，因而对历史知识的掌握常常流于片面。近年来，借着电脑及网络的帮助，“地理资讯系统”把最现代的科技与传统的知识整合在一起，可以用来帮助我们探索历史知识；历史地理资讯

① 在数位化方面，史语所还有“考古发掘遗物、照片、记录与档案”“拓片与古文书”“傅斯年图书馆善本图籍”“内阁大库档案”“全文资料库”“民族学调查标本、照片与档案”等计划在进行。

系统创造了一种虚拟的环境，使得历史研究者有机会走入一个虚拟实境，揣摩、体验、重建并发掘过去的知识。

过去史学工作者们偏重用时间来思考问题，但上述这种新工具却方便我们用“空间”来思考问题。借着这样的工具，则传统叙述性、描述性的东西，可运用这个架构得到一种视觉性的理解，或进行近似于量化的分析，使得传统知识能掌握得更精准，用更具有全盘概括性的眼光去理解历史现象。

例如研究大台北盆地开发史，如果只有书而无图，或只有简单的地图，则对整个开发过程由哪里到哪里，则讲了半天仍不知所云，没有一个图在脑海里。有这样一套工具，便可以化文献的阅读为空间的思考。又如考古学所常讲的中国古代文化的区系类型(苏秉琦，一九〇九至一九九七)，到底有哪几个区系，有哪几种类型？如果把遗址点上去，再将文物摆进去，则形成一个层次井然的架构，可以据此做宏观的思考。以我个人所关心的思想史方面的问题为例，中国思想史中长期关心的一个问题是：晚唐五代的禅宗与宋代理学的兴起是不是有某种关系？而我们阅读古书后得到的一种粗浅印象，似乎是禅宗流行的地区与理学兴起的地区有某种有趣的重叠性。如果我们能借助地理资讯系统把空间上的思考作为追寻思想系谱之辅，则对于这个问题的理解，也应该有意想不到的成果。

空间的思考除了扩大历史的视界，使得我们可以得到另一“面”，甚至是立体的知识，还可以帮助我们进一步做更高层次、更概括性、更具有动态观的思考。

三、新问题

在开拓新领域，发现新问题方面，过去十几年来，史语所已有许多成果，正如目前所里七个研究室及八个研究群的题目所显现的[①]，所内比较自然形成群组的研究领域中，有文物图像、宗教礼俗、生命医疗、文化思想、法制史等。相对于过去半世纪的发展，这些领域都相当之新，也有一些是过去处于边缘，现在转入中央的，所处理的问题也有许多过去所意想不到的。所以傅斯年先生在《旨趣》中说：发掘新问题及注意题目的“新陈代谢”，现在已经不成问题，卓然有成。下一步的任务应该是不管在这些新领域或原有的领域中，寻求并解决重大问题，一如日本京都学派“唐宋变革”、年鉴学派“整体史”的观点，及以西洋中古史为主、由下而上地了解历史，譬如英国剑桥大学一群历史人口学者之解决小家庭是工业革命之产物或是工业革命之前的旧况等。发现新领域之余，还要抓住几个重大问题，做得与别人不同，只要五年到

① 这七个研究室分别是“文化思想研究室”“法律史研究室”“文物图像研究室”“礼俗宗教研究室”“生命医疗史研究室”“台湾与东南亚考古研究室”“世界史研究室”；八个研究群分别是“中国历史上的制度与社会”“宋代基层人物与社会”“近代欧洲的自然秩序与社会秩序”“澎湖七美现生贝类补充调查及史前贝类碳氧同位素分析研究”“连江县莒光乡炽坪陇遗址发掘出土遗物分析研究”“鬼与怪的跨文化比较研究”“传世文献与出土文献的对勘与互证”“中国青铜文明研究”。

十年，便可以成一气候，很快地便能够引起学界的注意。

新领域通常新奇可喜，但也有一定的危险性，即一旦没有聚焦或没有重大问题时，很容易产生“零碎化”的现象。譬如当 Natalie Davis 出版她的 *The Return of Martin Guerre* 时，有人非常不满地表示，Martin Guerre 居然变得比马丁·路德(Martin Luther，1483—1546)还有名，甚至更重要。事实上，如果能将 Martin Guerre 放在宗教改革这个大问题下来看，就可以免去轻重倒置，甚至“零碎化”的倾向。[①]

四、眼光与态度

近年来史语所治学的眼光有两种下降的特色：一个是时代的下降，以考古学来说，由三代考古而开始重视历史考古；以历史而言，由上古秦汉为主而下降到宋代以后，尤其是明清历史。另一个下降是由了解上层为主下降到对庶民的研究、对基层社会的注意，对生活、礼俗、宗教、医疗的兴趣等等。同时，我们也看到三种研究态度上的转变。第一种是由前一代五四青年的理性主义、科学主义，转而以同情的理解或沟通的态度看待历史文化中的生活礼俗或“怪力乱神”的层面(如今天的题目之一《从除魅到牵亡》所显示的)。第二种态度上的变化是对过去一笔带过的，或甚至认为是干扰的层面，正面

① Maria Lúcia G. Pallares - Burke, *The New History: Confessions and Conversations*, p. 69.

地加以处理，一改过去认为某些现象仅只是一种偏离、脱轨、待矫正的，改为正视它们所展现的特质，正视其本身之创造，从而开启了一个新的研究世界。第三种是台湾成为研究的主题，以及以世界史的视野来看中国历史。

今天的史语所与它初创时有一点不同。傅斯年先生创所时，聚拢了一批已经崭露头角的中壮年学者，同时还有几个大学作为教育训练的基地，有一大群由第一代领导人识拔的学生及年轻人围绕在他们周围，他们是老师，同时也是指导者，可以比较从容地实践傅斯年先生勾勒的学术理想，这个情形与法国年鉴学派的情形相近。年鉴学派一直到第三代的主要成员之间，才大多有这样的关系。[①] 史语所在过去几十年间，慢慢地失去(摆脱)了这种“三位一体”的特色：研究人员来自各所不同的学校，而且大多经过外国大学的培养，好处是多元化，缺点是较难形成一个具有主流风格的历史学派。史语所应在被动地吸收各地人才的同时，主动地塑造出一种学术风格，形成几个学术重心，这是塑造一个学派的前提。

如果要塑造一个学派，史语所要有陈寅恪先生那样单打独斗的高手，也要有殷墟发掘那样的重心。这个重心可以像它创所的最初二十年那样，是以新史料为主发展而成的，也可以是以新方法论、新视野或新的重大课题为中心而产生。

史语所应形成一个联通所内外以及国际同道的对话社群，

---

① Peter Burke, *The French Historical Revolution*: *the Annales School*, 1929—1989, Stanford, Calif.: Stanford University Press, 1990.

而且要与年轻一辈密切结合。过去十年间，史语所的生命医疗史研究室大致做到这一点，他们除了与各地学者互通有无之外，从其活动的参与者到演讲者看，年轻学生占有重要比例。事实上，史语所有资源也有能力做到这一点。在这里我想举个例子，今年十一月二十九日(星期六)那一天，史语所的大楼里有四场学术活动：一场是台湾地区出土瓷器资料研究论文发表会，一场是文物图像研究室的演讲，一场是法律史研究室的读书会，一场是语言所的南岛语言研习班。出入这四种活动的学者与年轻学生恐怕超过两百人。它给我一种感觉：史语所除了是一所研究机构外，同时也是一所学校。它是提供专题的、新领域的沟通讨论的场所，充分体现了我们这个所与各大学携手一起成长的理想，这是形成一个学术社群的前提。

问题是主导这个社群的对话主体是什么。这个对话社群当然不能自外于国际，但是应该形成自己的主体性，免得被世界所稀释，或陷入不断复制外国的窘境，就像七十五年前傅斯年先生那一代担心人们不断复制传统一般。

史语所应当领导学术议题。史语所创所之后二十年间，它的方向相当清楚，希望迅速做到傅斯年先生在《旨趣》中所宣示的，要让东方学的正统在中国。它一开始的气派显然很大，表面上是处理历史文献、史料等，但根本想法是重新解释中国历史，一方面要脱出传统的羁绊，另一方面要与欧美、日本竞争。他们在开拓研究史料方面的实绩及开启研究方向上的成就，不必在此重述，但我觉得另外一点更重要：今天的史语所除了应该继续坚守它深刻细密、朴实无华的学风外，也要能够领导议题。我的整体感觉是，在一九三〇年代史语所的议题是自己的，现在的情形似乎有些不同。特别是在一九八〇年代以后，史语所与国际学术主流互动日益密切，开展了许多有价值的课题与领域，但可能因为知识背景与外国太过接近，比较缺乏创造议题和领导议题的自觉或决心，常常是在世界主流中寻找议题，所以虽然做得很细密和扎实，问题解决得很深入，但却很少有别人不得不听我们的议题，这恐怕才是史语所进入它的“新传统时代”时所面临的最大挑战。

本文原在2003年12月22日历史语言研究所成立七十五周年演讲上发表；后收入《古今论衡》，2004年第11期，第1—12页。

图书在版编目（CIP）数据

近代中国的史家与史学 / 王汎森著. —增订本. —西安：陕西人民出版社，2022.9
ISBN 978-7-224-14490-1

Ⅰ.①近… Ⅱ.①王… Ⅲ.①史学史-中国-近代-文集 Ⅳ.①K092.5-53

中国版本图书馆 CIP 数据核字(2022)第 050187 号

著作权合同登记号　　图字：25-2022-100

本书中文简体字版本由三联书店（香港）有限公司授权陕西人民出版社在中国内地独家出版、发行。

出 品 人： 赵小峰
总 策 划： 刘景巍
策划编辑： 王颖华
责任编辑： 王颖华
封面设计： 姚肖朋
版式设计： 白明娟

近代中国的史家与史学（增订本）

作　　者 王汎森
出版发行 陕西新华出版传媒集团　陕西人民出版社
（西安市北大街 147 号　邮编：710003）
印　　刷 陕西龙山海天艺术印务有限公司
开　　本 787 毫米×1092 毫米　1/32
印　　张 10.875
字　　数 216 千字
版　　次 2022 年 9 月第 1 版
印　　次 2025 年 4 月第 2 次印刷
书　　号 ISBN 978-7-224-14490-1
定　　价 59.00 元
